重庆市社会科学规划项目（项目编号：2015YBSH042）
国家社会科学基金一般项目（项目编号：17BJY089）

农业产业化经营风险问题研究

李 彬 著

中国财经出版传媒集团

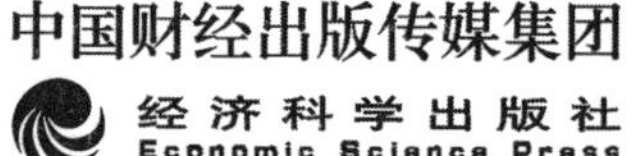

经济科学出版社
Economic Science Press

图书在版编目（CIP）数据

农业产业化经营风险问题研究/李彬著．—北京：经济科学出版社，2020.1

ISBN 978－7－5218－1295－4

Ⅰ.①农…　Ⅱ.①李…　Ⅲ.①农业产业化－经营管理－风险管理－研究－中国　Ⅳ.①F320.1

中国版本图书馆 CIP 数据核字（2020）第 023221 号

责任编辑：王　娟　曹育伟　张立莉
责任校对：郑淑艳
责任印制：王世伟

农业产业化经营风险问题研究
李　彬　著
经济科学出版社出版、发行　新华书店经销
社址：北京市海淀区阜成路甲 28 号　邮编：100142
总编部电话：010－88191217　发行部电话：010－88191522
网址：www.esp.com.cn
电子邮箱：esp@esp.com.cn
天猫网店：经济科学出版社旗舰店
网址：http：//jjkxcbs.tmall.com
北京季蜂印刷有限公司印装
710×1000　16 开　12.5 印张　250000 字
2020 年 11 月第 1 版　2020 年 11 月第 1 次印刷
ISBN 978－7－5218－1295－4　定价：59.00 元
（图书出现印装问题，本社负责调换。电话：010－88191510）

前　　言

农业、农村、农民问题是关系国计民生的根本性问题。没有农业农村的现代化，就没有国家的现代化。2018 年中央一号文件《关于实施乡村振兴战略的意见》指出坚持把解决好“三农”问题作为全党工作重中之重，促进小农户与现代农业发展有机衔接，把小农生产引入现代农业发展轨道，发展多样化的联合与合作，提升小农户组织化程度。注重发挥新型农业经营主体带动作用，打造区域公用品牌，开展农超对接、农社对接，帮助小农户对接市场，加快推进农业农村现代化，走中国特色社会主义乡村振兴道路。

大力推进农业产业化经营是党中央、国务院解决“三农”问题的重要战略决策，是提高农民进入市场的组织化程度、增强农业竞争力、建设现代农业的重要措施。农业产业化经营是发展现代农业的必由之路。为此，要以实施乡村振兴战略为总抓手，以农业供给侧结构性改革为主线，以推动农业高质量发展为引领，着力构建现代农业产业体系、生产体系、经营体系，加快促进农业转型升级，推动农业高质量发展。

经过多年的实践探索，逐步形成了“公司＋农户”“公司＋合作社＋农户”“公司＋基地＋农户”“公司＋中介组织＋农户”等各种农业产业化生产经营模式。中国农业产业经营迈向新的历史发展阶段。但实践中，农业产业化经营不但没有消除农业生产活动中的自然风险、市场风险、制度风险及政策风险等，而且这些风险在农业产业化经营系统中不同程度地呈现出来，并通过农业产业化系统加以集中、放大。与此同时，农业产业化经营中也出现了诸如契约风险等风险，严重影响了农业产业化经营更深入发展。回顾我国农业产业化发展之路，梳理农业产业化经营风险有关研究成果，对加强农业产业化经营风险防范，促进农业产业化经营健康发展具有重大的理论价值和实践意义。

本书梳理了作者多年来围绕农业产业化经营发展问题、农业产业化经营组织问题、重点是农业产业化经营风险问题的相关研究成果，结合国内外专家学者相关研究成果，并结合新形势下农业产业化经营面临的新机遇和新挑战，就中国农业产业化经营风险问题进行了一些探索。首先，阐述了中国农业产业化经营的基本理论，分析了农业产业化经营组织发展现状及未来发展趋势；其次，在分析农业产业化经营组织契约关系的基础上，重点研究了农业产业化经营中的风险问题，研究农业产业化经营中的风险类型、风险形成机理，结合实证对风险因素进行了评估；最后，根据不同类型的风险，提出了不同的风险管理思路和策略，以期为我国农业产业化经营风险管理，促进农业产业化健康发展做出贡献。

目　　录

第一章　绪论 …… 1

第一节　研究背景 …… 1
第二节　相关概念界定 …… 4
第三节　农业产业化经营发展阶段及趋势 …… 12

第二章　农业产业化经营组织 …… 22

第一节　研究综述 …… 22
第二节　农业产业化组织要素构成及类型 …… 30
第三节　我国农业经济组织的演进轨迹与趋势判断 …… 40
第四节　我国农业垂直一体化经营组织 …… 52
本章小结 …… 57

第三章　农业产业化经营风险概述 …… 58

第一节　研究综述 …… 58
第二节　农业产业化经营风险 …… 63
第三节　基于蛛网理论的农业生产波动对市场风险影响分析 …… 73
第四节　案例分析：农业产业化经营风险防控 …… 77
本章小结 …… 91

第四章　农业产业化经营风险识别与形成机理 …… 92

第一节　研究综述 …… 92
第二节　订单农业价格类型及适用条件 …… 98
第三节　订单农业违约风险识别 …… 105
第四节　“公司＋农户”型产业化组织契约风险识别 …… 110
本章小结 …… 116

第五章 实证研究：农业产业化经营风险因素评估与分析 …… 117

第一节 引言 …… 117
第二节 评估方法选择与评估指标体系设计 …… 118
第三节 评估过程与评估结果分析 …… 121
第四节 研究结论与政策建议 …… 126
本章小结 …… 127

第六章 农业产业化经营风险管理对策 …… 129

第一节 研究综述 …… 129
第二节 完善契约内部治理机制 防范订单农业风险 …… 135
第三节 利用期货市场转移订单农业违约风险 …… 142
第四节 利用农民专业合作社防范订单农业风险 …… 148
第五节 订单农业契约风险管理——重庆案例 …… 156
第六节 农业产业化龙头企业风险管理——企业破产启示 …… 163
本章小结 …… 171

附录 农户和公司参与农业产业化经营情况的调查问卷 …… 172

主要参考文献 …… 180
后记 …… 191

第一章

绪　论

第一节　研究背景

农业作为人类生存和发展的先决条件，在国民经济中具有重要的地位和作用。农业是一国经济和社会发展进步的基础，它直接制约着国民经济的发展和社会文化的进步。而农业又是一个弱势产业，农业生产活动周期长，受到自然灾害等多种不利影响，存在巨大的自然风险；同时农产品在很大程度上又受市场和经营环境等多重不确定性因素的影响，存在巨大的市场风险。因此，农业的发展必须打破一家一户小农经营方式，通过农业产业化经营联结亿万农户家庭，促使小农户与现代农业有机衔接，通过农业产业化经营走向现代农业之路。以提高农产品质量、保障农产品安全、提高农业专业化水平、开辟农业规模经营新途径，走出一条中国特色的农业现代化之路。

中国的改革是从农村开始的。20 世纪 70 年代末，作为诺斯意义上的“初级行动团体”，安徽小岗村的农民对农村土地制度的变革，开启了我国“集体所有、个人使用”的土地产权制度模式，农地“均分”的产权制度再次以自发的形式在中国农村开始实行。由于以“家庭契约”替代了“集体契约”，农民从事农事的生产热情空前高涨，在 1978～1984 年，农业生产率大幅提高，农业的年平均增长速度 7.9%，种植业增长达到 5.9%，粮食增产每年达到 4.8%。农民的收入增长也很快，平均每年达到 13.9%，而当时城市居民收入平均每年才增长 8%。短期内不仅解决了困扰国民多年来的粮食短缺问题，而且还产生了农产品剩余。虽然这一时期，整个国民经济发展取得巨大的成功，但是农村问题在 90 年代末以后又开始引起高度关注，出现了所谓“三农”问题。城乡收入差距在 1978～1984 年是在缩小，但是 1984 年以后，城乡收入之间的差距扩大。[①] 城乡收入差

① 林毅夫：《农业产业化与“山东经验”》，载《中国城乡桥》2007 年第 9 期。

距扩大，农村收入增长长期停滞，引起了社会的高度关注。

为解决在市场经济条件下，分散经营的小农户与大市场的衔接问题，以及农户经营规模偏小与农业专业化、规模化发展的矛盾，自20世纪80年代初期以后，我国东南沿海地区，在市场化进程中打破农业经营的非专业化陷阱，走上了一条农业专业化的道路，这就是中国农业产业化的兴起与发展。20世纪80年代初期，泰国正大集团率先来我国投资，创办畜、禽、水产饲料生产和销售合资公司。为保证原料供给和产品销售，他们同当地农民签订农产品（原料）收购合同，农户则按照合同（契约）组织生产。这就是最初的“公司＋农户”经营模式。1983年，广州市江高镇江村养鸡场依靠技术培育出优质的“江村黄鸡”，之后，向农户提供种苗、饲料、技术等产前、产中及产后的收购服务，并形成“公司＋基地＋农户”的产业化模式，即“江高模式”。[①] 这是改革开放之后，我国最早出现的龙头企业与农户之间通过契约方式联结的组织形式，这种方式大大降低了农户专业化经营的市场交易费用、风险和不确定性，促进了区域性农业生产专业化。

山东省潍坊市是农业产业化的发源地。1987年，山东省诸城市提出了“商品经济大合唱”及贸工农一体化的发展思路，得到山东省委的肯定并在全国推广。1992年10月，党的十四大召开之后，在潍坊“商品经济大合唱”、贸工农一体化做法的基础上，按照建立社会主义市场经济体制的要求，潍坊市积极探索新的更高层次的农业发展机制，这是潍坊农业产业化诞生的直接背景。

1993年初，在广泛调查研究、全面总结潍坊自党的十一届三中全会之后的农业农村经济发展的基础上，潍坊市提出了“农业产业化”的概念。概括为“确立主导产业，实行区域布局，依靠龙头带动，发展规模经营”。据查全国农业农村经济发展史上还未发现“农业产业化”这一名词概念。潍坊在全国率先提出并组织实施的农业产业化战略拉开序幕。1994年，山东全省迅速掀起了发展农业产业化的热潮。1995年3月22日，《农民日报》发表《产业化是农村改革与发展的方向》，在全国大报上第一次提出“产业化是农村改革与发展的方向”“产业化是农村改革自家庭联产承包制以来又一次飞跃”。同年5月2日，《农民日报》一版头条发表评论员文章《积极稳妥发展农业产业化》，是全国大报中第一篇正面肯定农业产业化的评论员文章。同年12月11日，《人民日报》以大社论的规格、超常规的篇幅发表社论《论农业产业化》，[②] 并配发三篇述评。[③] 至

① 徐忠爱：《公司和农户契约选择与履约机制研究》，中国社会科学出版社2006年版。

② 艾丰等：《论农业产业化》，载《人民日报》1995年12月11日第12版。

③ 艾丰、潘成凡：《必由之路——山东农业产业化评述之一》，载《人民日报》1995年12月11日第二版；《造就一种新关系新格局——山东农业产业化评述之二》，载《人民日报》1995年12月13日第二版；《更广更深更实的思考——山东农业产业化评述之三》，载《人民日报》1995年12月14日第二版。

此，农业产业化思想在全国得到了广泛传播，产生了极大的反响。这既为这一新的农业发展思路进入中央决策奠定了思想舆论基础，又为农业产业化在全国的推行和实施起到了重要的导向作用。农业产业化（agriculture industrialization）是中国农业发展史上一次重大的革命，农业产业化的兴起和发展“是继家庭承包责任制和乡镇企业‘异军突起’之后的又一伟大创举”，[①] 对中国农业现代化进程产生了深远而重大的影响。

2018 年《中共中央国务院关于实施乡村振兴战略的意见》以及党的十九大报告、2019 年中央一号文件和《关于促进小农户和现代农业发展有机衔接的意见》，均提出促进小农户和现代农业发展有机衔接，把小农户引入现代农业发展轨道。“大国小农”仍是我国的基本国情农情——根据第三次农业普查数据，我国小农户数量占到农业经营主体 98% 以上，小农户从业人员占农业从业人员的 90%，小农户经营耕地面积占总耕地面积的 70%。[②] 中央农办副主任、农业农村部副部长韩俊在国务院新闻办公室举行的新闻发布会上介绍，现在全国有 2.3 亿户农户，户均经营规模 7.8 亩，经营耕地 10 亩以下的农户有 2.1 亿户，人均一亩三分地，户均不过十亩田。特别是在西南地区的一些丘陵山区，不但户均经营规模小，而且地块零散，比如四川省每户地块在十块以上，平均每块地只有 0.4 ~ 0.5 亩。在培育新型农业经营主体、发展多种形式适度规模经营的同时，要加强针对小农户的扶持政策，把小农户引入现代农业发展轨道。

农业产业化经营的重要载体就是农业产业化经营组织。农业产业化龙头企业是产业化经营的组织者，它一端与广大农户连接，另一端与流通商或消费者连接，充当着农产品供需市场的桥梁，同时也是产业化经营的营运中心、技术创新主体和市场开拓者，在经营决策中处于主导地位，起着关键枢纽的作用。据农业部统计，截止到 2016 年底，我国农业产业化组织数量达 41.7 万个，比 2015 年底增长 8.01%。其中，农业产业化龙头企业达 13.03 万个，同期增长了 1.27%。农业产业化龙头企业年销售收入约为 9.73 万亿元，增长了 5.91%，比规模以上工业企业主营业务收入增速高 1%；大中型企业增速加快，销售收入 1 亿元以上的农业产业化龙头企业数量同比增长了 4.54%；农业产业化龙头企业固定资产约为 4.23 万亿元，增长了 3.94%。[③]

农业产业化经营作为制度创新在一定程度上很好地解决了“小农户”与“大市场”的有效联结问题，在一定程度上降低了“小农户”进入“大市场”的

---

① 牛若峰：《农业产业一体化经营的理论与实践》，中国农业科技出版社 1998 年版。

② 《全国 98% 以上的农业经营主体仍是小农户》，新华社，2019 年 3 月 1 日电（记者于文静、董峻）。

③ 《2018 中国新型农业经营主体发展分析报告（一）》，中国农业新闻网，2018 年 2 月 23 日。

风险问题。发展农业产业化经营，是现阶段我国农业和农村经济发展的必然趋势，对于推进农业和农村经济结构的战略性调整，拓宽农民增收渠道，提高我国农业的国际竞争力，具有重大的现实意义和深远的历史意义。但是，农业产业化经营作为一种整合系统，在其运行和发展过程中，面临更多、更大甚至更为复杂的变数。加入农业产业化经营，农户的经营活动也被整合到农业产业化经营系统之内。与此相应，农业生产经营中固有的自然风险、市场风险，被整合到农业产业化经营系统之内，并在一定条件下通过农业产业化系统加以集中、放大，再加上农业产业化经营系统内部的关系风险（如龙头企业与农户之间的契约风险）也与自然风险、市场风险交互作用，农业产业化经营便面临一系列风险。农业产业化经营风险的发生，会对农业产业化发展产生不利的影响。实现农业产业化经营成败的关键在于降低其经营风险。

因此，有必要从理论和实践相结合的角度，探讨农业产业化经营风险问题。通过完善联农带农机制，引导新型农业经营主体与小农户建立契约型、股权型利益联结机制，推广“订单收购 + 分红”“土地流转 + 优先雇用 + 社会保障”“农民入股 + 保底收益 + 按股分红”等多种利益联结方式；通过根据当地实际，创新土地经营权入股的实现形式，有序推进土地经营权入股农业产业化经营；通过完善农业产业化经营的系统内部运行机制，例如利益动力机制、运行约束机制、风险防范机制，来保证产业化经营的正常运转，保证尽量规避和化解可能出现的多种风险，从而形成“利益共享、风险共担”的经营机制，对于防控农业产业化经营风险，促进小农户与现代农业有机衔接，推动农村第一、第二、第三产业融合发展，坚持农业农村优先发展，促进农业供给侧结构性改革和农业高质量发展，促进乡村振兴战略实施和全面建成小康社会，具有重要的理论和现实意义。

第二节　相关概念界定

一、农业产业化与农业产业化经营

（一）农业产业化

农业产业化（agriculture industrialization）是一个综合概念，是中国的一种独特的叫法，是“农工商一体化、产供销一条龙”经营的简称。农业产业化作为市场经济条件下推进农业和农村经济改革与发展的一种思路，最初是由山东提出来的。[①] 与20世纪50年代初发达国家开始的农业一体化（agricultural intergration）过程中形成的农业综合经营（agribusiness）本质上相似。只是起源的背景条件、历史作用、具体形式等存在着差异。农业产业化这一概念很长一段时间在经济学界存在很大的争议。

在英语词汇中“产业”与“工业”是一个词，都是（industry）。“产业化”与“工业化”也是同一个词，即（industrialization）。按照现代汉语词典的解释，“化”有着“转变成某种性质或状态”的含义，如绿化、机械化、工业化等。农业虽然早已有之，但在我国它作为一个现代意义上的产业，却是不成熟的，不完整的。农业产业化，实际上就是要在发展现代农业过程中，打破部门分割，使它逐步成熟、完整起来，真正成为一个现代意义上的产业，也就是实现产业化。因此，农业产业化的概念，在这个意义上是完全讲得通的，是科学的。[②] 付学坤（2005）认为目前农业产业化内涵的界定方面，有两种倾向：一种是强调农业产业化的结果，认为农业产业化是“农业产业系列化”，认为农业产业化是包括生产、加工和销售所形成的一个完整体系，或把农业产业化归结为一种模式，认为农业产业化是“以市场需求为导向，以经济效益为中心，依托本地资源，对农产品实行产加销、贸工农、经科教紧密结合的模式”。另一种是强调农业产业化的过程，认为农业产业化是“农业产业化实际上是一个过程”，比如说用一系列动词和一系列的“化”具体演示这个过程，包括市场化、社会化、集约化等。[③]

北京大学中国经济研究中心林毅夫教授提出，农业产业化作为一种在市场经济条件下适应生产力发展需要的崭新生产经营方式和产业组织形式，实质上是生产的专业化。农业产业化是经济发展的必然趋势。在自然经济状态下，是谈不上农业产业化经营的。20世纪90年代，随着经济的发展，我国非农人口逐渐增加，由此引起农产品商品量需求的增加。商品量的多少决定农业生产的专业化的程度。为了适应市场扩大的需求，农业生产必须采取专业化的方式。专业化促进规模经济越来越大，生产成本也就越来越小，从而使得那些非专业生产农户的生产变为不合算的行为。因此，产业化就成了经济较发达地区农业生产的必然选择。专业化的程度取决于市场规模的大小，它的形式也是多种多样的。

中国农业科学院农业经济研究所牛若峰研究员指出，农业产业一体化是“农工商、产供销一体化经营”的简称。国际上把这一进程叫作“农业一体化”。它

---

① 张永森：《山东农业产业化的理论与实践探索》（上），载《农业经济问题》1997年第10期。

② 课题组：《实现农业产业化的理论与实践研究》，载《山东软科学》2000年第1期。

③ 付学坤：《农业产业化经营与县域经济发展研究》，四川大学硕士学位论文，2005年。

的微观载体西方多称为“农工综合企业”，苏联叫作“农工综合体”。“农业产业化”是针对传统计划经济体制下农业产业被割裂，农业再生产各环节的内在联系被割裂，而“产业化”则意在把人为割裂了的产供销各环节重新联结起来，构成涵盖农业扩大再生产全过程的完整的产业链条，以市场为导向，以加工企业或合作经济组织为依托，以广大农户为基础，以科技服务为手段，通过将农业再生产过程的产前、产中、产后诸环节联结为一个完整的产业系统，实现种养加、产供销、农工商一体化经营，是引导分散的农户小生产转变为社会化大生产的组织形式。

陈吉元（1996）认为，农业产业化就是“市场化、社会化、集约化的农业”，即“以国内外市场为导向，以提高经济效益为中心，以资源开发为基础，对农业和农村经济的主导产业产品按照产供销、种养加、贸工农、经科教一体化的经营原则，实行多层次、多元化的优化组合，发展各具特色的龙型产业实体或体系，形成区域化布局、产业化生产、一体化经营、社会化服务、企业化管理”。① 王国敏（2000）认为，农业产业化的真正含义应是农业生产的市场化、社会化和集约化。所谓市场化，就是农业产业化必须以市场为导向，以社会需求为核心，以农产品供求总量与结构平衡为目标，根据社会需求调整农业产业结构和产品结构，使农业生产要素达到合理配置。② 侯军歧（2003）认为，农业产业化是以市场为导向，以提高经济效益为中心，以资源开发为基础，围绕支柱产业，优化组合各种生产要素的生产体系。农业产业化的根本目的是提高农业的效益和实现农业现代化。③ 赵爱英（2003）认为：“农业产业化必须是以农户为基础，以经济效益为核心，以法人和中介组织为依托，以利益机制为纽带，将农业再生产中的产前、产中，产后等各个环节纳入一个完整的产业体系进行市场化运作的农业产业组织形式和经营方式。”④ 周立群（2004）认为，农业产业化通过农村组织形态的创新来实现农户与市场的对接，实现农业生产、加工、销售的一体化，进而提升农户抵御市场风险的能力，保护农民利益，提高农民收入。通过产业化和专业化的链条，把生产环节上分散的农户与产前、产后的各种流通组织有机地联系起来，以解决农户分散经营与大市场之间的矛盾，从而形成生产、加工、销售、技术推广和应用一体化的产业链，形成一个支撑现代农业的社会化体

---

① 陈吉元：《关于农业产业化的几点看法》，载《浙江学刊》1996 年第 5 期。

② 王国敏：《论农业产业组织的创新与发展》，载《四川大学学报》（哲学社会科学版）2000 年第 4 期。

③ 侯军歧：《论农业产业化的组织形式与农民利益的保护》，载《农业经济问题》2003 年第 2 期。

④ 赵爱英：《论我国农业产业化经营及其发展》，载《甘肃农业》2003 年第 5 期。

系，以提高农业的比较效益，推动农业的产业升级和可持续发展。[①] 洪绂曾（2006）认为，农业产业化的实质和核心是形成一体化的生产经营体系。应突出三个重点，“在生产组织形式上，将农业的产前、产中、产后诸多环节通过利益纽带联结为一个完整的产业系统；在经营方式内容上，适应市场经济的要求实行种养加、产供销、贸工农一体化经营；在经营目的上，在提高产业化组织整体经营利润的基础上，使农业的增值能力和比较效益得到提高，逐渐形成农业自我积累、自我发展的良性循环机制，实现农业增产、农民增收、财政增收的目标”[②]。郭芳芳（2016）认为，所谓农业产业化经营，是以市场为导向，以家庭承包经营为基础，对农业的支柱产业和主导产品实行区域化布局、专业化生产，将产供销、贸工农、农科教紧密结合。即改变传统农业，与市场接轨，在家庭分散经营的基础上逐步实现生产的专业化、商品化和社会化。[③]

考察以上关于农业产业化概念，可以确定农业产业化的基本内涵为：一是以市场为导向。农业产业化是市场经济的产物，农产品只有依据市场需求的动向，组织生产、加工和销售，才能生存和发展。二是以“龙头”企业为依托。在农业产业化经营中，“龙头”企业起着把小规模分散经营的农户与国内外大市场衔接起来的桥梁与纽带的作用，因此只有依托“龙头”企业的带动，农业产业化经营的优越性才能发挥出来。三是以一大批农户组成的农产品商品生产基地为基础。农业产业化经营必须形成小规模大群体式的农产品商品基地，实行种植区域化、生产专业化、产品商品化、经营集约化，才能为“龙头”企业提供大批量、高质量的农产品。四是形成农工商有机的产业链。即将农业生产部门、农产品加工部门和产品销售部门有机结合在一起，使农民生产的农产品由工商部门实行保护价收购，同时，也使农产品加工和经销部门有可靠的货源。五是农业产业化经营产业链中的各经济主体之间，形成一定程度的利益共同体。这里主要指龙头企业与基地农户之间必须形成一定程度的风险共担、利益共享的共同体。这是农业产业化经营链条之间的凝聚力之所在，也是农民获得利润返还、提高比较效益的利益机制。[④]

综合上述的观点，关于农业产业化的内涵，基本形成共识的是：农业产业化经营是以市场为导向，以农户经营为基础，以“龙头”组织为依托，以经济效益为中心，以系列化服务为手段，通过实行种养加、产供销、农工商一体化经营，将农业再生产过程的产前、产中、产后诸环节联结为一个完整的产业系统，是引

① 周立群：《完善农村经济组织体系和推进制度创新》，载《南开学报》2004 年第 1 期。

② 洪绂曾：《我国农业产业化的战略思路与重点》，载《农村经营管理》2006 年第 1 期。

③ 郭芳芳：《关于农业产业化研究的文献综述》，载《乡村科技（下）》2016 年第 2 期。

④ 叶祥松、王朝晖：《我国农村经济组织的发展与创新》，载《江西财经大学学报》2010 年第 4 期。

导分散的农户小生产转变为社会化大生产的组织形式，是多方参与主体自愿结成的经济利益共同体，是市场农业的基本经营方式。① 本书把农业产业化作如下定义：农业产业化是指以市场需求为导向，发挥新型农业经济组织的主导作用、中介组织的连接功能和专业市场的带动效应，通过一定的组织形式，联结农户共同参与产业化活动的一种方式。

（二）农业产业化经营

与农业产业化相似的另一个概念是农业产业化经营。牛若峰（1998）认为，农业产业化经营以经济效益为中心，以市场为导向，以龙头企业为依托，以农户为基础，以系列化服务为手段，通过实行产供销、种养加、农工商一体化经营，将农业再生产过程的产前、产中、产后诸环节联结为一个完整的产业系统。② 农业产业化经营实质就是用管理现代工业的办法来组织现代农业的生产和经营。它以国内外市场为导向，形成以市场牵龙头、龙头带基地、基地连农户的“风险共担、利益共享”的一种经济管理体制和运行机制。

二、农户与龙头企业

（一）农户

农户是人类进入农业社会以来最基本的经济组织。从国内外已有的有关农户的研究与论述来看，学者们从不同的角度对农户进行了概括。大多数学者从农户与家庭农场的异同方面展开研究。但学者们很少将“农户”与“家庭农场”混用，一般在谈到亚洲国家时使用“农户”，在谈到欧美国家时使用“家庭农场”。③ 黄宗智（1986）将新中国成立前的小农户也称为家庭农场。④ 还有学者从发展的角度指出，家庭农场就是种田大户，⑤ 认为，在一定意义上说，美国最早的家庭农场“近似中国的个体农户”。韩喜平（2001）认为，农户（rural household）或“小农户”（smallholdr），是以血缘关系为基础而结成的从事农业生产经营活动的农民家庭。⑥ 陈传波、丁士军（2005）认为：农户就是指生活在农村

---

① 牛若峰：《农业产业化经营的组织方式和运营机制》，北京大学出版社 2000 年版。
② 牛若峰：《农业产业一体化经营的理论与实践》，农业科技出版社 1998 年版。
③ 龙小文：《农户经济组织研究》，湖南人民出版社 2005 年版。
④ 黄宗智：《华北的小农经济与社会变迁》，中华书局 1986 年版。
⑤ 胡东书：《家庭农场：经济发展较成熟地区农业的出路》，载《经济研究》1996 年第 5 期。
⑥ 韩喜平：《农户经营系统分析》，中国经济出版社 2001 年版。

的、主要依靠家庭劳动力从事农业生产的，并且拥有剩余控制权的、经济生活和家庭关系紧密结合的多功能的社会经济组织单位。①

根据以上学者研究成果，本书所研究的农户是指居住在农村（具有农村常住户口），在农业产业化经营过程中，从事农业生产、农业养殖、农业服务或农业经营管理等的涉农经济组织。这一概念包含以下特征：一是农户是一个以家庭为单位的经济组织，家庭成员共同从事涉农活动，并享有剩余控制权和剩余索取权；二是农户拥有农村常住户口，其居所在农村；三是从农户的生产经营活动来看，他所从事的活动对象是涉农产品的生产或服务。

（二）龙头企业

龙头企业（leading enterprise），即农业产业化龙头企业，它既具有一般工业企业的本质特征，同时又具有自身的显著特征。杨明洪（2009）把“龙头企业”定义为：农业产业化经营系统中，依托一种或者几种农产品的生产，加工销售，一头连接农户，并与农户建立“风险共担、利益共享”的利益机制，另一头连接国内外市场，具有带动农产品生产、深加工、开拓市场、延长链条、增加农产品附加值等综合功能的农产品加工或者流通企业。②

龙头企业根据其隶属关系分为：国家级龙头企业、省级龙头企业、市级龙头企业、县级龙头企业和乡级龙头企业；龙头企业根据其规模大小和带动能力等因素又分为：国家级重点龙头企业、省级重点龙头企业、市级重点龙头企业、县级重点龙头企业。

本书所研究的龙头企业主要是指以农产品生产资料供应、农产品加工或流通为主，通过各种利益联结机制与农户相联系，带动农户进入市场，使农产品生产、加工、销售有机结合、相互促进的涉农工商企业。这些企业一般经济基础雄厚、辐射面广、带动能力强。由于它们在农业产业化经营过程中以农业生产资料供应、农产品加工或流通为主，一头连接市场，一头连接农户，在整个农业产业化经营链条上起着“龙头”带动作用，所以把它们形象地称为龙头企业。龙头企业应具备三个明显特征：其一，它经营或服务内容范围必须以农副产品为原料；其二，它必须具有较强的实力、较大的规模，能起到带动辐射作用；其三，它通过一定契约和农户建立起“风险共担、利益共享”的产加销一条龙、贸工农一体化的利益机制和经营机制。

---

① 陈传波、丁士军：《中国小农户的风险及风险管理研究》，中国财政经济出版社2005年版。

② 杨明洪：《“公司+农户”型产业化经营风险的形成机理与管理对策研究》，经济科学出版社2009年版。

三、风险与风险管理

（一）风险概念的界定

1996 年，彼得·L. 伯恩斯坦在《与上帝做对：风险的非凡经历》一书中写道："一个具有革命意义的看法是，对风险的掌握程度是划分现代和过去时代的分水岭，所谓对风险的掌握就是说未来不再更多地依赖上帝的安排，人类在自然面前不再是被动的。在人们发现跨越这个分水岭的道路之前，未来只是过去的镜子，或者只是属于那些垄断了对未来时间进行预测的圣贤和占卜者的黑暗领地。"① 更早的时候，美国学者海恩斯于 1895 年就给"风险"作了权威性的解释。他说："风险一词在经济学中和其他学术领域中并无任何技术上的区别，它意味着损害的可能性。" A. H. 威雷特于 1901 年又作了进一步的阐释，指出："风险是关于不愿发生的某种事件的不确定性之客体体现"。由此可知，"风险"具有"不利性"，它一旦发生，就会对相关主体造成一定的损害。风险具有隶属性、危害性和并协性，这其中危害性在三种属性中是决定性的，此即风险的本质属性。

风险是与特定的经济活动相联系的，是人们为了获取经济利益从事某种经济活动而付出的代价。学术界和政府管理部门均有一种观点，即认为，实行农业产业化经营，本来就是农户和"龙头"单位消除风险努力的一种结果，因此，实现了农业产业化经营，就不会存在什么风险。实践表明，实现农业产业化经营，其经济风险是客观存在的，有时还比较大，对农业产业化经营的健康发展会造成一定的危害（曹利群等，2001）。因此，研究农业产业化经营的风险及其防范，具有极其重要的现实意义。

关于风险，一般解释为危险与损失。风险是与特定的活动相联系的，不论人们从事何种经济活动，总是以获取利益、谋求更好的生存与发展为目的。因此，风险是人们在从事某种活动时所产生的，为了获得利益而付出的代价②。汪希成（2005）在《新疆农业产业化风险与管理》一文中，将农业风险定义为农业生产经营过程中出现的风险，是由于农业外部环境的不确定性、农业生产经营活动的复杂性以及农业主体能力的有限性和自利行为而导致的农业主体的预期收益与实

① ［美］Scott E. Harrington，Gregory R. Niehaus：《风险管理与保险》，陈秉正、王珺、周伏平译，清华大学出版社 2001 年版。

② 罗东明：《我国农业产业化经营及风险问题研究》，东北农业大学博士学位论文，2005 年。

际收益可能发生的偏离程度[①]。

就风险特征而言，主要有以下几个方面：一是可预期性。人们在从事某种活动时预测会有很大风险，但因巨大利益的驱使，人们不会顾及这些危险的存在。马克思在论述资本对利润的追逐时指出，当资本有300%的利润时，它甘愿冒被绞杀的危险（马克思，1975）。二是可衡量性。就经济风险而言，它是可衡量的。一般以预期损失为高风险；再引入无量纲风险系数表示，设定等于1时，为中等风险；小于1时，为低风险。风险系数是人们投资决策的重要依据。三是不确定性。由于种种意外事件的发生而使原先的既定目标不能实现。四是可转移性。当风险从预期变为现实时，风险可在相关的当事人之间分担或当事人与其周围的客观环境之间分担。前一种情况是指有业务往来的当事人在签订合同或协议中有分担风险的条款；后一种情况是当事人或经营实体将经营风险转移到客观环境中去。

交易费用经济学在论述交易费用产生的条件时指出人们所具有的两个特点：一是人的理性是有限的，即对未来可能发生情况的预测力是有限的。假定人的理性是无限的，即人对未来可能发生的事情具有预知能力，那么，他们事先可采取应对措施与办法以减少或消除风险产生，在交易费用经济学看来就是减少交易费用（Simon，1985）。二是人具有机会主义的自利行为，即不仅追求个人利益的最大化，而且随时准备利用一切可乘之机，包括提供不确定的信息，利用别人的不利处境施加压力，等等。假定人不具有自利倾向，那么，即使风险已经发生，双方当事人也可通过谈判协调解决。但事实上人们往往采取损人利己的办法，使得协调难以十全十美，而只能对某一方有利（Crawford V.，1985）。

由此可见，对于“风险”的定义，学术界尚未形成一致的界定。通常，学者们将风险定义为“不良事件发生的可能性”[②]“结果的变动或不稳定性”[③]或者“结果的不确定性”。[④]本书将采用第三个定义，认为风险就是结果的不确定性，而且风险本身就是一个一般性的概念，它需要与具体的行业或经济行为相联系才可以具体化。

（二）风险管理的内涵

人们在一切社会经济活动中，都面临着种种风险。从总体上看，风险是客观

① 汪希成：《新疆农业产业化风险与管理》，载《新疆农垦经济》2005年第1期。

② 何文炯（2005）引述美国学者海恩斯（Haynes s）所著的《经济中的风险》提出的风险概念。

③ 美国的风险管理学家C. A. Williamsjr和Richal－dMHeinS（1997）在其著作《风险管理与保险》中认为“风险是在给定情况下和特定的期间内，那些可能发生的结果间的差异”。

④ 美国经济学家、芝加哥学派创始人奈特（F. H. Kbight，1921）在其名著《风险、不确定性和时间》中详细区分了风险与不确定性，认为所谓风险是可测定的不确定性。

存在的，是不可避免的，并且在一定的条件下表现出某些规律性。因此，人们只能把风险缩减到最小的程度，而不可能将其完全消除。这就要求社会经济各部门、各行业主动地认识风险，积极地管理风险，有效地控制风险，把风险减至最小的程度，以保证社会生产和人民生活的正常运行。伴随着经济社会和科学技术的不断发展，20 世纪 30 年代产生了风险管理。

所谓风险管理（risk management），是指经济单位对组织运营中要面临的可能危害组织利益的不确定性，采用各种方法进行识别、度量、控制，并在此基础上有效地处置风险，以最低成本实现最大安全保障的科学管理方法。其含义为：一是风险管理的主体是经济单位，即个人、家庭、企业或政府单位。因此，风险管理不是专指企业风险管理。但在实际研究中，以企业风险管理为主，一般提到的风险管理就是指企业风险管理。二是风险管理是由风险的识别、度量、分析等环节所组成的，是通过计划、组织指导、管制等过程，通过各种科学方法综合、合理地运用来实现风险管理的目标。三是风险管理以选择最佳的风险管理技术为中心，要体现成本效益的关系，从最经济合理的角度来处置风险。在主客观条件允许的情况下，选择最低成本最大效益的最佳方法，制定风险管理决策。四是风险管理的目标是实现最大的安全保障。通过探求风险发生、变化的规律认识估计和分析风险对经济生活所造成的危害，选择适当方法处置风险，尽量避免或减少损失，以保障经济发展的稳定性和连续性。①

风险管理是指如何在一个肯定有风险的环境里把风险减至最低的管理过程。风险管理中包括了对风险的量度、评估和应变策略。理想的风险管理，是一连串排好优先次序的过程，使当中的可能引致最大损失及最可能发生的事情优先处理、而相对风险较低的事情则次级处理。

第三节　农业产业化经营发展阶段及趋势

一、农业产业化经营在国外的兴起

1957 年，美国哈佛大学工商管理学院的戴维斯和戈尔德伯格将农业产业化经营的载体命名为“农业综合企业”或“农工综合体”，开始了农业产业化经营的研究。约翰·H. 戴维斯，罗伊·A. 戈德堡（John H. Davis，Roy A. Goldberg，

---

① 谢非：《风险管理原理与方法》，重庆大学出版社 2013 年版。

1957）出版了 *A Concept of Agribusiness*，在该著作中提出了农业生产经营形式的一个新概念：agribusiness，其最初的含义是农业的生产、加工、运销三方面的有机结合。[①] 随后，里尔登·巴雷特（Reardon Barrett）等学者对农业产业化的内涵进行了补充和再认知，提出了 agroindustrialization 的概念，他们认为农业产业化是全球粮食和纤维体系的快速转型过程。20 世纪 90 年代初，埃斯科瓦尔（Escobal）等认为农业产业化诱致了内生制度创新对本地经济产生收入和就业的双重效应，同时有助于淘汰落后的小农业生产；霍洛韦（Holloway）分析了东非的牛奶市场，他认为合作销售经营方式可以有效降低分散经营带来的交易费用，加速农业产业化的进程。随着农业产业化的不断发展与完善，许多外国学者开始把农业产业化作为重要课题进行研究（Runsten，1996）。[②]

国外不少学者研究表明，农业产业化能够大大减少农产品交易费用、节约农业生产成本，从规避风险、追求利润最大化的角度出发，涉农公司和农户选择产业化经营是最有效的合作方式，这是其在发达国家兴起的主要原因。农业产业化出现的主要原因，是为了更好地适应消费者需求和偏好变化的需要。农业产业化在认同带来益处的同时，同样也存在许多风险和问题（Barkema，1993）。[③] 在农业产业化发展过程中，由于农户与企业地位不平等，当农户根据契约要求改变原来的种植方式，从事一些投入较大、技术难度较高的农产品生产后，被迫依赖于公司，接受其提出的不平等交易条件。此外，如果农户生产的产品不符合质量要求，则会被对方拒收，从而陷入更大的生产风险（Little et al.，1994）。[④] 美国学者罗纳德等人于 1963 年出版了《农业垂直协作》一书，书中认为，企业的协作分为内部协作和外部协作，内部协作可以通过企业的内部管理来实现，外部协作则通过价格、市场来调节。减少风险、降低成本、提高管理水平、获得讨价还价的能力等是企业实行垂直协作的根本原因。

---

① John H. Davis，Roy A. Goldberg. A Concept of Agribusiness. Harvard University，Vol. 1，1957，pp. 58 - 100.

② 国外研究一般把农业产业化称为“订单农业”，对其概念界定不尽相同，如 Rehber（2000）指出订单农业是指农户和其他企业之间的契约安排，它可以是口头的，也可以是书面的，它规定了农产品的生产数量、价格、质量、交易时间以及各方在农产品生产过程中的责任和义务；Litte（1994）认为合同农业是种植者与购货加工者之间的一种纵向协作化形式，在合同中列明双方的责任和义务，如关于产品的价格，数量，质量，投入品的供应，对生产的控制等方面的问题；新制度经济学家将订单农业解释成一种理性的制度安排，是介于完全竞争市场和纵向一体化之间的一种农业产业组织，实际上，订单农业只是市场经济条件下农业产业化组织形式之一。

③ Barkema，A. Reaching Consumers in the Twenty-first Century：the Short Way around the Barn. American Journal of Agricultural Economics，Vol. 75，1993，pp. 1126 - 1131.

④ Little，D. Peter and Watts. J. Michael. Live under Contract：Contract Farming and Agrarian Transformation in Sub - Saharan Africa. the University of Wisconsin Press，1994.

新制度经济学将农业产业化解释为一种理性的制度安排，是介于现货市场和纵向一体化之间的一种产业组织。史蒂芬·沃尔夫等（Stecen Wolf et al.，2001）认为即使是在产业化生产下，由于信息不对称也会引起农户道德风险和机会主义行为，只有通过要素投入控制、生产监督、质量评定、收益分享等以有效规避道德风险。[①] 约翰克尔·斯顿和库尔特·赛多利斯（Johann Kirsten and Kurt Sartorius，2002）分析比较了三种农业组织形态下的优劣，指出在完全竞争状态的农产品市场，从需求角度看消费者的偏好多种多样，从生产角度看是由于不同甚至同种农产品的理化特征千差万别，导致农产品现货市场交易中的严重信息不对称，并且卖方完全竞争的市场结构造成农产品的供给弹性相对较大，农产品生产周期呈现发散性蛛网特征，价格和产量波动较大；而另一极端——纵向一体化的农业产业组织，当某地区的农业劳动力成本很高、农业生产过程中的监督成本过高时，采用纵向一体化管理模式是不经济、无效率的。采用农业产业化的生产方式，农户可以从农业公司方面得到资本、信息、技术、销售渠道、管理等方面的支持和帮助，从而减少成本、增加产量、降低销售风险、提高收入。对农户而言，选择产业化生产的最大好处在于远离反复无常的市场波动，获得稳定的价格；最大的风险在于农户将进入一个全新的产业组织关系，对合作的公司、庄稼和技术一知半解。当市场上存在多个买主时，农户有机会主义倾向；当市场近似于垄断市场时，公司有机会主义倾向，专用性资产投入有助于克服机会主义行为（S. R. Asokan and Gurdev Singh，2003）。[②] 农业产业化经营有助于协调生产、提供激励或惩罚、使农户和公司共担风险。

二、农业产业化经营在我国的发展

推进农业产业化经营是一个逐步发展的过程，包括一系列从低级到高级的发展阶段。李林（2002）根据我国区域经济差异情况把我国农业产业化发展划分为三个阶段，认为西部地区处于起步阶段，中部地区处于成长阶段，东部地区处于提高阶段。[③] 蒋永穆、王学林（2004）从经营组织形式演进的角度，理论上把农业产业化经营组织发展划分为初始、成长、成熟和完善四个阶段。在初始阶段，农户与市场的关系是单对多的映射关系；在成长阶段，农户是通过龙头企业和市

---

① Stecen Wolf, Brent Hueth, Ethan Ligon. Policing Mechanisms in Agricultural Countries. Rural Sociology, Vol. 66, No. 3, 2001, pp. 359 – 381.

② S. R. Asokan and Gurdev Singh. Role and Constraints of Contract Farming in Agro – Processing Industry. Indian Journal of Agricultural Economics: Jul – Sep, 2003.

③ 李林：《我国农业产业化发展的三个阶段》，载《经济研究参考》2002 年第 4 期。

场产生联系；而在成熟阶段，则表现为“专业市场＋公司＋初级合作社＋农户”；完善阶段则是在成熟阶段上有更高级的合作组织出现。此外，该文章还分析了我国当前农业产业化发展的情况，认为我国农业产业化正处于从成长阶段向成熟阶段发展的过程。[①] 张剑军（2005）依据不同的社会生产力水平特别是不同的工业化水平和农业生产的社会化程度，将农业产业化的演进划分为以下几个阶段：起步雏形阶段，快速发展阶段，高度发达阶段。他认为，起步雏形阶段基本上处在工业化初级阶段的后期；快速发展阶段基本上处于工业化中期阶段和农业现代化发展阶段；高度发达阶段处在工业化已经完成，并开始向信息社会迈进的阶段。[②]

以上几位学者对于农业产业化阶段的划分标准较为简单，基本是基于某一特定的指标进行划分。我国农业化经营经历了从孕育产生到现在的蓬勃发展，结合已有研究，我国农业产业化发展大体经过四个阶段。

第一阶段：孕育阶段。大体时间是从20世纪80年代初中到20世纪80年代末。在这一阶段，建立了家庭承包经营责任制，农村商品经济，农业多种经营和第二、第三产业发展起来，出现了一批专业户、重点户、种粮大户、种养殖能手，乡镇工业异军崛起，商品交换活跃起来，国家对包括粮食流通在内的农产品流通体制进行了改革，国营商业及供销社等主渠道地位下降，国营粮油棉糖等农产品加工企业开始走下坡路，民间农产品流通和加工业发展起来，一批以个体商户为主的集贸市场、专业批发市场涌现出来。随着农产品供应量的增加和购销体制、产品价格的逐步放开，农产品买难卖难和“多了砍、少了赶”的局面交替出现，农民利益经常遭受损失。针对这种局面，一些在一定程度上体现“利益共享、风险共担”的探索性农—商、农—工、农—贸合作组织出现，即产供销一体化、农工商一条龙组织。实际上可以视为农业产业化经营的前身或萌芽。

第二阶段：产生阶段。从20世纪90年代初到20世纪90年代中期。在这一阶段，对农产品流通体制和价格体制的改革进一步深化，除粮食等少数大宗产品外，其余农产品都基本放开，包括粮食在内的农产品价格全面上升，一度出现通胀。这一方面刺激了农产品加工业的发展，另一方面也加剧了供求波动。各地为保障市场供应，大力实施“菜篮子”工程，促进了副食品基地建设。一些工商企业、三资企业为了获得稳定的原料供给也到农村投资基地建设，和农民签订了生产合同，成为最初的“公司＋农户”。这期间农产品专业批发市场得到了较大发

---

① 蒋永穆、王学林：《我国农业产业化经营组织的阶段划分及其相关措施》，载《西南民族大学学报》（人文社科版）2003年第8期。

② 张剑军：《区域农业化经营与可持续发展的理论研究与实证分析》，天津大学硕士学位论文，2005年。

展，围绕产前产中产后的社会化服务体系建设受到高度的重视，当时的服务组织虽然官办性的居多，但也成为初期农业产业化经营的重要推动力量和组成部分。以“公司+农户”“龙头企业+基地+农户”为代表的农业产业化经营模式首先在山东提了出来，一经提出便不胫而走，在全国范围内倡导开来。

第三阶段：兴起阶段。大体时间是从20世纪90年代中后到世纪之交。在这一阶段，农业形势发生了重大变化，农产品供给由长期短缺转变为自给有余，千家万户的小生产和大市场矛盾突出出来，农产品卖难、农业比较效益低成为制约农民增收的主要问题。伴随计划经济转向市场经济，绝大部分农产品已完全放开，民营经济全面加入农产品流通和加工已成为不可逆之势，一批民营加工龙头成长起来，农民专业合作社、农民专业协会、农村经纪人等民间中介组织有所发展。利用农业产业化经营形式解决卖难、提高农民比较效益、促进农民增收已逐渐成为社会共识，中央和地方都将促进农业产业化经营提上日程。原农业部建立了专门负责指导和协调产业化工作的机构，认定了第一批国家级重点龙头企业，出台了支持农业产业化经营的政策，相当一些省也将推进农业产业化经营列为政府的重要工作，出台了鼓励发展的政策，农业产业化经营呈兴起之势。

第四阶段：蓬勃发展阶段。大体时间是从2001年至今。在这一阶段，召开了党的十六大，我国加入世贸组织，对外开放空前加强，实施城乡统筹，农业和农村经济结构进入战略性调整阶段，国家对农民的政策也进入大调整阶段，一系列支持农业增效、农民增收和农村经济发展的重要政策出台。民营经济进入改革以来最好的历史时期，一大批民营企业成长起来。各级政府进一步加大了对农业产业化经营的支持力度，纷纷出台扶持政策和推进措施，一大批国家级和省级重点产业化龙头企业脱颖而出，部分龙头企业进入中国500强，各种产业化基地建设加快，民间中介组织进一步发展，农产品流通市场更加开放和趋向现代化，订单农业正在兴起，产业化链条经营组织成长起来，农业产业化经营进入蓬勃发展阶段。

【专栏1-1】

案例分享：如何促进农业产业化发展？

贵州省遵义市播州区（原遵义县，2016年更名）立足区域基础、资源禀赋和优势品种，紧扣“现代、高效、示范”，集聚产业、科技、人才“三大优势”，创新土地流转、经营管理、投融资“三大机制”，重点围绕特色蔬菜、花卉苗木、种养结合、食用菌等优势主导产业，按照区域化布局、规模化管理、标准化生产、市场化运作、社会化服务的要求，科学规划，稳步推进农业产业化发展。

遵义县乐意蔬菜现代高效农业园区是贵州省的“五个100”重点农业园区之一。规划面积12000亩，位于石板镇、南白镇、三合镇、龙坑镇等相对集中的四个乡镇。其中核心园区（石板镇片区）占地面积为6000亩，南白镇特色蔬菜栽培示范区（南白镇片区）占地面积为2000亩，龙坑镇设施蔬菜栽培示范区（龙坑镇片区）占地面积为2000亩，三合镇名优蔬菜栽培示范区（三合镇片区）占地面积为2000亩。

规划依托12000亩农业园区对周边产业进行辐射带动，形成产业示范区50000亩，涉及播州区石板镇、南白镇、三合镇、龙坑镇、乌江镇、三岔镇、鸭溪镇、枫香镇、泮水镇、马蹄镇、乐山镇、洪关乡等十二个乡镇。并以此带动周边20万亩蔬菜产业升级发展。

规划立足于遵义市乃至贵州省农业资源特点和农业产业发展需求，紧扣省内外夏秋淡季市场，通过与省内外科研院所对接合作，以保障城市安全优质蔬菜供给、水源地生态环境保护和促进农民增收为根本目标，以科技示范与高效生产为支撑，以农产品品牌培育为特色，调整产业结构，整合并延伸产业链条，拓展观光休闲功能，培育高品质、高效益的特色蔬菜产业，打造遵义市现代农业科技推广示范基地、贵州省安全优质蔬菜生产示范区、西南山区现代农业发展模式创新引领区。整体形成“一心三区多园”的空间布局。

“一心”：核心园区，作为整个农业园区的中心枢纽及展示窗口，为产业示范区提供科技示范的核心驱动力。

“三区”：在南白镇、三合镇、龙坑镇三个镇产业基础条件较好的片区形成生产示范区。

“多园”：在“三区”内以现有产业基地为基础扩建提升形成生产示范园。

其中，核心园区内先行建设核心展示区210亩，作为先行启动的示范区块，位于播州区石板镇乐意村。以“推科技、融生态；建模式、供优菜”为主题，以构建生态农业科技高地为根本目的，按照“科研引智、辐射推广”的发展思路，对接省内外科研院所和知名科技园区，跟踪国内外先进科学技术，结合区域冷凉蔬菜产业发展，通过合理规划、科学管理，建设成为集科技研发、技术推广、科技展示、旅游观光为一体的综合性功能区，成为贵州蔬菜产业科研、推广、宣传的窗口。

资料来源：《今日头条》，2017年2月22日。

三、农业产业化经营发展趋势

在现有的发展基础上，结合国内外新形势，从大的走向看，我国农业产业化经营呈现五大发展趋势：

一是龙头企业向大型化、集团化、产业化联合体发展。当前我国农业产业化已经发展到新阶段，农村第一、第二、第三产业加速融合发展成为不可阻挡的趋势。而我国农业龙头企业虽然从最初订单农业、指导农户种养，发展到自己建设基地、保障原料供应，但受农业生产监督成本较高的制约，龙头企业的持续发展受到了限制。一些单型体的企业通过兼并、收购、控股等方式，转变发展方式；有众多的企业依托较大企业，组成企业集团；有同类企业通过品牌加盟、资本或其他要素的联合实现共同发展；一些企业通过跨地区、跨行业的大组合实现大飞跃；还有的核心企业发展为母子公司、总厂分厂的紧密联合体。

发展农业产业化联合体，构建以利益联结为纽带的一体化农业经营组织联盟，使得家庭农场从事生产、农民合作社提供社会化服务，龙头企业专注于农产品加工流通，从而形成完整的产业链条，实现专注各自所长、利益共享，成为当前发展农业产业化的重要举措。

我国农业产业化联合体始于安徽宿州，2011 年宿州探索出全国首个农业产业联合体，并得到政府认可，2012 年宿州市出台《促进现代农业产业联合体建设试点方案》，成立了联合体试点工作领导小组，确定了“农业企业合作社家庭农场”的运行模式，首批选择了 16 家联合体试点。2015 年安徽省总结宿州经验，并出台了《关于培育现代农业产业化联合体的意见》，在全省开展现代农业产业化联合体培育工作。

从我国农业产业化联合体国家支持政策来看，尽管早在 2011 年安徽宿州就探索出了首例农业产业化联合体，但国家层面的首次提及还是在党的十八大中，提出了构建集约化、专业化、组织化、社会化相结合的新型农业经营体系。此后虽然不断有政策提及农业产业化组织的发展，但并未有专门的文件发布。直到 2017 年 10 月，首个专门农业产业化联合体政策《关于促进农业产业化联合体发展的指导意见》的发布，农业产业化联合体才正式上升为国家战略层面。

为进一步加快农业化联合体的发展，原农业部等三部门联合制定了《关于开展农业产业化联合体支持政策创新试点工作的通知》，确定了 2018 年在河北、内蒙古、安徽、河南、海南、宁夏、新疆等省（区）展开农业产业化联合体试点工作。各省市加速出台了农业产业化联合体发展政策。截至目前，河北、内蒙古、安徽、山东、江苏等十多个省份均发布农业产业化联合体政策规划。

为了积极响应国家和省政府相关部门发布的建设农业产业化联合体的政策，促进本区域现代农业产业化进程，促进农村经济发展，农民增收等。各农业大市（县）也纷纷发布了农业产业化联合体发展政策及目标。如合肥提出，到2021年全市各类现代农业产业化联合体数量达到300个，其中市级以上示范联合体120个；南昌提出，用3年时间，让南昌市培育的各类农业产业化联合体达到300个，其中市级示范联合体80个，省级示范联合体40个左右。未来，随着全国各省（自治区、市、县）农业产业化联合体建设的逐步推进，全国农业产业化联合体发展规模将迅速壮大。①

二是中介服务组织在产业化经营中的地位越来越重要。围绕农业产业化经营的中介服务组织有两大类：一类是农民合作服务组织，包括农民专业协会、农民经纪人协会等；另一类是行业性合作服务组织，包括行业性企业协会或企业和农民共同组成的协会。近年来这两类中介服务组织发展较快，展示了有前景的一面，但还远不适应农业产业化经营的需要。发展订单农业出现的种种问题，都和中介服务组织的发展滞后有关。实践证明：龙头企业和农民搞订单，中间必须有一个环节，这个中间环节只有农民中介服务组织才能担当起来。另外，龙头企业的行业自律、行业协调、维护农户和企业的合法权益，也需要行业性的中介服务组织。从趋势看，中介服务组织在农业产业化经营中的作用和地位不亚于龙头企业，有的中介服务组织本身就是龙头企业。

三是农业产业化经营将带动农产品产业带的形成。龙头企业带动基地发展，促进基地建设的专业化、规模化和区域特色化，推动优势产业向优势区域集中，必然导致产业带的形成。从辽宁看已显示出这种趋势，五大基地分区和沿高速公路的三大绿色产业带，都呈现出产业带的发展势头。原农业部专门出台了《关于进一步推进优势农产品产业带建设的意见》，将扶持壮大龙头企业、大力发展农产品加工业和带动优势农产品产业带建设密切联系起来，进一步展示了这一走势。从国际看，产业化、专业化和产业带的形成密切相关。

四是农产品精深加工将成为农业产业化经营的支柱。农业产业化经营，实质上就是农产品链条的延伸，链条延伸得越长，产业化的程度越高，而链条延伸的关键就是发展农产品精深加工业。随着精深加工链条不断加长，加工产业像滚雪球般越做越大，必将成为农业产业化经营的支柱。目前全国的精深加工只占15%～20%，发达国家的精深加工一般在50%以上，发展的潜力和空间还很大。通过精深加工、系列加工、高附加值的加工做大做强加工产业、拉动农业产业化

---

① 具体内容详见《附件二：2018年全国及31省市农业产业化联合体发展政策汇总及解读》，前瞻网，2018年10月19日。

经营上新台阶是必然趋势。

五是农业产业化和农村工业化、城镇化走向融合发展。农业产业化对工业化、城镇化具有载体性作用，工业化对农业产业化具有带动功能，城镇化对农业产业化具有扩张功能。农业产业化在吸纳资本、技术、人才等生产要素进入农业领域的同时，加快了农业要素向工业部门和城镇的转移。通过农业产业化经营，使城乡之间，工农之间，第一、第二、第三产业之间的资源要素形成对流转移之势，推动产业化、工业化、城镇化的交融发展。

【专栏1-2】

“九州粮仓”湖南探索农业产业化发展新路径

湖南作为农业大省，农业发展源远流长。早在唐代，就已成为“九州粮仓”，同时有“湖广熟，天下足”的美誉。湖南又称“鱼米之乡”，传统的一家一户耕种的模式正在悄然发生变化，赋予“鱼米之乡”新时代的特点。目前，湖南以占全国3%的耕地生产占全国6%的粮食。水稻是湖南的优势农产品，随着现代农业科技水平的提高和杂交优势的利用，湖南的水稻产量不断提高。

党的十八大以来，湖南省农业发展方式加快转变，种养大户、家庭农场、农民专业合作社、龙头企业和农业社会化服务组织等新型农业经营主体不断涌现，越来越多的社会多元主体投身农业社会化服务，在组织形态上，正由分散型向规模化、集约化、社会化转变。

湖南省娄底市双峰县是有名的粮食生产大县，曾9次获评全国粮食生产先进县，4次获评湖南省粮食生产标兵县。统计数据显示，2018年，双峰县土地流转的面积超过了20万亩，超过30亩以上经营面积的种植大户有1339个，预计2019年，土地流转的面积将超过25万亩，种粮大户将超过1500个。土地流转加上机械化的推广，加速了当地农业产业化的步伐。农业产业化的发展，解决了当地农业生产、农民专业合作社和种粮大户面临的一些难点，这些难点的解决，反过来也促进了农业产业化的进一步发展，使得农民专业合作社更有生机和活力，促进了农业增产、农民增收。

湖南省益阳市赫山区泉交河镇奎星村的益阳德优水稻种植合作社，使从手提肩扛的传统农作到智能集中育秧、机械化播种收割、无人飞机撒药灭虫，从单一的水稻种植到小龙虾、青蛙配套养殖等农业产业化和现代农业的发展。

不仅在益阳，湖南共有76个县市区开展了集中育秧，集中育秧也成为湖南推进农业产业化进程中的一个重要标志。

湖南省农业农村厅种植业处处长许某某：以早稻集中育秧来稳定粮食生产。湖南是个粮食生产大省，粮食生产主要是水稻，水稻主要是双季稻，而双季稻的关键在早稻。如果稳定了早稻面积，全年粮食生产面积就基本稳定了，我们现在稳定早稻的核心措施就是集中育秧。2019年湖南力争全省水稻专业化集中育秧面积达到300万亩，带动全省集中育秧面积达到1000万亩。

集中育秧效果明显。一是提升农业设施装备水平。在全力抓好拱棚薄膜覆盖等常规育秧技术的同时，湖南省大力推广密室叠盘快速催芽齐苗新技术，提高秧苗素质。二是提升机械化生产水平。育秧装备和技术水平的提升，带动了水稻生产全程机械化水平的提升。集中化育秧还能提升社会化服务水平。通过专业化集中育秧，开展代耕、代育、代插、代防、代管、代烘等托管式、保姆式服务，进一步提升水稻生产社会化服务水平。在集中育秧的同时，通过规划，湖南省加大了高档优质稻米的开发力度，通过产业化的发展，在2018年优质稻增长100万亩的基础上，2019年将再高位增长100万亩，提质增效，助农增收。

资料来源：《种粮从重产量转向重质量！“九州粮仓”湖南探索农业产业化发展新路径》《中国乡村之声》（有删减），2019年4月6日。

第二章

农业产业化经营组织

第一节 研究综述

一、国外主要国家农业产业组织概述

（一）美国的农业产业化组织

美国农业产业化组织发展的一个重要特点是在农民自愿联合、独立运作的基础上自下而上发展起来的。在纵向一体化组织中，企业占据主导地位，组织内部农产品的生产、加工、销售都由企业进行管理和协调。

（二）日本农民协同组织

日本农民协同组织的职能包括生产指导、农产品销售、集中采购生产生活资料、信用合作和社会福利等方面。农民协同组织分为综合农协和专业农协。综合农协从事指导、信用、购销、保险等有关农协成员的务农和生活方面所有的事业，并经营本地区内生产的所有的农产品。专业农协专门从事其生产品种的销售和加工、生产指导和生产资料的购买等，在数量上超过了综合农协，但最近几年也在进行与综合农协的合并。

（三）韩国农业协同组合

韩国农协由农协成员、基层农协和农协中央会组成。农协成员分为组合员（社员）和会员；基层农协由农协成员组成，包括地域农协、专业农协联合会、农协共同事业法人等，均为法人单位；农协中央会由农协、专业农协联合会及其

联合会自愿出资成立，出资方为农协中央会的会员，另外农协共同事业法人、有关农业农村团体和法人为农协中央会的准会员。韩国农协覆盖了农业生产环节的产前农资的统一提供、农业生产计划的制定、资金筹划，产中的技术指导，以及产后农产品的统一销售。[①]

二、国内农业产业经营组织研究评述

20 世纪初期，家庭联产承包责任制的建立重新确立了我国农户作为农业生产基本组织单元的地位，极大地调动了微观经济主体的积极性，促进了农业生产发展，但同时也留下了农户经营规模细小化的“后遗症”（何秀荣，2009）。在经历了一个农副产品价格逐步放开的过程之后，中国基本实现了农副产品的自由市场交换。但是，伴随家庭联产承包责任制的实施和农副产品市场化改革的深化，一些新的矛盾也逐渐凸显（周立群、曹利群，2001）。由于单个农户与市场之间缺乏有效的连接机制，农户作为农业生产经营的基本组织单元不能与快速发展的农副产品市场化进程相适应，这导致买难卖难常有发生。进入 20 世纪 80 年代，为了实现农户与市场的有效对接，山东等地逐步探索并先后形成了“公司 + 农户”“公司 + 大户 + 农户”“公司 + 合作社 + 农户”“公司 + 租赁农场”等一系列农业产业化经营组织形式，促进了农业产业化经营的快速发展。但是，这些早期的农业产业化经营组织形式存在契约不完善等问题，农业产业化经营组织的稳定性难以保证（周立群、曹利群，2001）。因此，推进农业产业化经营组织形式不断创新和完善，使生产关系更好地适应生产力发展，成为新阶段农业农村发展的必然要求（陈晓华，2012）。当前，各地又掀起了新一轮的农业产业化经营组织创新，形成了“公司 + 家庭农场”“公司 + 社会组织 + 农户”“合作社 + 合作社”“现代农业产业联合体”等新的农业产业化经营组织形式（蔡海龙，2013）。

国内外农业发展实践证明，要想有效促进农村经济发展，就必须建立能够促进农业生产和农业结构调整、使农民增收的农业合作经济组织。[②] 农业现代化是在经济组织和生产技术的共同演进过程中实现的，复杂而高效的农业经济组织是现代农业的重要构成部分，对促进农业现代化发展，增加农民收入等起到了重要影响。自 20 世纪 90 年代中期起，如何构建现代农业组织成为我国经济学界研究热点之一（陈纪平，2017）。[③] 针对农业产业化的快速发展，许多学者对农业产

---

① 蔡海龙、关佳晨：《国内外农业产业化组织发展经验探析》，载《农村经营管理》2018 年第 5 期。

② 张英明：《家庭与现代农业经济组织的功能与界限》，载《商业经济研究》2016 年第 10 期。

③ 陈纪平：《家庭与现代农业经济组织的功能与界限》，载《城乡统筹与新农村建设》2017 年第 5 期。

业化经营组织开展了大量研究，研究内容主要集中在以下几个方面。

（一）农业合作经济组织内涵的研究

何为农业合作经济组织？农业合作经济组织即为“农业合作社”，就是农业生产者要对自身的农业生产条件和生活环境予以改善而采取了以家庭经营为单位的农业经营措施。农民之间本着平等互利的原则互相帮助，按照相关的法律法规展开各项工作（吴伟尧，2012）。[①] 高虹（2017）认为，农业合作经济组织是农民为了改善各自的生产生活条件，在自愿互助和平等互利的基础上，遵守法律和合作社的各项规章制度，联合从事特定经济活动所组成的企业组织形式。[②] 农业合作经济组织主要体现为以下几个方面的特征：一是农业合作经济组织中的成员的加入和退出都是自愿的，建立在相互帮助，利益共享的基础上；二是农业合作经济组织是协作经营，主要是为了家庭经营而建立起来的；三是农业合作经济组织需要得到政府的支持，以农业发展带动社会的发展，增强社会的和谐力度（刘胜勇，2017）。[③]

（二）农业产业化经营组织类型的研究

牛若峰、夏英（2000）将农业产业化的组织形式归纳为如下五种类型：市场带动型——专业市场 + 农户、龙头企业带动型——公司 + 基地 + 农户、主导产业带动型——主导产业 + 农户、中介组织带动型——农专协 + 合作社 + 农户、现代农业综合开发区带动型——开发集团 + 农户。[④] 孙天琦、魏建（2000）对此进行了研究，认为“龙头企业 + 农户”“专业农协 + 农户”“中介组织 + 农户”等准市场的组织形式应该成为主要的形式。[⑤] 王秋杰，阮金泉（2001）根据由谁做“龙头”和参与者主体结构来划分，认为目前农业产业化经营有五种模式：公司企业带动型（公司 + 基地 + 农户）、市场带动型（专业市场 + 农户）、主导产业带动型（主导产业 + 农户）、中介组织协调型（“农产联” + 企业 + 农户）和合作经济组织带动型（专业合作社或协会 + 农户；公司 + 合作社 + 农户）。[⑥] 张英明（2016）从我国农业合作经济组织演进的角度分析，根据新型农业合作经济组织

---

① 吴伟尧：《广西大容山自然保护区经营管理对策探讨》，载《中南林业调查规划》2012 年第 3 期。

② 高虹：《对进一步振兴我国农村经济的思考体会》，载《中国集体经济》2017 年第 21 期。

③ 刘胜勇：《探究农业合作经济组织对促进农业经济发展的影响》，载《农技服务》2017 年第 6 期。

④ 牛若峰、夏英：《农业产业化经营的组织形式和运行机制》，北京大学出版社 2000 年版。

⑤ 孙天琦、魏建：《农业产业化过程中“市场、准企业（准市场）和企业”的比较研究——从农业产业组织演进视角的分析》，载《中国农村观察》2002 年第 4 期。

⑥ 王秋杰、阮金泉：《农业产业化经营的发展类型、组织模式及其运行机制》，载《洛阳农业高等专科学校学报》2001 年第 3 期。

发展趋势，将农业合作经济组织划分四种类型，并分别对每种类型的模式进行了分析：一是“企业+农户”模式。在这种模式下，农民家庭负责种植和生产农产品，然后由企业负责农副产品加工和销售工作；农户和企业签订合作协议，协议规定双方的权利和义务，以协议正式签订而形成正式合作关系。这种模式可以使小型农业生产者种植或养殖的农副产品有了销路，通过企业与大市场实现了连接。然而该种模式的缺点在于，以家庭为单位的小型农业生产者相比于企业，力量较为薄弱，在出现利益冲突或市场变化的情况下，往往农户因处于比较弱势的地位而利益受损。二是“合作社+农户”模式。在这种模式下，合作社组织负责指导农业经营和农业技术，以及生产生活资料和农副产品的购置、加工、销售等。合作社的运作资金来源于成员缴纳的相关费用以及部分经营利润。该模式下的合作社是由农户组成，因此农户收益最大化是合作社的最大目标，合作社的经营收入除了留极少部分作为运作成本外，其余大部分都返还农户，以使农户获得更多的收益。该模式的缺点是农户进退合作社相对自由，门槛低，退出也容易，这使得合作社经营不稳定，难以壮大规模，加上农户大多不愿意对合作社投入过多原始资金，且违约现象常有发生，使得合作社资金不足，信用缺乏，有限的资金、较低的信用、不稳定的经营状况导致合作社难以扩大规模，难以开拓更为广阔的市场。三是“合作社+企业+农户”模式。在这种模式下，企业直接对接的是合作社，企业与合作社签订合作协议，合作社将生产指标分配给农户，生产完成后合作社收购农户的农副产品并按规定向企业提供农副产品。在该模式中，可以通过合作社这种抱团的形式，改变农户单独面对市场、应对企业的势单力薄的弱势地位，以对等的地位进行农业产业化经营。然而该模式也存在自身的缺点，企业追求的是企业自身的利益最大化，合作社追求的也是自身的利益最大化，两者追求的目标相同，这种情况下，为了各自的利益可能会出现违约的现象，当合作社遇到出价更高的企业时有可能会背弃原来约定的企业，转向出价更高的企业，即使加上违约金也能获得更多的收益，或者是企业转向质量更高要价更低的合作社。①

（三）农业产业化经营组织发展特征及演变规律的研究

周立群、曹利群在对山东省莱阳市调查的基础上分析了农业产业化经营组织形式的演变过程，并指出了农业产业化经营组织创新中应重视的三个要素：信誉与合作、专用性投资与组织调整、政府的互补性制度安排。杨明洪（2002）利用交易费用理论分析了农业产业化经营组织形式的演进，他认为，出于节省内生交

① 张英明：《家庭与现代农业经济组织的功能与界限》，载《商业经济研究》2016年第10期。

易费用的考虑，组织中应保留更多的市场成分；出于节省外生交易费用的考虑，组织边界应向企业方向移动。郭晓鸣等（2007）从制度演化的视角提出，农业产业化经营组织形式的演化过程呈现出由龙头企业带动模式向中介组织联动模式再向合作社一体化模式逐次演化的特征。蒋永穆、高杰（2012）通过对农业产业化经营组织形成的内因和外因的分析认为，农业产业化经营组织的形成过程表现为从环境变化诱发主体行动到政府参与推动组织形成的路径。

（四）不同农业产业化经营组织形式优势和劣势的研究

黄祖辉、王祖锁（2002）从不完全合约的角度分析了企业和农户之间的利益联结问题，在农户支配型、加工者支配型和各自支配型三种农业产业化经营组织形式中，农户支配型可以克服买方“敲竹杠”问题，并在生产者的资产专用性程度高、产品高度易损性的领域发挥优势；加工者支配型可以克服卖方“敲竹杠”问题，并在加工者的资产专用性程度高、生产者的资产专用性程度较低、产品易损性不大的领域发挥作用；各自支配型通过各自资产专用性的相互抵消而使农业剩余的分割较为公平，因而能促进各自对专用性资产的投资。杜吟棠（2005）分析了“市场+农户”“基地+农户”“公司+农户”“合作社+农户”和“中介+农户”五种农业产业化经营组织形式的利益联结关系，认为“合作社+农户”的经营组织形式最有利于促进农民增收。苑鹏（2013）则从农户福利改善的视角分析了“公司领办合作社与农户对接”“农户与公司合办合作社”“农户自办合作社与公司对接”和“农户自办合作社，合作社自办加工企业”四种农业产业化经营组织形式对农户的影响，并指出上述四种经营组织形式中农户福利依次增加。

（五）农业产业化经营组织供给和农民对农业产业化组织需求的研究

张晓山《走向市场：农村的制度及变迁与组织创新》、魏道南等《中国农村新型合作经济组织探析》、刘茂生等《农村产业发展的制度分析》、赵保佑等《农业产业化经营与实践》等著作，均提出了农业组织的问题。有关农民对农业组织的需求，主要从农民对农业组织的需求和市场对组织的需求两方面研究。家庭联产承包责任制使我国农业生产经营出现了小规模、分散化的特点，从而产生了农户的小生产与大市场的矛盾。农业组织的出现有利于解决农户一家一户办不了、办不好或者办了也不经济的问题（唐仁建等，1992）。同时，农户为维护自身权益，通过联合起来，以协会或专业社名义同有关部门、企事业单位乃至政府打交道，其社会经济地位、市场竞争能力和谈判能力将会得到明显提高（潘劲，1996；张晓山等，2002）。而当农户面对反复多变的市场，在无力预测市场供求的变化情况下，农户合作组织成了农业社会化和市场化的有效组织载体（朱广其，1996）。

（六）农业产业化经营组织模式选择的研究

曾令香（2001）认为，销售某类农产品的农业生产经营者在同一市场上集合，农业生产经营者之间以某种纽带相互联系的市场结构与行为的统一体就是农业产业组织。[①] 罗必良（2002）认为，农业产业组织是农户为了实现农业专业化生产而与相关联企业（或合作服务组织）或相互之间进行交易活动的协调方式或契约关系。[②] 胡继连（2002）认为随着组织形式的不断创新，农业产业组织创新基本形成了龙头企业带动型、专业批发市场带动型、中介组织带动型和主导产业带动型等模式。[③] 咸春龙（2002）认为，农业的根本出路在于产业化，产业化的最佳组织形式就是合作，发展合作社等中介组织是推进农业产业化向更高层次发展的重要途径。[④] 一些学者一直致力于最佳或主流农业组织形式的寻找。早期，有人主张发展农工商一体化的主导产业集团，也有人主张发展供销合作社系统。徐祥临（1996）则反对这两种观点，他认为前者是大企业，它介入农业领域的目的是为了赚钱，不可能为农户排忧解难；而后者的优势仅在供销方面，但广大农户特别是小规模农户还需要在资金、技术等方面的帮助。因此，他提出应该由社区性合作经济组织充当农业服务体系的行为主体，并主张社区性经济组织的服务边界同行政区划相吻合。池泽新等（2003）运用制度经济学的交易成本理论，比较分析了市场、准市场（准企业）、企业、准政府和政府的制度运行成本，最后得出结论：我国农业的最佳经济组织形式应是具有准市场（准企业）性质的中介组织。

（七）农业产业化经营组织问题的研究

杜吟棠、潘劲（2000）指出，在他们所分析的案例中“没有一个符合传统合作社规范”。苑鹏（2001）的研究也表明，农民合作经济组织出现了许多“异化现象”。她还引用了法国艾伯特基金专家的话说：“中国的合作社并不是真正的合作社，而农业协会却具有西方合作社的特征。”应瑞瑶（2002）考察了江苏省75家农民专业协会和47家合作社以及山东莱阳的10家农民合作社，也得出了类

---

① 曾令香：《农业微观基础的组织创新研究》，中国农业出版社2001年版。

② 罗必良：《农业产业组织：演进、比较与创新——基于分工维度的制度经济学研究》，中国经济出版社2002年版。

③ 胡继连：《产业组织制度与中国农业发展研究》，中国农业出版社2002年版。

④ 咸春龙：《论农业产业化经营与农民组织化问题》，载《农业经济问题》2002年第2期。

似的结论：这些组织绝大多数并不是真正意义上的合作社，而是异化了的合作组织，因为它们在许多方面背离了合作社的基本原则。覃琼芳（2012）认为现行的农业合作经济组织所存在的问题较为突出：一是农业合作经济组织没有规范化运行；二是很多农民对于农业生产经营依然持有传统的意识；三是政府对农业合作经济组织的支持缺乏力度。[①] 张雪莹（2017）也认为我国农业合作经济组织的发展还较为滞后，存在着行为不规范、传统意识影响严重和政府支持不够等问题。[②] 陈淑娟（2015）则认为我国农村经济合作组织发展中农民对农村合作发展的认识不足，合作意识较弱；农村合作经济组织发展环境有待提升；农村经济合作组织的合作层次较低，发展能力较弱等突出问题[③]。陈帅、张平（2017）认为目前我国农业产业化组织不论是何种组织形式，都主要面临着以下几个方面的问题：一是融资难、创新能力弱；二是龙头企业规模小，带动实力弱；三是利益联结机制不健全，无法有效实现利益共享、风险共担。[④]

（八）农业产业化经营组织发展动力或对策的研究

大多数研究者（孙亚范，2003；郭红东等，2004）都认为，单靠农民内部的自发力量来推动农业组织的发展，将面临很大的困难，需要借助外部的力量（如企业、供销社等），特别是各级政府的组织引导和支持，使农民的自发创造与政府推动相结合。牛若峰（2005）具体提出了支持农民专业合作经济组织发展政策，例如建合作社税收体系，实行低税或免税政策；低息贷款或贴息贷款；奖励和无偿补；低价供应生产资料或给予价格补贴；设立财政支持农民合作社发展专项基金等。覃琼芳（2012）认为要促进农业合作经济组织更好的发展，一方面要对管理人员的责任进一步明确，对组织的运营规范进一步强化，使农业合作经济组织的各项共工作围绕着农业生产运行，切实地发挥为农民服务的作用；另一方面政府要对农业合作经济组织给予必要的支持。通过加强政府的支持力度，就可以使农业生产的运行环境得到改善。特别是经营市场的力度需要进一步加大。[⑤]应高度重视农村教育工作，通过开展农村教育活动使农民的文化水平全面提高，使农民具有良好的知识接受能力，树立现代化的农业发展意识，以纠正对组织在认识上的偏见，促进农业合作经济组织更好的发展（刘胜勇，2017）。[⑥] 还需要在农村大力开展农业技术培训与教育工作。另外，强化宣

---

①⑤ 覃琼芳：《自然保护区的环境管理与旅游发展问题研究》，载《农业与技术》2012 年第 9 期。

② 张雪莹：《加强农业经济组织建设研究》，载《农村科技》2017 年第 9 期。

③ 陈淑娟：《我国农村经济合作组织发展中的问题与对策》，载《财经界》2015 年第 9 期。

④ 陈帅、张平：《试议农业产业化组织形式存在问题及完善对策》，载《农村经济》2017 年第 5 期。

⑥ 刘胜勇：《探究农业合作经济组织对促进农业经济发展的影响》，载《农技服务》2017 年第 6 期。

传力度也非常重要，只有不断地宣传，使合作经济组织的重要性和积极作用深入人心，才能够激发农民的热情，促进其主动行为从而推动农业经济的发展（王丽萍，2015）。①

（九）农业产业化经营组织发展演变的研究

很多学者认为，随着经济社会的发展和环境因素的变化，农业组织也会发生制度变迁。蒋永穆、王学林（2003）的研究也支持以上结论，并认为我国目前“公司+农户”模式的准市场组织形式处于成长阶段，正逐渐过渡到“专业市场+公司+初级合作社+农户”的成熟阶段。郭红东、徐旭初、邵雪伟和陆宏强（2004）基于目前浙江省的发展情况，提出农业组织中的专业协会有向农产品行业协会和专业合作社两个方向演变的趋势。黄祖辉、徐旭初（2005）进一步提出，中国农民专业合作社将呈现一定程度的联合趋势，农民专业合作社的立法进程和结果将极大地影响中国农民专业合作社的发展走向。罗夫永（2006）明确提出，农村合作经济组织演进基础是农民协会，演进重点是专业合作社，演进方向是股份合作，其特征是股份制与合作制的结合。

综上所述，我国理论界对农业产业化经营组织的研究，在视野上已不断拓展，在内容上也正在逐步深化。然而，由于中国农业产业化经营组织的发展历史还不长，且理论研究还远远滞后于农业组织的实践，迄今为止对农业产业化经营组织的理论探索尚不充分，还有待进一步深入。一是当前理论界在农业产业化经营组织的研究过程中，使用了许多意义相近，但又说法不一的概念，诸如：专业合作社、农产品加工合作社、股份合作社、专业（技术）协会、农业行业协会、农产品行业协会、“公司+农户”等。但对于这些概念，却很少看到有人进行过科学和严密的界定，这将不利于开展延续研究和比较研究。二是学术界对不同农业产业化经营组织形式之间是否存在协调、互动关系，如何构建整个农业产业化经营组织体系等问题，始终没有予以足够的重视。三是大多数学者所涉及的问题局限于我国农村经济组织的局部，从农村经济组织整体系统研究的文献还不多见。四是探索我国农业经济组织发展规律、变迁路径及未来发展趋势的研究还很不够，而这一问题，在现阶段又具有较高的学术价值和较大的现实意义。

---

① 王丽萍：《推进新型农业合作经济组织发展探析》，载《现代农业》2015年第5期。

第二节　农业产业化组织要素构成及类型

一、农业产业化经营组织要素

农业产业化经营由四大要素构成，即主导产业、龙头企业、产业基地和利益联结机制。这四大要素之间是相互联系，相辅相成，构成了“产业化”，是一体化经营发展的根基。

（一）主导产业

主导产业是指在经济发展的一定阶段上，本身成长性很高、并具有很高的创新率，能迅速引入技术创新，对一定阶段的技术进步和产业结构升级转换具有重大的关键性的导向作用和推动作用，对经济增长具有很强的带动性和扩散性的产业。从长远角度来看，确立和培育主导产业是实施农业产业化经营的基础。因为主导产业是否符合市场发展的要求，是否具有可挖掘的潜力优势，决定着农业产业化经营的方向。确立主导产业必须要因地制宜，立足于当地的特色优势资源；要以市场需求为导向，具有现实需求和长远潜在的市场；要实行区域化布局、专业化生产，具有自己的产业特色；要在国家产业政策的指导下合理规划。

（二）龙头企业

龙头企业是指在农业产业化经营进程中充当组织者、引导者、开拓者和经营中心等角色的企业，它们的辐射带动能力强，内联千百农户，外联大小市场，具有很强的综合调控能力。龙头企业既是生产加工中心，又是信息中心、科研中心、服务中心、销售中心，具有开拓市场、精深加工、提供全程服务的综合功能，是发展农业产业化经营的核心。龙头企业应该以农产品加工、销售为主要内容，具有开拓市场和科技创新能力，构建密切结合农户的利益共同体。龙头企业的发展壮大，能够产生巨大的经济效益，推动农业产业结构优化，促进农业高效发展，成为促进农民增收的强劲动力。

（三）产业基地

产业基地是指龙头企业生产加工农产品所需要的原材料供应基地[①]。产业基地是市场竞争的体现，是龙头企业发展的依托，也是农业产业化经营的重要环节。有计划、有步骤地加强农产品生产基地建设，要坚持围绕优势特色、围绕便利交通、围绕龙头企业发展的原则，把基地建设和龙头企业的发展紧密联系在一起。产业基地的建设要布局区域化、合理化，着重发挥优势，突出特色，统一规划、统一管理、统一发展。要加强围绕基地的服务组织和服务设施的建设，把资金、技术、物资和信息等各种资源有效地整合在一起，合理使用，合理配置，实现资源效益最大化。此外，在质量管理和科技支持方面也要加大力度，确保产业基地功能稳固、有效地发挥产业基地的密集型优势，为龙头企业提供高品质、低成本的原料货源。

（四）利益机制

利益机制是指企业及其成员从维护自身的利益出发，对企业外部环境中各种经济现象及其变动的反应方式和企业中不同成员的行为之间的相互依存、制约、影响方式。[②] 龙头企业和农户之间只有按照这样的机制进行合作，才能共享利益，共担风险，使双方成为一个经济共同体，它是农业产业化经营的纽带。实施农业产业化经营，涉及生产、加工和销售等各个环节，生产者和经营者之间的关系联结最重要的就是利益。利益机制是否合理，决定着龙头企业和农户合作的质量。龙头企业和农户应该在权益平等的基础上建立合理的利益分配机制，在得到高效率、高品质的原料供应的同时，让农户合理分享加工、流通环节的部分利润，实现双方共赢。

二、农业产业化经营组织类型

在我国，根据现实国情和各地不同的资源分布、社会经济发展水平，农业产业化的组织方式出现了一些不同形式的组织类型。根据农业产业化经营的内容、组织结构和利益关系的不同，可以把农业产业化经营组织划分为多种。

（一）按照农业产业化经营龙头带动作用性质划分

按照农业产业化经营龙头带动作用性质可以划分为：企业带动型、市场带动

---

①② 王厚俊：《农业产业化经营理论与实践》，中国农业出版社 2007 年版。

型、主导产业带动型、中介组织带动型、合作经济组织带动型。

1. 企业带动型。企业带动型的典型组织形式为“公司+基地+农户”。它以公司或集团为主导，以农产品加工、运输、销售企业为龙头，在生产基地与农户有机结合的前提下，进行的农产品生产、加工、运输、销售一体化经营，形成“风险共担，利益共享”的经济共同体。在实际运行中，公司企业联基地，基地联农户，进行专业协作。这种形式在种植业、养殖业特别是外向型创汇农业中最为流行，在各地都有比较普遍的发展。这种类型主要特点是公司企业与农产品生产基地和农户结成紧密的贸工农一体化生产体系，其最主要和最普遍的联结方式是合同（契约）。公司企业与生产基地、村或农户签订产销合同，规定签约双方的责权利，企业对基地和农户具有明确的扶持政策，提供全过程服务，设立产品最低保护价并保证优先收购，农户按合同规定，定时定量向企业交售优质产品，由公司企业加工、出售制成品。“公司+农户”的农业产业组织能否有效运转的关键取决于公司作为龙头企业与农户的利益契合程度。当利益一致时，就可以使之达到完全一体化的水平，反之，则至多只能是一种随时可能解体的准一体化。

2. 市场带动型。市场带动型的典型组织形式为“专业市场+农户”。市场带动型产业经营组织是指由一个专业批发市场为主与几个基地收购市场组成的市场群体，其中区域性专业批发市场应具有较完备的软硬件服务设施和措施，并且具有较大的带动力，带动周围大批农民从事农产品商品生产和中介贩卖活动，形成一个规模较大的农产品商品生产基地和几个基地收购市场，使区域性专业批发市场不仅成为基地农产品集散中心，而且成为本省乃至全国范围的农产品集散地。这是一种松散型产业经营组织，通过培育农产品批发市场或交易中心，拓宽商品流通渠道，带动区域专业化生产和一体化经营，达到扩大生产规模、节省交易成本、提高经济效益的目的。

3. 主导产业带动型。主导产业带动型的典型组织形式为“主导产业+农户”。利用当地资源，发展特色经济，逐步扩大生产规模，形成一体化的产业集群。许多地方从利用当地资源、发展特色产业和产品入手，多种经营起步，走产业化经营之路，发展一乡一业、一村一品，逐步扩大经营规模，提高产品档次，组织产业群、产业链，形成区域性主导产业和拳头产品。

4. 中介组织带动型。中介组织带动型的典型组织形式为“中介组织+农户”。以中介组织为依托，在某一产品的再生产全过程的各个环节上，实行跨区域联合经营，逐步建成以占领国际市场为目标，企业竞争力强，经营规模大，生产要素大跨度优化组合，生产、加工、销售相联结的一体化经营企业集团。政府专业技术部门、专业合作经济组织、社区合作经济组织以及各种专业技术协会等为中介组织，通过服务、培育、协调、组织等形式，发展主导产业或产品，组织和引导农民进行一体化经营。它是在“公司 + 农户”的基础上形成的。

5. 合作经济组织带动型。合作经济组织带动型的典型组织形式为“合作经济组织 + 基地农户”。以市场为导向，农民自发组织办起的各种合作专业协会、专业合作社等经济组织来开展农业产业化经营。专业协会一般是以协会为依托，创办各类农产品生产、加工、服务、运销企业，组织农民进入大市场。合作组织负责组织生产、引进良种、技术指导和收购产品、进行加工或销售等活动；农户按照合作组织的要求进行生产和出售农产品。这种利益紧密结合的产业经营模式，容易被广大农户接受。农民专业协会和专业合作社在市场交易中显示出合作经济的优势，正在成长为农村中一支重要力量，具有非常广阔的发展前景。可以预料，合作经济组织将会成长为我国农业产业化经营的重要组织模式。国际经验证明，没有发达的合作经济，就不会有全国规模的农业产业化经营，也就不会有发达的现代市场经济。

（二）按照公司与农户的不同联结方式划分

按公司与农户的不同联结方式可以划分为合同联结型和产权联结型。

1. 合同联结型。合同联结型是指公司与农户之间通过合同联结起来，通常在某农产品生产期开始之前，由公司与农户签订书面合同，规定双方的权利和义务，约定种植或养殖的品种、规格、质量、交货期、价格、结算方式、违约责任等，农户按照合同安排生产，公司负责种子和种苗的提供、技术指导、农产品的收购等，这种方式又称为“订单农业”。

2. 产权联结型。产权联结型是指农业产业化内部存在着紧密型和松散型两个层次，紧密型层次采用产权联结型模式，通常是股份合作社；松散型层次采用合同联结型模式，一般是众多兼业农户，合作社与兼业农户之间具有技术服务、良种推广、产品收购等合作关系，二者之间没有产权联系。

（三）按照公司与农户利益联结的紧密程度划分

按公司与农户利益联结的紧密程度不同可划分为紧密型、半紧密型和松散型。

1. 紧密型。紧密型是指公司与农户以产权为联系纽带。公司与农户联系的主要纽带是产权关系，即通过参股、合并、收购、重组等方式，农户被“内化”为公司的有机组成部分，成为公司的资产所有者，农户对农业产业化过程中形成的经济利益有分割权。这种类型的代表是合作型联结方式。合作型联结方式的主要形式是实行合作制或股份合作制，农户以资金、土地、设备、技术等要素入股，在公司中拥有股份，参与企业经营管理监督。公司与农户不仅有严格的经济约束，而且作为共同的出资者组合成新的企业主体，形成了“资金共筹、利益均沾、积累共有、风险共担"的经济利益共同体。在这种利益联结方式下，公司与农户形成新型产权关系，农户不再是单纯的原料提供者，而是产供销等环节中平均利润的分享者。

2. 半紧密型。半紧密型是指公司与农户以契约为联系纽带。这种方式包括合同契约方式和租赁联结方式。合同契约方式是公司与农户双方协商，通过签订具有法律效力的产销合同，明确规定双方的责权利，以契约关系为纽带，建立相对稳定的购销关系。

3. 松散型。松散型是指公司与农户以市场为联系纽带。这是目前农业产业化发展过程中应用较为普遍的利益联结方式。在这种方式中，公司根据市场行情和自己加工的需求量，在市场上随机收购农户生产的农产品，双方不预先签订合同，自由买卖，价格随行就市。这种利益关系的优点在于公司与农户都可凭自己的意愿自由决定交易对象，获取最大的市场利益，其缺陷是公司和农户双方都要承担不确定的市场风险，双方关系不稳定，利益联结很松散。

（四）按照公司与农户间利益分配机制不同划分

按照公司与农户间利益分配机制不同可划分为：买断性、保护型、服务型、返利型和合作型。

1. 买断型。买断型是指公司对农户生产的农产品一次收购，双方不签订合同，自由买卖，价格随行就市。除此之外，农户与公司之间没有任何经济联系和经济约束。收购农产品这一经济联系，是通过纯粹的市场活动进行的。公司与农户关系既不稳定，也互不负责。这种买断型的利益关系，在一定程度上解决了农产品"卖难"问题，对农业生产有一定的促进作用。但是，农民还只是价格的被动接受者，仅仅处于提供原材料的地位，缺乏发展农业产业化经营的积极性，公司没有形成稳固的基础。

2. 保护型。保护型是指公司对农户的农产品以保护价收购，保护价格以市场平均价格制定，当市场价低于保护价时，公司按照合同规定，以保护价收购农户的农产品。公司通过收购合同与农户进行交易活动，相互之间的经济联系在一个生产年度内保持稳定，合同由双方协商签订，但公司居主导地位。这种利益分配机制，不仅解决了农产品"卖难"问题，而且有助于保护市场竞争中农民的利益。保护价政策虽然没有从根本上改变农民提供原材料的地位，但使其可能遇到的市场风险有了承担者，充分调动了农民发展产业化经营的积极性。

3. 服务型。服务型是指公司为农户提供产前、产中、产后服务，双方签订合同，确定农户提供农产品的数量、质量、价格及公司为农户提供服务的项目。双方的经济责任明确，经济联系紧密，互为对方负责，并在一定时期内保持稳定。公司通过开展服务，对农户利益给予补偿。农户在农业产业化经营中得到公司在资金、物力、技术等方面的扶持，不再是单纯的原料生产者。这种利益分配机制，不仅充分调动了农民的积极性，而且解决了生产经营中的实际问题，对促进农业产业化经营效果明显。

4. 返利型。返利型是指公司拿出一部分加工、流通环节利润返还给农户，双方签订合同，确定农户提供农产品的数量、质量、价格和公司的返利标准。收购价格或为市场价或为保护价。公司对农户的农产品按合同规定全部收购；年终结算时，按农户提供农产品数量合理返还利润；有的还拿出一部分利润反哺农业。公司与农户双方建立严格的经济约束和紧密的经济联系，并保持较长时期的稳定。农户关心公司的经营效益，在农产品生产、储藏、销售环节对公司高度负责；公司对农户注意在技术、资金等方面给予扶持。这种利益分配机制，使农民改变了单纯提供原材料的地位，分享了加工流通环节的利润，充分调动了农民的积极性，有力地促进了农业产业化经营的发展。

5. 合作型。合作型是指实行合作制或股份合作制农民以资金、土地、设备、技术等要素入股，在公司中拥有股份，参与经营管理和监督。双方签订合同，明确农户提供农产品的数量、质量、价格，公司确定按股分利的办法。在这种利益分配机制中，公司与农民不仅有严格的经济约束，而且还作为共同的出资方，组合成新的企业主体。农民在合作型的产业化经营中参与管理、决策和监督，由农民民主选举董事会，确保农民利益得到充分反映和体现，形成了“资金共筹、利益共享、积累共有、风险共担”的利益共同体。这种利益分配机制，对调动农民积极性，促进农业产业化经营，有着明显作用。

【专栏2-1】

河北省农业产业化典型案例剖析

河北省农业产业化经营组织模式多种多样，按其在产业化经营过程中所发挥的作用可分为龙头企业带动型、合作经济组织带动型、主导产业带动型、专业市场带动型等。这里重点剖析五个有代表性的产业化龙头或组织，以资借鉴。

1. 秦皇岛正大有限公司——“公司+农户”的典型。秦皇岛正大有限公司是正大集团设在秦皇岛的分公司，主要以生产肉鸡为主，出口日本等东亚国家，是一个以肉类加工为主，产加销、贸工农为一体的外向型一条龙企业。公司成立以来，创造社会效益累计达2.1亿人民币。在其带动下，农户饲养毛鸡单只利润在1.5~2.0元之间，最高可达2.5元，年人均增收3700元。其运作模式是：一是建立基地，以示范户、村、乡为典型，实行重点培植。目前基地辐射半径达120公里，分布在河北、辽宁两省的6市15个县，3000多个自然村。二是按市场要求，与基地、农户建立法律形式的利益关系。以合同、订单形式确定与基地、农户的利益分配关系。如鸡苗、饲料、成鸡等价格均在合同上注明，不受市场波动的影响。也就是市场风险及高科技含量的投入由龙头企业承担，饲养管理风险由农户担负，真正体现了风险共担，优势互补，利益共享的双赢策略。饲养户不直接面对市场，只要辛勤劳动、精心管理，就能得到稳定的收益；公司不管市场发生多大变化，始终按合同收购成鸡，市场风险全部由公司独立承担。事实上，养殖户已成为公司的一个独立核算的生产车间。三是公司对基地和农户实行全程服务。从"四到门"服务（雏鸡供应到门、供料到门、回收到门、技术服务到门），到"三项保证"（保证雏鸡质量、保证饲料质量、保证农户合理利润）的配套，实行全程服务，农民需做的工作就是专心饲养，精心管理，生产高质量的产品。

特点与启示：一是为农户提供全程服务；二是农户风险由企业承担；三是农户收入稳定。但是这一运作模式的最大限制因素是企业经济实力。秦皇岛正大公司之所以在亚洲金融风暴和2001年国际市场对中国农产品禁运中，仍然确保农户利益不受损失，企业立于不败之地，靠的是企业强大的经济实力。

2. 乐百氏（丰润）有限公司——"公司+基地+农户"的代表。乐百氏（丰润）食品饮料有限公司是在丰润区提供土地厂房及相关优惠政策的前提下，由广东乐百氏公司投资成立的，该公司2003年实现销售收入达9928万元。公司建有8000头左右奶牛基地，并与基地农户签订了收购合同，建立了相对稳定的鲜奶购销关系，解决了农户"卖难"和企业"断奶"问题。企业货源充足，农民收入有保证，基地农户每月平均增收1300多元。在其带动下丰润已建立26个百头以上规模奶牛养殖场，5头以上的养殖户达1870个。但是在这一运行模式中，公司是主体，农户处于被动地位，公司是牛奶质量、标准的制定者，又是执行者，这种体制的缺陷，再加上丰润区奶源比较丰富，牛奶加工企业还比较少的情况，造就了公司的绝对主体地位。也就是说公司可以根据自身经营状况，自行决定牛奶的收购量和价格，农户为企业承担市场风险和经营风险。

启示：一是要利用资源丰富的优势实现农产品与市场的有效对接，必须借助于龙头企业去开拓市场，为农产品寻求出路；二是农业龙头企业的介入，增强了区域农业主产品生产能力，提高了专业水平，推动了产业化进程；三是诚信应是企业和农户双方共同追求的目标。

3. 马兰峪板栗合作社——专业合作经济组织的典范。遵化市马兰峪板栗合作社建于1997年，其职能是组织当地栗农进行板栗产品的销售。经过几年的运作，入社农户已由当初的138户发展到了1000多户。马兰峪板栗合作社是真正意义上的合作经济组织，它不同于专业协会，也不同于蜕变了的供销社，它是为适应市场经济环境而自发成立的。这从其办社原则和所起的作用中可以看出。

一是经济共管原则。合作社由农民参股组成（每50元为一股），属于合作经济的范畴。农民家庭经营及其与集体之间的土地承包关系保持不变，社员生产经营自主权不受侵犯。社员与合作社之间建有经济契约关系，社员之间联系的纽带是经济利益。合作社以集体企业的名义在工商行政管理部门登记注册，具有法人资格，独立承担经济和民事责任。

二是自愿和开放的原则。农民入社自愿，退社自由，完全由农民自主决定，入社成员权利义务平等。

三是民主管理原则。合作社以劳动联合为主，资金联合只是象征性质，社员都有选举权和被选举权，参加讨论本社重要事项，对本社有监督管理和批评建议权。合作社建有社员代表大会、理事会等民主管理制度，社员代表大会是最高权力机构，理事会由选举产生，会议定期召开，实行民主决策。

四是服务原则。合作社对社员不以营利为目的，主要是为社员提供产前、产中、产后服务，对外代表社员利益与其他市场主体打交道，按市场机制运行，实行营利经营，追求利润最大化。

五是利益返还原则。合作社在社外经营活动中所得利润，根据章程进行分配，按产品的销售量进行返还。具体为：股金分红占20%，按产品销售量进行二次分配占20%，特殊奖励占10%，保险金占10%，公共积累占40%。

专业合作社的作用有四个方面：一是促进了农民的自由联合，提高了农民的组织化程度，改变了农户直接参与市场或面对企业的不利状况；二是企业与合作社签订供销合同，合作社与农户签订产销合同，按合同运作，克服了各企业争原料“大战”，使当地农产品市场规范有序；三是合作社将生产者、加工者和销售者联为一体，克服了三者分离的状态，这不仅解决了加工企业原料供应问题，也解决了农民农产品运销问题，使农民走上农工商一体化经营路子。四是农民权益通过合作社代表大会或理事会得以充分体现，利益得到保证。这正是农业产业化经营的经济学真谛。

启示：尽管该专业合作社规模还比较小，经济实力还不强，但它很好地解决了小农户在进入大市场过程中的权利问题，农民自身利益得到有效保护，因而在农业产业化发展过程中具有非常广阔的前景。可以预料，这一类型合作经济组织很可能成长为我国农业产业化经营的主要组织模式，因为合作社或专业协会毕竟是分散的、弱势的农民自助性联合组织，代表了农民社员的合法权益，维护了农民的根本利益。

4. 华龙食品集团——“股田制”。华龙食品集团是一家股份制民营企业，地处河北省隆尧县西范村，主要产品为“华龙牌”方便面。由于其质优价廉，深受广大农村和中小城镇居民的欢迎，产品一直供不应求，企业规模不断扩大，经济效益连年攀升，现已跻身于全国同行业十强，名列全国民营企业“500强”第37位。到2003年底，企业已拥有总资产30亿元，员工9600多人，年上缴税金4200万元，年消耗小麦60万吨，带动了周边6个县的小麦生产，企业自身及相关行业吸纳农村劳动力5万多人。

该公司为解决企业与农民的利益分配问题，从减少市场收购小麦交易成本，提高小麦品质，增强企业抵御市场风险能力的目的出发，2000年与西范村签订了1000亩土地的长期租赁合同，让农民以“股田制”的形式将连片的土地入股，涉及农户1443家。“股田制”的特点是农民报酬固定，不参与经营和管理，不承担风险，企业与农户的合作是通过代表农民利益的中间合作经济组织进行的，对企业和农民双方都具有约束作用。“股田制”的实施有效解决了土地规模经营问题，通过农民合作经济组织，把分散的土地组织起来进行规模经营，实现了集约化生产，科学化管理，提高了农民的组织化程度，为产业化经营奠定了基础。具体做法：企业每年每亩地给农民600斤小麦或按市场价格折算的现金，农业税由企业统一缴纳，从土地全年收入扣除所有成本后的利润，按股分红，企业占30%，农户占70%，而且对入股农户的年轻劳动力优先考虑到本企业就业。通过这一方式，企业拉长了产业链，形成生产、加工、销售一条龙的产业结构。农民既可获得租金收入，又可获得其他劳务收入。通过“股田制”形式，企业和农户实现了双赢。

5. 昌黎县酒葡萄产业——主导产业型发展模式。昌黎县是有名的“中国干红葡萄酒之乡”“中国酿酒葡萄之乡”，葡萄栽培历史可上溯到16世纪。近年来，酿酒葡萄的发展，给县域经济带来了新的活力。1992年种植面积约500亩，有葡萄酿酒企业2个，之后随着价格的攀升，到2001年发展为种植36000亩，葡萄酿酒企业24个；葡萄产量由2300吨增加到25000吨。目前，昌黎县几乎所有的村都有酿酒葡萄的种植，亩均纯收入在2000元以上，价格较高的年份在4000~5000元，个别年份甚至超过万元。

昌黎县酒葡萄生产经历了从有序到无序再到有序的演进过程，基本可分为三个阶段：第一阶段为起步阶段（1992~1996年），是酿酒葡萄种植和加工的起步阶段，酿酒企业通过提供种苗、打井等手段扶持酒葡萄种植，并与农户签订酒葡萄收购合同，严格履约。第二阶段为快速发展阶段（1997~2000年），主要特点是酿酒企业迅速增加，由最初的2家增加到19家，对酒葡萄需求量猛增，导致酒葡萄价格急剧攀升（由1992年每公斤2元增加到1997年4.6元，再到1998年的7元），随之而来的是农户受利益的驱动，毁约现象普遍发生，最终导致企业和农户双方受损，到2000年酒葡萄每公斤锐减至2元以下。第三阶段是规范发展阶段（2001~2002年），其主要特征是在企业和农民双方意愿和要求下，于2001年由政府出面成立了由行政单位、企业参加的葡萄酒企业协会和由行政人员、农民参加的酒葡萄种植协会，两个协会成立的目的是规范企业和农户经营行为，鼓励公平竞争，提供各种服务等。协会的成立为生产者和加工者提供了公平对话基础，对约束企业和农民行为，促进企业和酒葡萄种植的发展起到了较好的作用。

启示：由于协会运作时间不长，还存在各项制度亟待完善、协会对企业和农民的约束能力还不强等问题，但是协会的成立为昌黎县葡萄产业健康发展奠定了基础。随着协会职能的完善、企业和农民市场意识的提高，必将推动昌黎葡萄酒产业的健康发展，最终达到企业和农民经营行为规范，双方利益得到保障，利益联结更加紧密的产业化发展目标。昌黎县葡萄生产的演进过程说明在农业产业化过程中，特别是在小农户走向大市场过程中，“中介组织”的作用是不可取代的，农民利益需要中介组织来维护，农民和企业的市场行为需要中介组织来规范。

资料来源：《河北省的农业产业化经典》，载《华夏星火》2009年第3期。

第三节 我国农业经济组织的演进轨迹与趋势判断①

新中国成立不久，农民由“耕者无其田”的封建体制中被拯救出来，成为“耕者有其田”的土地所有者，极大地释放农民的种田积极性，形成了农民个人所有的家庭经营模式；但不久后的合作化经营模式和人民公社经营模式陷入了“一大二公”的组织低效率之中，致使中国的经济几乎走到了崩溃的边缘；而由安徽凤阳小岗村18位农民发起的非正式农业制度变迁，一举废除了长达20年的人民公社，突破了“一大二公”“大锅饭”的旧体制，重新确立了家庭经营的主体地位，促进了我国农村经济组织由人民公社向农户的家庭经营的变迁，调动了广大农民的积极性，解放了农村生产力，促进了农村经济的发展，开创了我国农业发展史上的第二个黄金时代。粮食总产量从1978年的6095亿斤，增至1984年的8146亿斤，6年增长2051亿斤。② 我国农业以占世界7%的耕地养活了占世界22%的人口③。农业的发展也为国民经济的发展奠定了坚实的基础。但随着市场经济的发展，现行的土地家庭承包制度的边际效用急剧递减，“小农户与大市场”的矛盾日显突出，已有的制度安排难以满足农民的需求，新一轮制度变迁的需求逐渐呈现。

农业产业化经营的兴起和发展，“是继家庭承包责任制和乡镇企业‘异军突起’之后的又一伟大创举”（牛若峰，1998）④，是在家庭联产承包责任制的基础上，农民再一次不断探索有益于更大限度释放农村生产力的农业组织模式，“公司+农户”是农业产业化经营的主导模式，龙头企业成为农户进入市场的“中介”和“桥梁”，在一定程度上缓解了小生产与大市场的矛盾，受到农民的欢迎。然而，随着订单农业的发展，违约行为频频发生。近年来，农业订单的履约率在20%左右（孙兰生，2006）。为破解“公司+农户”组织的高违约率，其组织形式的演进和创新，不失为一条治本之策。在很多地方，出现了“公司+农户”组织向“公司+合作社+农户”“公司+大户+农户”“公司+中介组织+农户”方向进一步演进的趋势。多样化农业组织的出现，标志着我国农业产业化发展进入了一个新阶段。

---

① 本文发表于《改革》杂志，2011年第7期，第88~95页（作者：李彬、范云峰），研究内容有所改动。

② 管荣开：《不断优化宏观调控努力改善基本国情》，载《财政研究》1997年第7期。

③ 牛若峰：《农业产业一体化经营的理论与实践》，中国农业科技出版社1998年版。

④ 孙兰生：《关于订单农业的经济学分析》，载《农业发展与金融》2006年第6期。

总之，改革开放以来的40年，中国农村发生了剧烈的组织变革和制度变迁。西方理论学家从来没有经历过这种巨大的社会变革，他们不能真正理解中国的农村经济和社会运行的实际情况，当然他们的经典理论未曾关注也无法能真正解释这些问题。无疑，现实正为理论界提出了一个令人兴奋的研究课题。如我们的理论能揭示出这些组织发展的内在机理，归结出它们的发展规律，预示出它们未来发展的趋势，并能很好地指导中国农业组织的发展实践，这对破解中国的“三农”问题将是一个重要的贡献。

一、我国农业经济组织模式的变迁

农村组织的演进呈现诸多组织形式，制度绩效也大不相同，制度本身的缺陷也十分突出，但它们都是一定历史条件下的产物，基本上适应了当时我国农村生产力发展水平。

（一）改革开放前我国农业经济组织模式的变迁

1949～1958年我国农业组织变迁是按照农民个体所有的家庭经营—互助组—初级社—高级社—人民公社的路径实施的。

1. 农民个人所有的家庭经营模式。土地改革前，不到农村人口10%的地主和富农占有农村70%～80%的土地。1950年6月《中华人民共和国土地改革法》颁布，使全国3亿多无地和少地的农民无偿地获得了4667万公顷土地和其他生产资料，免除了过去每年向地主缴纳350多亿公斤粮食的苛重地租。[①] 消灭了地主土地私有制，实现了从地主所有制到“耕者有其田”的农民土地所有制的强制性制度变迁，农民成为土地的主人，农民的土地私有制成为农村经济的基础。由于生产资料与所有者的结合，经营者与所有者的统一，目标函数与利益偏好高度一致，农户的积极性得以充分发挥，农村经济发展加快，农民生活显著改善。全国农业生产总值1952年达461亿元，比1949年增加了48.5%，年均增长16.2%；粮食产量为1643.5亿公斤，高出新中国成立前最高年产量的11.3%；棉花产量达2607万担，比新中国成立前最高年产量增长53.5%，1949～1952年粮食增长幅度12.6%，棉花为43.6%。[②] 土地改革的完成，创造了农业为工业提供积累的途径。

2. 合作社经营模式。农业合作社经营模式经历了互助组、初级社和高级社三个阶段。

---

①② 袁恩桢：《社会主义初级阶段经济问题》，上海社会科学出版社1989年版。

互助组（1950～1952年）被视为带有某些社会主义因素的劳动经济组织，是在“耕者有其田”的土地制度的基础上，根据群众的意愿自发组织起来的。它是以个体经济为基础，有临时性互助组和常年互助组之分，其特点是土地私有，个人经营，按等价交换原则实行联合劳动和共同使用生产资料。初级社（1953～1956年）是半社会主义性质的劳动经济组织，其特点是农民将土地等主要生产资料作股入社，由合作社实行统一经营，经营权与农户初步分离，劳动报酬实行按劳分配。1956年3月通过的《农业生产合作社示范章程》，标志着全国基本实现了初级合作化。高级社（1956～1958年）是以生产资料集体公有为基础的完全社会主义性质的劳动经济组织，其特点是生产资料为合作社公有，劳动报酬实行按劳分配原则。农民私有的土地、耕畜、大型农具等主要生产资料转为合作社集体所有。到1956年底，全国入社农户占农户总数的96.3%，其中参加高级社的农户占全国农户总数的87.8%。[①] 当时的一个基本判断是我国农业的社会主义改造在全国范围内已基本完成。农业合作化形式重新构建了农业生产组织形式，对发挥劳动者的积极性，提高劳动生产率起到了积极作用。但1955年夏季以后，在组织形式推进方面，出现了农业改造中的急躁冒进倾向，农业合作化被当作一场运动进行，如注重运动的声势和速度，忽视了对合作的具体途径和方式的探索，过快过粗的合作化运动，损伤了农民的一些经济利益和积极性。[②]

3. 人民公社[③]经营模式。人民公社是在高级农业生产社的基础上联合起来组成的劳动群众集体所有制的经济组织。1958年8月，在北戴河召开的中共中央政治局扩大会议上通过了《关于在农村建立人民公社问题的决议》，随后两三个月，全国农村普遍实行了人民公社。从而确立了生产资料的公社所有制，彻底否定了农民家庭作为基本生产经营单位的地位。人民公社组织的特点是“一大二公”“政社合一”，生产特点是统一经营，集中劳动。据统计，到1958年底，全国农村共有人民公社233973个，参加的农户占总数的90.4%，中央宣布全国农村已基本实现人民公社化。[④]

人民公社为我国完成工业化原始积累做出了很多贡献。但毕竟人民公社是在“左”倾思想指导下进行的，是一种具有超前性的强制性制度安排，它强调土地和生产资料归属性质的改变及“公有”形式的升级“过渡”，它采取单一的公有

---

① 孙兰生：《关于订单农业的经济学分析》，载《农业发展与金融》2006年第6期。

② 袁恩桢：《社会主义初级阶段经济问题》，上海社会科学出版社1989年版。

③ 人民公社化阶段是从1958年8月13日《人民日报》发表毛泽东的“办人民公社好”开始，到中共十一届三中全会以后，家庭联产承包责任制开始试点和推广。1983年，12702个人民公社宣布解体，实行包干到户的生产队占总数的98%。1985年，最后249个人民公社宣布解体，人民公社化阶段结束。

④ 《人民日报》，1958年10月1日。

形式，它脱离了当时我国农业生产力的发展水平，挫伤了农民的生产积极性，破坏了农业生产的发展。粮食产量由 1958 年的 20000 万吨下降到 1960 年的 14350 万吨，共减少了 5650 万吨。[①]

纵观改革开放前我国农村经济组织变迁的全过程，可以发现农村经济组织变迁的方式是以强制性制度变迁为主。在这一变迁过程中，政府的地位与作用，完全凌驾于农民之上，国家与农民的关系存在严重的不平等。崔剑等（2010）总结了这次变迁失败的原因，一是由政府主导的强制性制度变迁虽然减少了制度变迁的阻力，但同时也造成了政府代理人的主观臆断，轻易地违背了农民自愿与互利的原则，扭曲了制度变迁主体（农民）的潜在收益。二是制度变迁路径的选择缺乏理性，意识形态被刚性化，并成为影响制度变迁路径选择的关键因素。而主流意识形态把社会主义等同于公有制，并要求公有的规模越来越大，程度越来越高，从而背离了初级阶段的社会经济现实，背离了农民几千年来形成的私有观念、家庭农作传统和旧有的社区生活、生产劳动习惯，这一背离无疑增加了制度成本，影响了具有效率和公平特征的合作制度绩效的发挥。[②]

（二）改革开放以来我国农业经济组织模式的变迁

改革开放以来的农业组织制度安排属于诱致性制度变迁。“诱致性制度变迁必须由某种在原有制度安排下无法得到的获利机会引起。”[③] 家庭承包经营模式和订单农业模式成为这一时期我国农村经济的主导模式。订单农业的出现不是对家庭联产承包责任制的否定，而是在家庭联产承包责任制基础之上的深化和发展。它是通过发挥农业的外部规模经济优势来弥补家庭经营内部规模不经济的缺陷。订单农业的初始动因和最终目的都是为了节约交易费用而必然发生的诱致性制度变迁。

1. 家庭承包经营模式。为突破“一大二公”的集体经营对生产力的束缚，20 世纪 70 年代末，由安徽凤阳小岗村 18 位农民发起的非正式农业制度变迁逐渐变为一种正式的农业制度。家庭联产承包责任制是在保留集体经济必要的统一经营的同时，集体将土地和其他生产资料承包给农户，承包户根据承包合同规定的权限，独立做出生产经营决策，并在完成国家和集体任务的前提下分享经营成果。由于土地所有制性质没变，只是在集体原有的土地上划分承包田，易于操作，不存在大的障碍（吴敬琏，1999）。

---

① 焦必方：《农村和农业经济学》，上海人民出版社 2009 年版。

② 崔剑：《我国农业生产经营组织形式的演进和启示》，载《江西社会科学》2010 年第 8 期。

③ 林毅夫：《关于制度变迁的经济学理论：诱致性变迁与强制变迁》，上海三联书店、上海人民出版社 1994 年版。

家庭承包经营模式的制度变迁一举废除了长达20年的人民公社，实现了我国农村经济组织由人民公社向农户家庭经营的变迁，重塑和再造了农村经济组织，使农民重新成为土地剩余的占有者，有效地将激励机制和约束机制结合起来，既节省了监督费用，又增强了经济主体的活力，这一内生性的制度变迁具有明显的正效应。农户作为一种生产组织，无须监督且激励充分，适应了农业生产的特性，因此它的确立促进了农业的增长（林毅夫，1994）。据林毅夫的研究，1979～1984年农作物产值累计增长42.23%，其中家庭承包制改革带来的增长达19.8%，贡献率为46.89%。30年间，我国粮食产量先后登上了35000万吨、40000万吨、45000万吨、50000万吨的台阶，成功实现了粮食总量供需平衡，基本上解决了长期困扰我们的粮食短缺问题，成为中国农业经济增长的主要源泉。①

但是，家庭联产承包制在本质上仍属于小农家庭经营方式。② 多数学者认为这次制度变迁的成功，"只是证明了小农经济的合理性，并没有证明小农经济的优越性和先进性"。③ 体制改革的效应是有边界的，它囿于时空的限制，又必须与一定的社会经济条件项适应。进入20世纪90年代后，农业的发展和市场经济的日趋完善使得农产品的国内市场和国际市场逐渐形成和扩展，家庭承包农户的农产品生产和经营无法适应市场要求，小生产与大市场之间的矛盾日益凸显，其制度缺陷逐渐暴露出来。一是割裂了生产与市场的联系；二是抑制了生产规模；三是产权关系的各项权能混乱；④ 四是农用土地流转不畅。⑤

2. 订单农业组织模式。一类是订单农业初始模式——"公司+农户"。订单农业又称契约农业或合同农业，是指在农业生产之前，农户与龙头企业或中介组织签订具有法律效力的产销合同，由此确立双方的权利和义务关系，农户根据合同安排组织生产，企业或中介组织按合同收购农产品的一种农业经营形式。⑥ 订单农业典型组织形式为"公司+农户"及其演化形式"龙头公司+合作社（大户或中介组织）+农户"。"合作社+农户"是丹麦契约农业的主要形式，但不是中国契约农业的主要形式。这主要是因为我国合作社的实际发展远离理论预测和

---

① 林毅夫：《中国奇迹：发展战略与经济改革》，上海三联书店1994年版。

② 胡鞍钢、吴群刚：《农业企业化：中国农村现代化的重要途径》，载《农业经济问题》2001年第1期。

③ 赵磊：《"三农问题"的市场经济理论解析》，载《学术研究》2005年第5期。

④ 耿玉春：《我国农业生产经营模式的演变及今后的选择》，载《山西师大学报》（社会科学版）2004年第31卷第4期。

⑤ 焦必方：《农村和农业经济学》，上海人民出版社2009年版。

⑥ 生秀东：《订单农业的契约困境和组织形式的演进》，载《中国农村经济》2007年第12期。

政府所期望的水平。[①]

在“公司+农户”模式下，公司为了加工销售某一种农产品，直接与数量众多的农户签订该种农产品的购买合同，规定产品的数量、质量、交售方式以及价格，有的龙头企业还向农户提供一些产前和产中的服务，如农用物资采购、农业技术服务等；农户则按照契约规定生产某种品种、提供多少产量的农副产品；双方的权利义务关系完全由契约界定。已有的研究表明，公司与农户通过签订长期合约结成了“利益均沾、风险共担”经济利益共同体。参与双方都寻找到了最佳经济利益。在公司方面，公司节省了搜寻、等待等交易费用；在农户方面，公司成为农户进入市场的组织者，农户的产品有了稳定的销售渠道；农户同样节省了交易费用；在给定技术条件下，农户专业化生产降低了生产成本；“利益均沾”使得农户能分享公司加工、销售环节利润。这样的制度安排优势非常显著：[②] 一是连接了农户与市场，解决了多年存在的“卖难”问题；二是种养业的规模有了一定程度的扩大；三是有利于先进技术和机械化的推广；四是农户在闯市场中经受了锻炼，增强了市场经济意识。

然而，“公司+农户”模式也相继暴露出一些问题：一是拉动农户扩大经营规模的效应受到一定程度的限制；二是“公司”与农户在履行合同中发生大量违约事件，挫伤了各自的积极性，给双方造成了一定的经济损失，因而减弱了这一模式的效应；三是由于土地不能流动，致使农户土地经营规模扩大受到一定程度的限制。

另一类是订单农业演化模式——“龙头公司+合作社（大户或中介组织）+农户”。这种模式是在农业产业化经营中渐渐从“公司+农户”演进而来的。在其演变过程中，一般是公司或者当地政府或者两者共同帮助当地签约农户，组织农民合作社组织或协会，合作社成立后，公司就只与合作社或者协会签约，合作社或者协会代表农户与公司签约后再与农户签约，这样一来，合作社或者协会充当了公司与农户的中间人。这种组织模式在一定程度上克服了单纯“龙头企业+农户”和合作社组织的不足，同时还融合了两者的优点，放大了组织的优势。合作社或者大户能够对龙头企业和农户的机会主义行为进行监督和约束，从而弥补了“龙头企业+农户”的组织缺陷。从形式上看，虽然延长了农业产业链，增加了外生交易费用，但是由于提高了农户的组织化程度，从而降低了内生交易费用，节约了签约、执行和监督契约的成本。周立群和曹利群（2001）指出，我国农村

① 杨明洪：《从“中心化模式”向“中间化模式”：农业产业化经营组织演化分》，载《中州学刊》2008年第5期（总第167期）。

② 耿玉春：《我国农业生产经营模式的演变及今后的选择》，载《山西师大学学报》（社会科学版）2004年第31卷第4期。

是一个典型的静态社会，农民之间不仅相互了解，而且存在着相互的监督。由于道德约束有极端的制约力，所以单个农户成为合作社或者协会的成员以后，他们会自然减少其机会主义行为，同时，合作社或者协会也会从长远利益考虑，主动地对农户的机会主义行为予以制止。① 总之，这些“中间层”能够对分散农户的机会主义行为进行一定的监督和约束，从而在一定程度上弥补了“公司+农户”组织在这方面的缺陷。当然，我们看到，农业产业化经营组织目前还处于不断演化之中。如何节约内生交易费用仍然是这些努力的方向。

诺斯和戴维斯认为，促进制度变迁的诱因是主体期望获得最大的潜在利润。所谓的“潜在利润”就是“外部利润”。外部利润的产生是由于现有的制度安排不能将外部性、规模经济、不确定性等因素所带来的收入潜在增加内部化。因此，制度变迁就是“外部利润”内部化的过程。对订单农业这一现象的解释最初是由周立群和曹利群（2001）做出的，② 他们认为在农业产业化之初，农村的主要经济组织形式是合作社和“龙头企业+农户”。但是，这两种组织形式都存在着一些缺陷。前者主要是受制于资金不足和缺乏抵押性资产；后者主要是契约不能对当事人构成有效约束。为了克服这些缺陷，有必要引入组织中介，形成新的组织形式——“龙头企业+合作社+农户”或“龙头企业+大户+农户”。杨明洪（2002）不完全同意上述分析，他认为应该用外生交易费用和内生交易费用来解释“龙头企业+农户”的起源及其向“龙头企业+合作社（大户）+农户”的演化。在公司和农户的这种纯市场的交易关系中，龙头企业和农户各自的决策完全依赖于非人格化的市场，从而也无内生交易费用，但外生交易费用无疑是巨大的，龙头企业和农户在搜寻交易对象以及花在谈判和合约执行等方面的费用是非常大的。外生交易费用如此之大，以致龙头企业和农户均意识到，有必要以一种或紧或松的长期性契约关系取代市场临时性交易关系。③ 生秀东（2007）运用事前交易费用和事后交易费用的概念，通过对交易费用的仔细划分，重新解释了“公司+农户”向“公司+合作社+农户”不断演进的现象。合作社可以同时减少农户面临的事前交易费用和事后交易费用，进而减少农户的总交易费用，也可以减少公司所面临的交易费用。由于合作社具有降低双方交易费用的功能，合作

① 周立群、曹利群：《农村经济组织形态的演变与创新——山东省莱阳市农业产业化调查报告》，载《经济研究》2001年第1期。

② 周立群、曹利群：《商品契约优于要素契约——以农业产业化经营中的契约选择为例》，载《经济研究》2002年第1期。

③ 杨明洪：《农业产业化经营组织形式演进：一种基于内生交易费用的理论解释》，载《中国农村经济》2002年第10期。

社的介入，对双方来讲，都是一个不错的选择。[①]

二、农业经济组织模式的国际经验

无论是资源丰富的美国、西欧，还是人多地少的日本、韩国，由于选择了适合本国国情的农业组织模式，都在农业经营上取得了极高的经济效益。

（一）美国农业组织模式

农工商一体化是美国农业主要组织模式，有三种类型：一是纵向一体化（垂直一体化）的农工商综合企业。即农产品的生产、加工、运输和销售等各个相互关联的环节均由一个企业来统一管理协调。这类企业往往资金实力雄厚，研发能力强大，主要由大型的托拉斯集团，甚至是跨国公司直接投资兴办，具有单一的所有权，集生产、加工、运输和销售"四位一体"，可以简化程序，减少中间环节，降低市场交易成本，提高效率；但它们的风险分担机制不健全，且容易形成垄断，不利于市场竞争的形成。二是横向一体化的合同制联合企业。即大公司或大企业与农场主通过签订合同的方式分别完成农产品的产、供、销各个环节，各企业共担风险。目前，这种经营模式占农业一体化经营总产值的75%左右。三是农场主合作社。即农民（农场主）联合投资兴办合作社或各种专业协会，为农民提供信息、技术、生产资料和农产品产、供、销等服务。农场主合作社从某种意义上说是一个联合企业，采取企业式管理，其成员与该组织一般订立为期三年的合同，期满再签约，合同规定如产品品种、数量、质量、供货时间和地点等条件，明确双方的权利义务。

农工商一体化中政府起着不可替代的作用。比如"优惠的税收"政策，合作社的税率通常只是一般工商企业的1/3左右；再如为了帮助农业发展，美国政府在农业部设立了三个重要的服务机构：农场服务部、国外农业服务、风险管理，为国内农业在水土资源保护、信用担保、国际市场信息搜集、风险规避等方面提供服务，可以说为农业的产前、产中、产后提供了全方位的服务。

（二）法国农业组织模式

农业合作社是法国重要的农业组织模式。1994年，法国共有13000多个农业服务合作社，3800多个合作社性质的工商企业，营业额超过4000亿法郎，其中

---

① 生秀东：《订单农业的契约困境和组织形式的演进》，载《中国农村经济》2007年第12期。

出口额400亿法郎，职工12万余人。[①] 法国拥有的107万农业劳动力中，90%以上参加了各种合作社，由于农户可以同时参加两个及两个以上的农业合作社，因此，累计参加农业合作社的农业劳动力达130万人次。合作社在农业生产中发挥着重要作用。1996年，农业合作社收购的粮油类、猪肉、羊奶奶酪分别占总产量的75%、89%、61%，向农场主销售肥料占农场主购买总额的60%。[②] 20世纪70年代以来，法国农业合作社向高级方向演化，组成更高级的合作社联盟，如合作社的地区联盟、专业联盟、共同联盟和全国联盟等。法国还兴起了“合作社集团”，主要是一些合作社联盟联合投资建造大型仓库、冷冻设备和价格企业。如1964年法国牛奶合作社联盟建立的“索迪马公司”，参加公司的合作社成员达76600人，所属37家牛奶厂每年加工124.6万吨牛奶，成为全国最大的奶制品公司。[③]

法国政府实施一系列农业产业化政策，例如，在促进土地集中的过程中，法国政府充分利用了补贴政策，对转让土地的农民承诺35年的预备年金，作为其终身养老的费用；对购买土地的大农户，实现无息或低息贷款，并实行免费登记；再如法国设置了农业技术研究开发专门机构——农业和农村发展署，由其具体实施国家长期农业发展计划，并对计划实施情况实行跟踪监督和客观评价。欧盟还制定了共同农业政策，实行对外统一的农产品关税同盟和对内统一的农产品自由贸易市场和价格体系，为法国的农产品出口提供了可靠的市场。

（三）日本农业组织模式

日本是以小规模家庭经营和以“农协”为主的一体化经营模式。日本《农业协同组合法》把农协的宗旨规定为：“提高农业生产力，提高农民的社会经济地位，实现国民经济的发展”。农协主要为会员提供服务，而不是以盈利为主要目标。因此，农民和农协之间不是买卖关系，而是一种合作关系。加入农协实行自愿原则，凡是愿意参加的农民和该地区的非农居民，只要交纳股金，就可以成为其中一员。日本农协建立了比较完善的民主管理机制和民主监督机制，其最高权力机构是农业协同组合的社员大会，社员大会通常每年召开一次。日本农协在农业产业化进程中发挥了非常重要的主体作用。一是对农户的生产经营活动予以指导，避免盲目生产，造成资源、人力、物力、财力的浪费；二是建立农产品批发市场，促进农产品的销售；三是组织购买生产资料和生活资料；四是向农户发

---

① 李先德：《法国农村合作社》，载《世界农业》1999年第3期。

② 乐波：《法国农业合作组织及其对中国的启示》，载《社会主义研究》2005年第5期。

③ 刘振郑：《法国的农业现代化》，载《世界农业》1979年第4期。

放贷款；五是为农户提供各种生命保险和损失保险；六是为农户提供包括加工、科技推广等在内的社会服务。

日本政府对农业经济组织的影响作用随处可见。例如日本农协名义上是民间组织，但实际上是全国最大的农业和农民团体，是个半官方组织，是日本政府推进农业现代化以及其他农村政策的重要渠道。此外，日本政府每年拨付农协一定资金，以低息贷款的方式支持农业发展。

从发达国家农业组织模式来看，组织制度的演进是它们共同关注的焦点。一是农业产业化经营模式并不具有孰优孰劣的比较，这都是各个国家根据自身具备的资源禀赋和社会经济条件所做出的选择。人少地多的国家选择规模化生产能够更加充分地利用本国的土地资源，人多地少的国家尽可能提高单位土地的产出率，通过节约土地，提高劳动力资源利用率，同样能够发挥出本国的农业制度优势。二是农业家庭经营是各国产业化生产的基础。各国的农业生产经营组织体系中虽然都包括了许多法人制度的农业公司、农业合作社、农业综合企业，但家庭经营仍然是农业产业化生产经营的基础和细胞。三是合作经济组织带动是农业产业化发展的主要趋势。无论是采取大规模机械化生产的美国，或是以集约化方式生产的日本，还是以专业化特色取胜的法国，它们都不约而同地采用了合作组织的方式进行联合。四是政府的引导、调控和支持是农业产业化发展的直接动力。各国农业发展的过程中，政府一直扮演着一个不可或缺的角色，政府不仅调控着本国土地制度的更新、技术研发与技术推广、基础设施的建设，而且根据国际农业市场的变动不断调整本国农业结构，通过法律法规对农业发展提供法律支持，还可以在农产品价格、财政、金融、外贸等方面的倾斜给予农业直接的支持。

三、我国农业经济组织模式发展趋势

诺斯认为，在市场中，有效的组织达到的效果：一是存在适宜的度量技术和度量标准而减少交易费用；二是交易者的集中降低了信息费用；交易者之间的竞争约束了机会主义行为；三是产权结构的有效界定和行使能够降低与完全消除不确定性；四是非人格化的立法和执法机构减少了契约关系中的谈判与交易双方认可的交易的合意性。我国农村经济组织的演进方向也必然要以效率作为衡量标准。

至于我国农业组织的演进趋势，一方面，“公司＋农户”模式虽然本身存在很大的制度缺陷，但这种组织模式适应了我国生产力发展水平要求，具有一定的合理性，不仅在现阶段，而且在相当长的一段时间内将长期存在。其一，目前专业性合作经济组织虽然有较大的发展，但基于我国农户长期以来自组织程度低，缺乏参与专业协会和合作社等农民组织的积极性，而专业协会和合作社等也主要集中在我国东、中部地区，其本身的发展也存在着许多问题，因此，我国专业合作经济组织的培育和发展将是一个较为漫长的过程，在相当长的时间内，“公司＋协会＋农户”“公司＋合作社＋农户”“合作社＋农户”模式不可能得以规模化出现，即便在专业合作经济组织的绝对数量增多的情况下，其组织农户的能力的提高又是一个须经市场磨合的过程，其要取代“公司＋农户”模式很难实现。其二，公司作为市场经济主体，其制度设计和经受风险能力都是专业合作经济组织无法比拟的，公司出于对利益的追逐，也不会轻易退出市场。另一方面，我们也要看到，“公司＋农户”为弥补其制度缺陷，降低风险，节约交易成本、监督成本，正演化出各种性新的组织形态，例如“公司＋合作社＋农户”“公司＋大户＋农户”“公司＋协会＋农户”“合作社＋农户”以及多主体参与的“多重化模式”。这些形形色色的多样化模式出现，预示着中国农业组织发展进入了一个新阶段。

“合作社＋农户”模式将是未来我国农村经济组织的一个重要发展方向。但“合作社＋农户”模式要成为我国农业组织的主导模式，仍尚需时日。即使在美国、法国等国家那样的大、中型农业结构①中，农业合作社组织都十分发达。更不用说，在日本、韩国等小型农业结构的国家，农业合作组织（协会）简直是农业经济活动和农业产业化经营的主体。我国人多地少，属于超小型农业结构，与此相适应的只能是“合作社＋农户”组织。至于具有中国特色的农村合作经济组织模式如何选择，要通过实践来探索。

在中国农业经济组织演进过程中，政府应为农业经济组织的变迁创造良好的外部环境：一是促进新旧两种农村经济组织资源的有效对接；二是完善农村土地流转制度，依法规范土地流转行为，使农地向种田能手集中；三是借鉴发达国家的经验，在合作经济组织自产自销、产品加工、社会服务、出口退税、“绿色通道”等方面给予切实的税费优惠；四是各级农业银行或信用社应提供专业合作经济组织生产经营所需贷款；五是通过法令法规和政策为农民专业合作组织确立一个法律和制度的框架。

① 指以农业的耕作或生产规模为主要指标来划分的最基本生产经营单位，大、中、小型家庭农场或农户及其在农业生产中的组成状况。

【专栏2-2】

作为新型农业经营主体出路在何方?

1. 管理上吸引第三方进入（银行、保险机构）。通过第三方来管理松散的农户，并确保在天灾人祸来临时，保护好自己和农户们的利益，并把损失降到最小。

2. 引进先进管理技术。尤其是互联网、物联网、大数据等技术，把这些先进的技术运用到农业生产、经营之中，提高经营效益和工作效率。通过技术向农业要经济和财富的方式，扩大产品价格与市场的竞争力。

3. 走产业化发展道路。不仅走订单农业这一条路子，还要带领农民向品牌农业、产业化、集约化农业进军。只有自身强大，才不会在市场和议价环节处于弱势。专家都说订单农业双方要加强征信体系，但这征信体系谈何容易，这是一个社会问题，解决需要时间。

在商品化时代，农民、农业经营主体一般是处于弱势地位。但在互联网时代或者数据处理技术时代，农民、农业经营主体会遇到更多的发展与致富的机会。

品牌化、网红、微商、直播等先进的营销都慢慢地成熟。其实，订单农业也只是农业生产经营方式的一种，不是唯一。我们必须去做的是壮大自己、快速读懂用户的需求。

近年来，以“先找市场、再抓生产、产销挂钩，以销定产”为特征的订单农业在全国多地“开花”，成为当前逐渐盛行的一种新型农业生产经营模式。

然而，随之而来的违约现象也层出不穷，这也是导致目前订单农业发展缓慢的主因。订单农业模式在实施过程中一定要不断进行调整和优化，才能走得更远。

资料来源：《订单农业的喜与忧》，载《农家之友》2018年第2期。

第四节　我国农业垂直一体化经营组织①

垂直一体化经营是实现我国农业现代化的重要途径，是我国农业产业化发展的必然趋势。随着农业产业化进程的深入，这种联结方式将逐渐增多，问题也会增多，这也正是我们必须重视的意义所在。那么，垂直一体化经营组织的内涵是什么？实现条件是什么？运行机制如何？发展的前景怎样？本文将结合山东农业产业化发展的实践集中进行讨论。

一、垂直一体化经营组织的内涵及特征

就产业一体化，许多学者从不同的角度进行了定义。农业产业垂直一体化的内涵更是智者见智，仁者见仁。徐忠爱（2005），认为农业产业准一体化经营是指为了打破分散的小农经济运作模式，建立分散、组织化程度低下的小农生产和大市场的有机联系而通过农户与中间组织、龙头企业按照利益最大化的一致目标组成的既不等同于企业、也不完全是市场交易的复合经济组织。陈鸿婷、谢善高（2006）则认为垂直一体化是指一个企业在同一产业链条内，将企业的活动范围向后扩展到供应源，或向前扩展到最终产品的最终用户。从原料到最终产品的生产过程，如果一个企业参加了两个或两个以上的相继生产阶段，就可以称为垂直一体化。我们认为垂直一体化，应包含广义和狭义两方面。广义的垂直--体化是指龙头企业通过签订合同的方式把从事农业生产资料的供应、农业生产以及农产品加工运销等环节的诸多企业，特别是农户结合在一起，共同整合和延长产业链，即不完全意义上的垂直一体化；狭义的垂直一体化是指公司与农户通过合作制、股份制、股份合作制等形式，以资产为纽带将龙头企业与农户紧密地结合起来，把农业的产加销或供产销各个环节一体化为同一个产权组织，即完全意义上的垂直一体化。我国目前农业产业化实践中，农业产业化经营主要是指不完全意义上的垂直一体化。

垂直一体化的内涵决定了它具有以下四大基本特征。一是通常以一个或若干企业为龙头。龙头将众多的交易频率较高的分散的农户联结在一起，组成一个紧密的利益共同体。二是通常以资产为纽带，以前向联合或后向联合为手段。前向联合就是各农资供应部门（如饲料部门、化工部门、农业机械制造部门）充当组

---

① 李彬、黄伯勇：《我国农业垂直一体化经营组织探析》，载《中国集体经济》2008 年第 2 期。

织者的一体化联合，亦称后向一体化；后向联合就是购买和加工农产品的非农业部门的企业（如肉类联合公司、牛奶公司、罐头厂、糖厂、批发商业公司和零售商业公司）充当组织者的一体化联合，亦称前向一体化。三是通常以节约交易费用、减少流通环节、降低交易成本为目的。采用垂直一体化经营主要目的是通过节约产品在生产和流通阶段中的交易费用来降低成本，化解市场风险，增加一体化系统内各方利益。四是通常以合作制、股份制、股份合作制等为主要方式，将龙头企业与农户紧密地连接起来。合作制，只有合作性质没有股份性质，合作各方按合同约定来行使权利、承担义务、分享利润。股份制，则没有合作性质，只有股份性质，各股东完全按照《公司法》“同股同权、同股同利”的规定来行使权利、承担义务、分享利润；股份合作制，既有股份性质，又有合作性质，如农户以土地、劳动、资金和农机具等生产要素入股，与龙头企业共同组建股份合作制企业，农户和龙头企业都是股份合作企业的股东，利润分配既有按股分红的一部分（体现股份制特点），又有按付出劳动多少或销售农产品多少分享利润的一部分（体现合作性质）。

二、垂直一体化经营的实现条件

垂直一体化经营作为一种组织制度变迁，其实现形式具有一定的内外部条件。具体而言：一是产生于农业产业化程度比较高的地区。二是农户具有较强的市场意识，组织化程度比较高。三是土地产权制度完善，农户有权自由地使用土地承包权，并在利用土地承包使用权转让、出租、入股的过程中获得利益。四是有一批实力较强的龙头企业。龙头企业通过吸收农户通过资金、土地入股或返租倒包的形式使农户成为股东，按股分红，实现一体化经营。五是政府角色定位准确，服务意识强，推动而不强迫，参与而不干预，扶持而不包办，更多地运用经济手段和优惠政策加以引导扶持。

除此之外，它还必须取决于资产专用性和交易频率两个因素。资产专用性是指为特定交易或契约服务而投入的特定资产。按照威廉姆森的说法，当一项耐久性的投资被用于支持某种特定的交易时，这部分资产就具有专用性。威廉姆森将企业看作连续生产过程之间非完全契约所导致的纵向一体化实体，认为企业之所以出现，是由于人们有限理性的存在，导致契约是非完全的，而交易的纵向一体化能够减少资产专用性条件下的机会主义，降低交易成本，以及企业组织在克服市场失灵方面具有的一系列优势。在公司与农户的交易中，交易一方按照契约进行了专用性资产投资，产生了一种可占用的专用性准租金，资产的专用性越强，其准租金被剥削的可能性就越大。由于人与生俱来的投机本性和有限理性，交易过程中极易受机会主义行为的损害。机会主义行为是在信息不对称条件下用欺骗手段追求自我利益的行为倾向。处于有利的一方可能利用资产的专用性强的特征，采取压低（作为买者）或抬高（作为卖者）价格，减少乃至退出交易的行为，转移市场风险，使另一方将蒙受重大损失。有关研究成果表明，当双方进行了专用性资产投资，且资产专用性很强，而两项资产又有严格互补时，交易双方就会相互依赖，就会弱化利益主体转嫁风险的动因，维持交易的持续性愿望就会高，客观上要求建立双方继续维持交易的组织制度安排，而垂直一体化经营客观上满足了这一制度需求，它使公司和农户真正实现了“风险共担、利润共享”。交易频率是说明交易是否经常重复发生的问题。交易频率的高低直接影响着人们的交易行为。交易频率越高，交易双方所发生摩擦的可能性就越大，交易成本也就越高；反之，交易频率越低，交易双方所发生摩擦的可能性就越小，交易成本也就越低。所以，当企业与农户双方资产专用性很强，交易频率很高，且又具有很强的互补时，采用垂直一体化经营，使市场交易内部化，有利于降低交易成本，降低机会主义行为。

三、垂直一体化经营组织形式及其运行机制

根据要素交易的方式不同，垂直一体化经营具体有四种组织形式：一是以资金入股的方式设立的股份合作企业。公司内设技术服务部门、原材料采购部门以及产品销售部门（甚至下属产品加工与销售企业），为农户从事专业化生产提供系列服务。该交易协调方式大大降低了单个农户从事专业化生产中各个环节的风险和交易费用。由于农户拥有可入股的资金极其有限，这种模式带动农户的能力也很有限。二是以土地入股的方式设立股份合作经济组织。在农户自愿的前提下，通过对农户承包的集体土地进行折股量化后，以股份的形式入股，成立股份合作经济组织。三是以反租倒包或承租反包方式。农户根据对集体所有的土地承包权，将自己承包的土地经营权出租给特定的农业经营组织，而农业企业则同农户签订土地承租合同，按照土地质量和基础条件，支付承包费，再雇用农户经营或反包给农户经营，农民收租金、变“股东”。如山东寿光天成食品公司，突破单一“公司＋农户”模式，租赁土地500亩，创立“公司＋基地＋农业工人”的综合作业运作模式，通过公司管理基地，由基地带动农户，按“四个标准化”（即技术管理标准化、种植管理标准化、加工系统标准化和销售系统标准化）的模式进行管理，建立了企业自属的蔬菜基地，保证了蔬菜质量。四是以合作社方式兴办加工企业。有一种合作社理论将合作社视为是纵向一体化的一种形式，被称为“农场的延伸”。从事同类或者相关农产品的生产经营者，在家庭承包经营

的基础上，从事同类或者相关农产品的生产经营者，依据加入自愿、退出自由、民办、民管、民受益的原则，按照章程进行共同生产、经营、服务活动，组成互助性经济组织。

【专栏2-3】

新型土地流转制度——“反租倒包”模式

当前，随着交通和基础设施的不断完善，越来越多的企业和个人将发展的目光转向了农村，人们或承包荒山，或流转土地，规模发展特色种养业，这对新农村建设来说是件好事。可不少产业特别是种植业，一则对土地的需求量大，二则并非当年就能产生效益，成林大约需要三五年甚至更长时间，比如栽种核桃树或其他珍稀林木，如何在土地规模化、集约化经营的同时，有效实现土地的“二次”利用就成为问题。

四川省乐山市井研县天云乡探索的“反租倒包”模式很好地解决了这一问题，让业主、合作社、农民三方都能获利，是一次有益的尝试。

首先，农民将土地流转给业主，难免会因为失去土地而产生失落心理，特别是看到大量未成林土地长时间没有耕种，这种心理便会加重。由合作社出面将这些土地转租回来，“二次”利用，组织大家耕种，无疑给农户吃了颗“定心丸”，同时也增加了大家的收入。

其次，合作社在其中起到了关键的纽带作用。合作社掌握着大量的技术和市场信息，知道市场需求是什么，种什么才能挣钱，如此避免了农户盲目跟风造成种植风险。另外，在未成林的土地上耕作，前提必须是不能对已栽种作物造成伤害，技术要求较高，农户自身无力完成，需要合作社进行统一的协调安排和技术指导。

最后，“反租倒包”模式也让业主省了心。上千亩的未成林土地，不论是在管理，还是除草、施肥上，都要花去大量的时间和精力，而把这些交由合作社去做则省事不少，技术上也有保障。“反租倒包”模式同时兼顾了业主、合作社、农民三者的利益，实现了“三赢”。

资料来源：《为新型土地流转制度——“反租倒包”模式点》，光明网，2015 年 7 月 16 日。

四、垂直一体化经营模式的制度优势及发展前景

垂直一体化经营的上述四种模式，决定了它必然具有一系列独特的制度优势。一是可以加快产品投放市场的速度，减少各环节之间的交易费用，从而降低交易成本。美国制度经济学家奥利弗·E·威廉姆森在《纵向一体化：市场失灵的考察》这篇文章中从资产专用性、人的有限理性和机会主义假设出发，得出纵向一体化可以有效避免市场交易，将外部交易内部化。二是可以有效地化解市场风险。公司与农户一体化后，二者成为股份（合作）企业的股东，由原来两个或两个以上互相联系的经济实体，演变为统一的“利益共享，风险共担”经济实体。有利于稳定商品的货源和销路，促进生产经营的良性循环。三是可以减少农业产业化经营中的逆向选择和道德风险。龙头企业和农户各自以其拥有的资金、技术、土地、劳动等生产要素入股，使两个经济独立的个体成为一个利益共同体——股份（合作）企业的股东，二者之间不再是“零和”博弈而是“正和”博弈，从而减少农业产业化经营中的逆向选择和道德风险。四是农户可以分享农产品加工和销售环节的利润。垂直一体化经营是农业产业化组织连接的较高级形式，它突破了公司与农户、企业与农户之间那种仅仅只是分工协作意义上的联合，把各方的资产密切地结合起来，形成了一种资产共同占有关系，在一体化组织内部建立起了一种有效的利益均衡机制，极大地平衡了各方的利益关系。

目前农业产业化经营组织还处于从低级到高级不断演进过程，必然会遇到一些制约因素，比如：我国的土地制度尚不完善，承包权中的转让权还受到很多限制，相关的配套措施还不健全，制约着土地股权的量化；垂直一体化经营，关键是要有大批起核心作用的龙头企业，而目前我国龙头企业数量少、规模小、整体实力弱；现实中为了政绩，违背农户意愿，超越本地区经济发展水平的强制性“拉郎配”的做法，在不少地方还大有市场；农民专业合作社还不规范，治理结构和运行机制问题还很多。但垂直一体化经营作为契约安排形成的一种较高级的经营组织，是我国农业产业化发展的必然趋势，是我国未来农业发展的必然选择，其生成、演进与创新是市场化程度的结果，并依赖于市场化制度发育和完善，在成长过程中遇到这样或那样的问题，必须引起我们的高度重视，并采取切实可行的措施推动其健康发展。

本章小结

20 世纪 80 年代在中国兴起了农业产业化经营，其重要载体为农业产业化经营组织。农业产业经营组织作为衔接“小农户”与“大市场”的重要平台，是推动农业产业化经营的重要力量。改革开放前，我国农业产业化经营组织变迁的方式是以强制性制度变迁为主，改革开放以来的农业产业化经营组织制度安排则属于诱致性制度变迁。目前我国农业产业化经营组织正处于从低级到高级不断演进过程中。多样化模式出现，预示着中国农业产业化经营组织发展进入了一个新阶段。专业大户、家庭农场、农民合作社等新型经营主体，在提高农业生产组织化程度，推动农业生产从分散经营向规模化、集中化、组织化程度较高的现代农业转变，同时在带动小农户和精准扶贫方面将起到领头雁的重要作用。“家庭农场 + 小农户”“合作社 + 小农户”“家庭农场 + 合作社 + 小农户”等经济增长模式将是未来我国农村经济组织的一个重要发展方向。

目前我国新型经营主体正处在成长关键期，亟待完善政策体系扶持发展。为此，在积极借鉴美国、日本、韩国以及中国台湾地区的农业产业化经营组织发展经验的基础上，应围绕帮助农民、提高农民、富裕农民，大力培育家庭农场、农民合作社等新型经营主体，启动家庭农场培育计划，开展农民合作社规范提升行动，深入推进示范合作社建设，建立健全支持家庭农场、农民合作社发展的政策体系和管理制度。加强面向小农户的社会化服务，发展多种形式规模经营，完善新型农业经营主体与小农户的利益联结机制，提升新型农业经营主体带动和服务小农户的能力，建立和完善面向小农户的农业社会化服务体系，促进小农户与新型农业经济组织有机衔接。深化农业供给侧结构性改革，走中国特色社会主义乡村振兴道路，使亿万小农户共享农业农村现代化的成果。

第三章

农业产业化经营风险概述

第一节 研究综述

农业是一个典型的高风险产业，对自然条件的依赖强，受市场波动的影响大，农业产业化也不例外。农业产业化经营风险的存在，对农业产业化发展会产生极大的影响。农业产业化经营风险管理是一个重要的问题，是风险管理研究的一个新领域。对农业产业化经营风险识别评估和防控进行研究，是管理实践的客观需要，其研究成果对于丰富风险管理理论、推动我国农业产业化的发展、完善农业产业化组织、防范和管理农业产业化经营风险具有重要的理论意义和现实意义。

研究农业产业化经营风险成为学术研究的重要领域。一些学者如生秀东、杨明洪等在农业产业化经营风险形成和防控方面进行了卓有成效的研究，从而拓展农业产业风险研究的领域。

一、农业产业化经营风险类型的研究

众多学者（薛昭胜，2001；孙良媛、张岳恒，2001；刘风琴，2003；萧晓东、谢宝剑，2003；孙静水，2003）认为农业产业化经营风险的主要类型有：自然风险、市场风险、体制风险、信用风险（违约风险）、道德风险。姜青舫、陈方正（2000）从对人类产生影响的条件和过程，分析了两种基本风险类型：一种是一般活动过程中存在的风险；另一种是投机活动过程中存在的风险。一般把前一种类型的风险称为普通风险（common risk），把后一种类型的风险称为投机风

险（venturous risk），[①] 这两种风险在农业产业化经营中都存在着。陆文聪、西爱琴（2005）从农业产业化外部风险和内部风险进行探讨，认为农业产业化涉及的主要要素是公司、产业化农户和市场。从导致风险的因素是否来源于农业产业化要素来看，产业化农户面临的风险分为农业产业化外部风险和内部风险。外部风险指由上述三要素之外的因素引致的风险，如自然风险、环境风险等；其中由于自然风险、环境风险是所有从事农业生产的农户都面临的，属于“共同”风险。内部风险是指由于公司、农户的行为以及市场价格变动等带来的经营风险，如资产专用性风险、追加投入风险以及契约风险等。[②] 生秀东（2009）认为农业产业化过程中的风险可以划分为外生性风险和内生性风险。所谓外生性风险是指一个系统运行过程中不能控制的外部自然变量和经济变量发生变化带来的损失可能性，本质上是可以用概率论计算和预测的。所谓内生性风险与系统本身的运行有关，是内生的，特指一个系统运行过程中由于人的行为发生变化而带来的损失可能性，本质上无法准确地计算和预测。就自然风险、市场风险、契约风险而言，前两者属于外生性风险，后者属于内生性风险。

二、农业产业化经营风险特征的研究

根据贝克的风险社会理论，农业产业化经营风险的特征简单概括为以下几个方面：一是可预期性。即人们根据以往的经验可以预测到产业化经营面临的潜在风险，但由于现实生活的复杂性、信息不对称性和人的智力因素影响等方面，不可能预测到所有的风险。二是可计算性。即各类风险造成的破坏和损失是可以通过经济和社会代价来衡量和计算的。三是不确定性。即风险具有非现实性的一面，风险本身及其可能产生的后果可能发生也可能不发生。四是传递性。即当风险从预期变为现实时，风险可在相关的利益主体之间分担或利益主体与其周围的客观环境之间分担。一种情况是指有契约关系的当事人在签订合同或协议中有分担风险的条款；另一种情况是经营主体将经营风险转移到客观环境中去，例如，排放污染物。

---

① 姜青舫、陈方正：《风险度量原理》，同济大学出版社2000年版。

② 陆文聪、西爱琴：《农业产业化中农户经营风险特征及有效应对措施》，载《福建论坛》2005年第2期。

三、农业产业化经营违约的研究

著名的新制度经济学家威廉姆森（Williamson，1985）和克莱因（Klein，1996）等通过一系列文献分析了契约的履约问题。威廉姆森（1985）把借助契约进行的交易视为经济分析的基本单位，契约的运行是有成本的，影响契约运行的主要因素在于人的有限理性与机会主义行为，以及由资产专用性、不确定性和交易的频率所决定的与交易相关的市场环境和技术结构。克莱因（1996）等强调指出，产生契约违约的原因在于存在可被有关交易双方当事人占用的专用性准租，这种准租使交易的参与各方机会主义行为成为可能。S. R. 阿育王和古德夫·辛格（S. R. Asokan and Gurdev Singh，2003）的研究表明，当市场上存在多个买主时，农户有机会主义倾向；当市场近似于垄断市场时，公司有机会主义倾向。戴维·伦斯顿和奈杰尔（David Runsten and Nigel Key，1996）在对墨西哥加工番茄的考察中，发现由于新鲜番茄和可加工番茄的可替代性较强，农户的机会主义行为造成加工商的原料供应很难稳定，因此很多番茄加工厂都卖给了种植大户。齐比尔（Zylbe Rsztajn，2003）运用交易成本理论，对巴西农户的履约情况进行了定量研究，认为生产经营规模越大的农户履约率高，生产规模小的农户履约率低。孙良媛（2003）对农业产业化的经营风险进行了论述，认为与独立的非产业化经营相比，农业产业化经营存在更多、更大的潜在风险。这是由农业产业化经营本身的组织制度安排、契约关系、要素规模、技术水平和对外部环境的依赖等特点决定的。[①] 刘凤芹（2003）认为，如果说不完全契约使违约成为可能，那么机会主义行为就使违约成为必然。机会主义倾向符合经济人追求自身利益最大化的经济学假设。当执行契约的成本高于违约成本或执行契约收益低于违约收益时，契约双方均有违约的机会主义倾向。[②] 袁铖（2003）通过国际比较发现，发达国家农户所遭遇的市场风险主要是市场价格机制充分发挥作用所带来的，而中国农户首先要承受的是市场经济不发育的风险。我国农业仍然处于整个市场经济体制的不发育边缘，农产品和农业生产资源离市场起基础性配置作用的目标还相当遥远。[③]

---

① 杨明洪：《农业产业化经营的经济风险及其防范》，载《经济问题》2001 年第 8 期。

② 刘凤芹：《不完全合约与履约障碍——以订单农业为例》，载《经济研究》2003 年第 4 期。

③ 袁铖：《农业产业化经营的风险与防范》，载《贵州财经学院学报》2003 年第 3 期。

四、农业产业化经营风险防控的研究

国外学者亨西（Henssey，1999）等运用不完全契约经济学理论论证加大专用性投资可提高企业与农户协作成功的概率，但同时又可能产生一种可占用的专用性准租，即“敲竹杠”（Hold-up）现象（David A. Henessy，1999）。为解决“敲竹杠”问题，经济学家设计出许多契约，如收益分享契约、成本分享契约及第三方仲裁等，但由于信息成本过高，或由于信息不对称，而难以实现次优结果（Aghion，P. and Tirole，1994）。休斯和利根（Hueth and Ligon，1999）应用信息经济学的道德风险模型，对企业与农场主之间的合同安排进行了研究。研究结果表明，在合同农业的价格条款设计时，企业不能完全承担价格风险，必须使合同的价格与产品质量相联系。也就是说，企业在承担价格风险的同时，也要求农场主承担质量风险。鲁斯顿（Rusten，1996）以墨西哥为案例分析认为，合同农业要成功，合同条款的设计、契约人的选择、风险基金的安排非常重要。伊顿等（Eaton et al.，2001）则通过对世界各国，特别是发展中国家的研究表明，农业产业化经营的成功发展取决于多方面因素：农户的要求、企业的销路、合同的设计、政府的法律、农业技术的推广等。特里古萨和文克（Tregurtha and Vink，2002）通过对南非农村农产品生产者与销售者的订单履约情况研究表明，合同双方的信任关系比正式的法律制度在保证合同履约方面更有效率。贝克曼·博格（Beckmann Boger，2008）的研究结果也表明，只有38.5%的被调查养猪户愿意通过法庭来保障合同的履行，造成这种现象的原因不是因为法庭效率低，而是因为使用法庭履约要支付成本，只有在收益高于成本时，农户才会使用。此外，在农业产业化经营风险分担的研究上，很多文献研究的结论表明，产业化经营的主要目的是为了解决发展中国家的分散农户与大市场对接的问题（Renber，2000）。分散农户通过和龙头企业建立稳定的企业关系，可以获得市场、信息、技术、管理、资金等方面的支持，从而减少成本、增加产量、降低销售风险（Roy，1996；Doy et al.，1992）。

国内学者杨明洪（2001）认为农业产业化经营的市场风险是客观存在的，风险来源也是多方面的。提出建立风险基金制度，建立有效的决策体系，引导市场参与主体参与商业投保以及加强法制建设都是具体有效的措施。[①] 孙桂茹等（2004）认为重视订立和健全长期契约，约束缔约主体的短期行为和建立健全企业和农户的信用信息数据库可以有效规避订单农业中的道德风险。张兵等

① 杨明洪：《农业产业化经营的经济风险及其防范》，载《经济问题》2001年第8期。

(2004)、赵西亮等（2005）认为风险分担机制的设计对保障农业契约的稳定非常关键。郭红东（2005）认为企业要制定科学合理的保底价和风险化解机制的契约条款来降低违约风险。徐健等（2008）认为要充分利用订单农业所提供的农企协作机制来提高农企之间的知识和能力共享，用增量利润来化解违约风险。陆彩霞（2008）认为农业产业化经营风险的管理是一个系统工程，各相关经济主体（无论是政府、涉农企业还是农户）都应该系统性地组织起来，按照现代产业链的要来应对风险。李彬等（2009）通过对山东省济南、寿光、日照等九个市县的实地调查发现，公司或农户的“违约成本低”，已成为“公司＋农户”组织契约（信用）风险发生的根本原因。因此，只有从根本上提高契约违约成本，降低违约收益，才会降低违约风险的发生概率。蔡环宇（2009）提出采取“国家补一点、地方拿一点、企业出一点”的办法筹集资金建立风险基金，防范契约风险。在订单农业市场风险防范研究中，很多学者都提出了建立完备的农产品期货市场体系，鼓励企业和农户参与套期保值交易，利用期货市场的避险机制来解决市场风险问题。刘导波（2002）认为为了使这一措施顺利实施，需要提高政府服务职能，改善期市内外部环境，增加农产品期货品种。孙敬水（2003）提出除了建立起完备的农产品期货市场体系外，必须建立风险基金和风险保障机制，以化解市场风险。何嗣江（2006）认为“农业订单＋期权市场”模式可以进一步完善企业与农户之间的利益分配机制，真正形成农户与企业“利益共享，风险共担”的利益风险分配机制。罗雪中、潘志强（2006）认为农业产业化经营中弱化农民市场风险的对策主要通过组成利益共享、风险共担的集合型市场主体；建立市场主体与农民之间利润和风险的均衡机制；大力加强农业信息化建设；政府选择有效的财政政策以及建立健全市场法律体系等。[①]

综上所述，虽然对于农业产业化研究方面业已取得了诸多进展与突破，取得了一定的研究成果。但同时也要看到：一是在前面所述的各种研究中，对农业产业化的经营风险或市场风险的定义还不是很清晰，没有将风险因素与风险表现区别开来，混淆了风险产生和风险实现的因子，在探讨风险规避与管理时针对性不是很强。二是以往对农业产业风险问题的研究，更多的是对农业产业化经营风险的研究，包括风险的因素分析、形成机理和管理对策等，而对农业产业化经营风险因素的评估基本没人涉猎。相比之下，对农业产业化风险的研究却显得极其不足。三是在对重庆市农业产业化经营风险及其相关问题研究时，尽管一些学者也深入到基层地区进行调研，但调研往往停留在一个村或一个县，缺乏对重庆市全面透视，对西部地区农业产业化经营风险问题进行实证研究很是缺乏。另外，已

① 罗雪中、潘志强：《农业产业化发展与农民市场风险》，载《财经理论与实践》2006 年第 5 期。

有调查研究成果，也仅仅限于对现状的描述分析，研究思路和手段都有待完善和更新。四是对农业产业化及其风险的讨论没有参照对象，缺乏一定的比较分析，使有关此类的讨论或分析的说服力大打折扣。五是在现有的各种文献讨论中，缺乏对不同类型的农业产业组织的治理结构、效率特征进行理论与实证分析。六是在研究方法上，从理论描述和定性研究的较多，而从实证研究角度研究的显得尤为缺乏，特别是将现代企业风险管理的理论移植到农业产业化经营风险管理上来进行实证研究的还不多见。

第二节　农业产业化经营风险

一、风险概述

（一）“风险”一词的由来

风险自古有之，它与人类相伴而生，人类的活动与风险息息相关。风险随人类的发展而发展，随科学技术的进步而变化，特别是进入现代社会以后，国际、国内的大量事件使人们认识到“风险”是关系到国家、企业、家庭，甚至个人的生存发展及前途命运的大问题，管理风险应对风险，已成为组织管理、业务工作及个人生活中一项极其重要的内容。处理如何？关系到组织前途及命运的大事，对一些重大风险如认识不清、措施不利、处理不好，可能给企业带来毁灭性的灾难。

“风险”一词由来已久，相传在远古时期，以打鱼捕捞为生的渔民们，每次出海前都要祈祷，祈求神灵保佑自己能够平安归来，其中祈祷的主要内容就是让神灵保佑自己在出海时能风平浪静、满载而归。因为一旦出现大风兴起大浪，就有可能造成船毁人亡。捕捞活动使他们深刻认识到“风”会给他们带来无法预测、无法确定的灾难性危险，有“风”就意味着有“危险”。这就是“风险”一词的由来。可见，“风险”是一个与不确定性密切相关，对实现目标不“吉利”的事件。这一名词传承下来，慢慢延伸到许多领域。例如用于投资方面，有可能不能收回本金就意味着有风险，称为“投资风险”。酒后驾车，由于酒精作用使司机精神异常，很容易酿成车祸，这就意味着酒后开车有风险。人吃东西不注意卫生，意味着有生病的危险（风险）。管理经济学中的风险，是根据概率和概率分布的概念来进行的，指一种特定的决策所带来的结果与期望的结果之间变动性的大小。

系统工程学中的风险，是指用于度量在技术性能、成本进度方面达到某种目的的不确定性。而在指挥决策学中，风险被理解为在不确定性的决策过程中，所面临的无法保证决策方案实施后一定能达到所期望效果的危险。还有医疗风险、安全风险、质量风险等。长期以来人们通常将可能出现的，影响目标实现的“威胁”等不利事件统称为“风险”，是一种未来的可能发生的不确定性事件对目标产生的影响。即“可能发生的事件对预期目标的影响”，影响程度越大，风险也就越大；反之风险就越小。

（二）“风险”一词的演变

人类通过实践活动对风险的认识与理解也在不断地深入与发展，通常从以下三个角度进行考察和衡量：一是风险与人有目的的活动有关，人类从事某项活动，总是希望能够趋利避害，获得一个好的结果；二是风险同行动方案的选择有关，对于一项活动，总是有多种行动方案可供选择，不同的行动方案所面临的潜在风险是不同的；三是风险与事物的未来变化有关，当客观环境或者人们的思想意识发生变化时，面临的风险也会发生变化，其活动的结果也会有所不同，如果世界永恒不变，人们也不会有风险的概念。

（三）风险的概念

风险一词已被广泛运用于经济学的各个领域。风险的基本含义是未来结果的不确定性（uncertainty）。但是，对这一基本概念，在经济学家、统计学家、决策理论和保险学者中间尚无一个适应于各个领域的一致公认的定义。[①] 归纳起来主要有以下三种观点。

1. 风险是一种不确定性。不确定性是一种可能性，与必然性相对立，其含义包括：发生与否不确定，发生的时间不确定，发生的对象不确定，发生的状况不确定，发生结果的程度不确定。持有这种观点的学者认为，某种行为能否产生有害的后果以其不确定性来界定，如果某种行为具有不确定性，那么其行为就反映了风险的承担。不确定性越大，承担的风险就越大。刘新立（2006）认为，风险是指客观存在的，在特定情况下、特定期间内，某一事件导致的最终损失的不确定性。[②] 美国经济学家奈特认为，风险指事物的发展在未来可能有若干不同的结果，但可以确定每种特定结果发生的概率，因此，风险是可以用概率方法定量

① 顾孟迪、雷鹏等：《风险管理》，清华大学出版社 2005 年版。

② 刘新立：《风险管理》，北京大学出版社 2006 年版。

计算的。

2. 风险是遭受损失的可能性。损失是指没有代价地消耗或失去，其发生与经济主体的人身或经济客体的财产有直接关系。这种关系可以表现为多个方面，或者说所“消耗或失去”的是多种多样的，如人身的、财产的、精神的、心理的等。作为风险管理的对象的“损失”来说，仅指人身或财产的消耗或失去。持有这种观点的学者认为，由于客观情况的变化和主观决策的失误，而使行为主体遭受损失的可能性即为风险，这种可能性越大，风险也就越大。该定义只注意到了风险的负面效应（风险损失）而忽略了风险的正面效应（风险收益），所以在理论上也是不完善的。

3. 风险是实际结果与预期的偏离。持有这种观点的学者认为，风险是人们因对未来行为的决策及客观条件的不确定性所引致的实际结果与预期目标可能发生的偏离，从而可能造成行为主体遭受损失或获取额外收益。可能产生的偏离程度越大，风险也越大。定义较能客观表达风险的内在属性，准确反映风险的本质特征。因为在人的有限理性假说前提下，人们对自己的行为结果是有预期的，当预期结果与实际结果完全一致时，即不可能发生偏离时，行为主体的行为过程是不存在风险的，只有当预期结果与实际结果可能发生偏离时，或有可能产生多种实际结果时，风险才会出现。而不确定性虽然与风险直接相关，但它只是引起预期结果与实际结果发生偏离的原因，并不是这一原因的结果，如果这一因果关系并不必然存在时，用不确定性界定风险在逻辑上就显得不够严谨。

本书将风险定义为：“在一定的客观环境和时期内，由于不确定性因素的存在和人们的有限理性，致使经济行为主体的预期收益与实际收益有可能发生的偏离程度。”从这一定义可认识到风险的主要特征：第一，风险是客观存在的，即不论人们是否意识到，也无论人们是否能准确估计出其大小，风险本身是客观存在的，不随人的主观意志而转化；第二，风险是人类活动的结果，如果没有人类活动和预期，也就不存在风险；第三，风险是与特定的客观环境和时空条件相联系的，当这些条件发生变化时，风险也随之改变；第四，风险是潜在的损失或收益，而不是实际发生的损失和收益；第五，风险是可度量的，是预期收益与实际收益发生偏离的概率分布的期望值或标准差。

（四）风险的特征

谢非（2013）在《风险管理原理与方法》一书中对风险的特征作了详细的分析，这有利于正确地认识和识别风险。概括来讲，风险主要表现为以下几个方面的特征。

1. 风险具有客观性。风险是客观存在的，是不以人的意志为转移的。风险的发生，无论其范围、程度、频率还是形式、时间、地点等都可能不同，但它总是会以其独特的方式表明自己的存在，是一种必然会出现的事件。同时，风险的发生是具有一定规律性的，人们通过长期的观察和分析，就有可能发现各种风险遵循的运动轨迹和运动规律。这种规律性为人类认识风险、估计风险、避免风险和管理风险提供了现实的可能性。

2. 风险具有偶然性和必然性。风险所带来损失的后果往往是以偶然和不确定的形式呈现在人们面前的，它完全是一种偶然的杂乱无章的运动轨迹。虽然单个风险的发生具有偶然性，但大量风险发生则具有必然性和规律性。就大量风险单位而言，风险发生可以用概率加以测度。因此，单个风险发生具有偶然性，大量风险发生具有必然性，风险发生可以用概率加以测度。

3. 风险具有不确定性。由于人所处的环境不同和对客观事物认识的局限性，使得人们主观上对风险的认识与风险发生的实际情况之间存在差异，从而产生了风险不确定性。这种不确定性主要表现在空间上的不确定性、时间上的不确定性和损失程度的不确定性。

4. 风险具有可识别性及可控性。风险是可以识别的，因而也是可以控制的。风险识别是指根据过去的统计资料，通过有关方法来判断某种风险发生的概率与造成的不利影响的程度。风险控制是指通过适当的技术来降低风险，或者规避风险发生的损失程度。现代科学技术的发展为风险识别与控制提供了理论、技术和方法。

5. 风险具有收益性。风险与收益是一体的、共生的。风险是一种不确定性，会带来费用的增加，但是如果能够有效地管理风险，则有可能转换为收益。事实上，任何收益都是在克服风险的基础上取得的。

6. 风险具有发展性。随着人类社会的进步和科学技术的发展，人们认识自然、改造自然、征服自然的能力也不断增强，抵抗各种风险事故的能力也不断增强。对于某些风险，由于其存在和发生的规律已为人们部分或完全掌握，人们预测风险的能力增强并能采取种种手段控制和消除风险的存在，从而消除或减少了风险给人们带来的损失和忧虑。随着社会进步和科学技术的迅猛发展，在旧的风险消失的同时新的风险又出现了，而且导致的损失更具有毁灭性和灾难性。由此可见，风险不是一成不变的，伴随着社会的发展和科技的进步，其破坏性较之以前更甚。

（五）风险的类型

按照不同的划分标准，可以将风险划分为各种类型，根据已有的研究成果，可以把风险分为以下几种类型，见表3-1。

表 3 – 1　　风险的类型一览表

划分标准	风险类型及简要描述				
按风险形成原因分类	自然风险（Natural Risk）	社会风险（Social Risk）	政治风险（Political Risk）	经济风险（Economic Risk）	技术风险（Technological Risk）
	自然力不规则变化引发的风险	个人行为的反常或不可预料的团队行为引发的风险	又称国家风险，因政治等不可控原因引发的风险	对各种相关因素判断失误导致经济损失引发风险	技术发展、生产方式的改变而引发的风险
按风险损害对象分类	财产风险（Property Risk）	人身风险（Personal Risk）	责任风险（Liability Risk）	信用风险（Credit Risk）	
	导致有形财产、损毁、灭失或贬值的风险	因生、老、病、伤残等原因而导致的身体或精神损失的风险	依法或根据有效合同对他人所遭受的人身伤害或财产损失应负的法律责任或经济责任	因一方不守信用而给对方造成损失的风险	
按风险引发结果分类	纯粹风险（Pure Risk）	投机风险（Speculative Risk）			
	只会造成损失而无获利可能的风险，出现的概率大，长期存在并有一定的规律性	可能带来损失，也可能带来收益的风险。出现概率小，规律性差			
按风险影响结果分类	基本风险（Fundamental Risk）	特定风险（Particular Risk）			
	起因于特大自然灾害或重大政治事件引起的风险，风险事件一旦发生，涉及范围广	因于特定因素，损失只影响个人或企业、家庭的风险，特定风险通常为纯粹风险			
按风险组合分类	系统风险（System Risk）	非系统风险（Mon-system Risk）			
	是指由于某种因素的影响和变化，影响所有资产的、不能通过资产组合而消除的风险，这部分风险由那些影响整个市场的风险因素所引起	只对某个行业或个别公司的证券产生影响的风险，它通常是由某一特殊的因素引起，与整个证券市场的价格不存在系统、全面的联系，而只对个别或少数证券的收益产生影响			
按风险产生环境分类	静态风险（Static Risk）	动态风险（Dynamic Risk）			
	由于自然力不规则变化或反常现象及人们的过失行为造成的风险	与社会发展有直接关系的事物发生变化导致的风险			

资料来源：根据李彬：《中国农地流转及其风险防范研究》，西南交通大学出版社 2014 年版整理。

二、农业产业化经营风险类型

农业产业化经营风险，除一般农业生产风险外，按照产品、加工、销售一体化的模式运行，在市场经济条件下，既有生产条件受限带来的风险，还要承担各种经济规律的制约乃至政策的不确定因素带来的风险等。

（一）自然风险

自然风险是指由于自然力的非规则运动所引起的自然现象或物理现象导致的风险。如风暴、火灾、洪水、地震等所导致的物质损毁、人员伤亡等。农业产业化经营中的自然风险是指由于不可预测的自然因素的突然发生，所造成的农产品产量或质量的背离，给签约方造成经济损失的可能性。

农业是自然再生产和经济再生产过程交织在一起的生物性产业，农业生产的全过程都要严重依赖于自然条件。农业产业化自然风险来自自然界与农业生产相关的灾害性因素，这些因素对农业生产造成的破坏性影响。农业生产活动中各种自然因素（阳光、气候、土壤、雨量等），直接进入农业系统的循环和能量转换过程，成为影响农业投入产出关系的决定性因素，这就使得农业产业化的运行风险高于工业和其他产业。中国幅员辽阔，地质、地理条件复杂，气候条件多变，环境基础脆弱，常常遭受各种自然灾害的侵袭。相对于其他行业，农业是灾损率较高的行业，一场台风、一场冰雹、一场水灾，轻则减产减收，重则劳而无获，从而形成威胁农业生产发展的自然风险。

（二）市场风险

市场风险主要是价格风险，是指农产品供求变动造成市场价格背离契约价格，给签约方造成经济损失的可能性（生秀东，2009）。市场风险来源于市场的供求失衡和市场价格波动。

市场上由于生产者和生产者之间、生产者和消费者之间的竞争，农产品的供求关系不可能始终处于一种均衡状态，这样必然导致农产品市场的价格波动。农产品价格的变化对供给有着重要的影响，因为，价格变动引起收入变动，直接诱导着农产品生产者的经济行为。根据联合国粮农组织的一项研究结果表明，农产品总量对价格的弹性是，农民得到的平均价格每上涨10%，可以使总产量提高2%～5%；而农产品价格相对于其他产品价格每下降20%，就会使总产量下降4%～18%。[①] 中国已有的相关实证研究结果显示：1978～1987年我国农产品的平均弹性系数为0.3，价格提高10%，产量增长3%，而且价格对出售农产品的刺激作用更大，平均弹性系数为0.67。与此相反，农产品尤其是粮食的需求弹性很小，价格对农产品消费需求量增长的刺激作用相对较小，这样反

---

① 郭庆：《农业产业化的风险与防范》，载《安徽农业科学》2006年第21期。

过来影响农产品产量增长的平均弹性。[①] 造成这种状况的原因在于：在需求方面，农产品是生存必需品，消费代用品最少，替代用途最小，因此对价格升降反应不敏感；在供给方面，当价格上升时，由于季节因素的影响，短期内不可能增加有效供给，即使是长期调整，也因土地制约往往难以实现，而当价格下降时，则因农业固定资产或劳动力不易转移，外加“踏轮效应”，农产品的供给也不会作出迅速和强烈的反应。农产品的这种特性，将对市场稳定和生产者造成极为不利的影响（杨明洪，2002）。

根据“蛛网理论”，当价格对生产和供给的调节具有明显的滞后性，且需求价格弹性小于供给价格弹性时，使得供给和需求的调整围绕均衡点上下波动，而波动离均衡点越来越远，波幅越来越大，尤其是农业生产周期较长，商品一旦开始生产后，它的生产规模、生产数量、生产结构不能在短期内得到调整，要调整只有在下一个生产周期进行。因此，农产品的价格主要由本年市场供给量决定，若农产品供不应求，价格偏高，农民第二年就会多种，而这时供应量很有可能超过需求量，从而使价格下跌，又迫使农民少种植。供给与需求、价格与数量就这样反复循环变化，使农业生产经营者缺乏稳定的增加投资的预期，也给农业生产者和农产品的消费者带来巨大的风险。因此，在市场经济条件下，如单个农户自由发展，势必会形成农产品的短缺与过剩，“买难”与“卖难”就会反复交替出现，在 1978 ~ 2001 年的 23 年间，“买难”和“卖难”交替出现了 4 次（吴方卫，2000）。

值得注意的是，有的学者通过实证研究发现，1984 ~ 1998 年，农业因自然因素导致的波动只有平均产量的 6%，而且存在着逐渐稳定的趋势，而市场价格导致的波动却在 20% 左右，而且没有收敛的趋势（曹利群，2001）。

（三）契约风险

所谓契约风险，是指农业产业化经营的参与主体中，一方违背合同而给对方造成损失的可能性。王朝全（2007）认为，农业产业化经营面临巨大的风险，从本质上看这些风险均为契约风险，并把契约风险界定为，因契约的谈判、签订、履行、监督等活动对农业产业化经营可能产生的影响为农业产业化经营的契约风险。杨明洪（2008）认为，契约风险被定义为契约双方为了经济利益采取不履约的行为，这种风险是传统农业生产经营中从未有过的风险。无论对公司来讲，还是对农户来讲，都是必须面临的风险，它的产生根源是契约市场运行中的不确定

---

① 王国敏、曹萍：《农民增收：从实证分析到理论研究》，载《四川大学学报》（哲学社会科学版）2002 年第 5 期。

性。从这个意义上讲契约风险就是契约市场的风险。[①] 企业与农户之间契约的稳定性取决于双方的相互依赖程度[②]。徐秋慧（2006）认为，如果契约是不完全的，或者公司违背契约（即道德风险），就会给农户造成经济损失，形成契约风险。[③]

本书认为公司和农户为实现有效交易通过契约相联结，契约成为连接双方的纽带和桥梁，从而在公司和农户间形成一个内部交易市场，即契约市场。然而，这个市场并非稳定，存在诸多不确定性，致使契约主体双方为了自身利益最大化而采取违反契约规定的义务的行为，使对方蒙受一定的经济损失可能性，由此而带来的风险被定义为契约风险，它是农业产业化经营的核心风险。契约风险主要表现为违约，即违反契约规定的义务的行为，它是公司和农户都必须面临的违约风险，其产生的根源在于契约市场的不确定性和契约主体的机会主义行为。

（四）技术风险

技术风险主要是指某个生产过程中采用某项技术所带来的实际收益与预期收益发生背离的可能性。在农业产业化经营过程中农业生产要用到农业技术，农业产业化中的其他产业，如加工业、深加工业同样也要运用不同的技术。但是，技术的运用带来的不仅仅是收益和效率，其背后一样隐含着风险。农业技术与其他技术要求运用者具备一定的文化知识和技能，而农业产业化经营在我国大多数以农民为主，受其文化水平的影响，较难以掌握技术要求带来的风险。另外，每一项技术的运用特别是农业技术的应用有一个适应的特点。农业产业化的经营以农业生产为主。所以，技术优势的体现要更多地依靠自然环境，具有很大的不确定性（曾湘文，2006）[④]。

（五）政策风险

政策风险来自有关农业和农村经济政策的不稳定性或政策上的某些失误。符合我国农村实际的农业政策有利于调动农民的积极性，而不符合我国农村实际的农业政策则会打击农民的积极性，影响农业的发展。此外，稳定的、连续一致的农业政策对于稳定农业生产大有好处，而不稳定的农业政策则不利于农业的稳定

① 杨明洪教授在哥本哈根大学食品与资源经济研究所的报告——《风险形成的圈层结构：关于农业产业化经营风险的一般理论分析框架》。

② 孙良媛：《农业产业化的经营风险及风险控制》，载《华南农业大学学报》（社会科学版）2003 年第 2 期。

③ 徐秋慧：《论农户生产经营的契约风险与规避》，载《山东财经学院学报》2006 年第 4 期。

④ 曾湘文：《农业产业化经营风险及其防范》，载《科技信息》2006 年第 3 期。

发展。因此，农业的政策风险像农业的自然风险和市场风险一样会制约农业生产的发展，有时结果可能更严重。

对农业生产有重大影响的政策风险主要有：一是中断土地承包关系。宪法规定，农村土地属于农村集体所有，农民承包经营，30 年不变。但各级政府特别是基层组织有时出于种种动机，无偿或低价征用，或改变承包合同，损害承包者权益，使承包者遭受风险。二是保护价扭曲。目前，国家只对少数几种农产品实行保护价政策，而事实上，由于缺乏市场价参考，这种保护价是扭曲的。其传导机制是：当农产品供不应求时，国家按规定的价格收购（类似于计划价），这时，市场价往往高于政府的收购价和保护价；当农产品供大于求时，保护价随之降低，且往往低于市场价，显然这样的保护价起不了保护的作用。三是信贷与税收政策放大了农产品的价格波动。其作用机制是：当农产品供不应求时，采取比较优惠的信贷与税收政策，即加大贷款力度、放宽贷款标准、下调贷款利率，实行减税免税、"先征后返"等政策与措施；而当农产品供大于求时，优惠的信贷与税收政策通常也随之取消，挫伤农民的积极性，导致农业生产下降，形成新一轮"卖难""买难"现象的发生。

【专栏3-1】

重庆市农业产业化面临的五大风险

1. 经营主体投资难以持续的风险。投资农业经营主体多种多样。一是有的主体自身规模小，经济实力不强，市场稍有风吹草动，经营就跌跌撞撞，抗险能力、再投资能力差。二是有的主体管理不善、经营无方，把管理工业的一套照搬到农村，以致"水土不服"，而其不愿或不能弥补农业投资亏损。三是有的主体对农业发展的长期性预见不足，自身条件生变，投资难以持续。如长寿区新市镇一企业租用 3000 亩土地投资柑橘，因柑橘生长周期长，企业付了两年租金后出现资金困难，由当地政府垫付了五年租金，直到修公路征用该企业用地，问题才得以解决。四是有的主体以投资农业为名，却行圈地占地之实。五是有的主体投资重点、策略改变，不愿再投入农业。如江津先锋区一企业租用 7000 亩地搞现代农业，但企业因资金周转困难，现在已给当地政府报告当年农民的土地租金无法支付，让当地政府承担巨大经济压力。

2. 市场供需发生重大变化的风险。市场机制对农业影响越来越深刻，价格发挥着重要调节作用。市场调节农业机制复杂。一是农品生周期长，生产者对价格变动反应滞后、信息封闭或不对称决定了价值规律对农业生产的调节滞后。二是重庆市农产品专业研究机构不多，研究不深不细不透，信息指导力不强。受国际、国内两个市场影响，中国对国际市场预判影响力较弱，重庆的农产品在全国影响也不突出。三是农产品的同质竞争。以猕猴桃种植为例，黔江、万盛、秀山等地均提出打造猕猴桃生产基地，湖南的一些区县也在推广猕猴桃种植，很容易形成同质竞争。四是农品市场不易预测，特别是全国和重庆市小农户众多且跟风种植严重。以生姜、绿豆等为例，总趋势为价增、增量、价降的恶性循环。品种不优，特色不足。

3. 灾害疫病导致农业歉收的风险。农业生长周期有其自然规律。有的果树从生长到成熟需3~5年，生长周期较长。一是农产品受自然环境影响大。较长周期内农产品受天然地理环境、大气、气候、光照、温度、湿度影响较大。特别是近年来，由于人类活动对自然条件的影响，使自然环境变得越来越恶劣，自然灾害更是频频发生，发生的规模也越来越大，更易导致农业歉收。二是疫病影响大。农业产业发展中的疫病风险仍然存在。当前，对生态农业、有机农业、安全农业要求的提高，在自然环境中生长的农产品很难不受到疫病的影响。

4. 利益冲突影响资本安全的风险。农业产业既是产业的调整，也是利益的调整。调整过程中，会有各种利益冲突。一是看到龙头企业或大户在土地上赚了钱，交出土地经营权的农户或家庭成员反悔，要求提前收回土地经营权或提高租金。如璧山区河边镇一企业租用农民土地发展生产，给农民每亩土地年收益远高于一般企业，但村民看到企业效益好便经常到企业闹事要求增加土地租金。二是对到当地发展企业设置障碍，如占据地块核心位置却不愿给企业方，或对企业用水、用电进行阻挠。三是经营主体对用工或待遇达不到农户要求引起阻工或破坏。四是订单农业中企业、农户双方因市场或质量原因相互不按签订合同执行引发冲突，这些冲突都会影响企业长期投入和资本安全。

5. 政策“瓶颈”制约产业风险防控。一是商业保险还不能顺利进入农业产业。政府在农村公路、农田整治、水利设施建设上投入较多，但我国农业政策性保险很多、业保险品种少。二是农业风险分担体制、农业巨灾风险转移分摊机制还未建立。三是中央、地方财政支持的农业再保险体系还未推行，企业为降低本也不愿提留农业保证金。四是农业产业因政策和抵押等原因不能贷款，企业反映产业周转资金困难，致使有的农业经营主体越投越少，资金风险无法防控。

资料来源：庞振华：《重庆市农业产业化面临的五大风险和五个对策》，载《公共论坛》2015 年 2 月。

第三节 基于蛛网理论的农业生产波动对市场风险影响分析

一、蛛网理论简述

蛛网理论（cobweb theorem）于 1930 年由美国经济学家 H. 舒尔茨、意大利经济学家 U. 里奇和荷兰经济学家 J. 丁伯根提出，1934 年由英国经济学 N. 卡尔多（N. Kaldor）命名的。它的基本内容是：把时间引入均衡分析中，运用弹性理论来考察价格波动对下一周期产量的影响，以及由此而产生的均衡的变动。由于这种变化过程在坐标图中表示出来形如蛛网，故称之为“蛛网理论”，见图 3－1。

古典经济学理论认为，如果供给量和价格的均衡被打破，经过竞争，均衡状态会自动恢复。蛛网理论却证明，按照古典经济学静态下完全竞争的假设，均衡一旦被打破，经济系统并不一定自动恢复均衡。

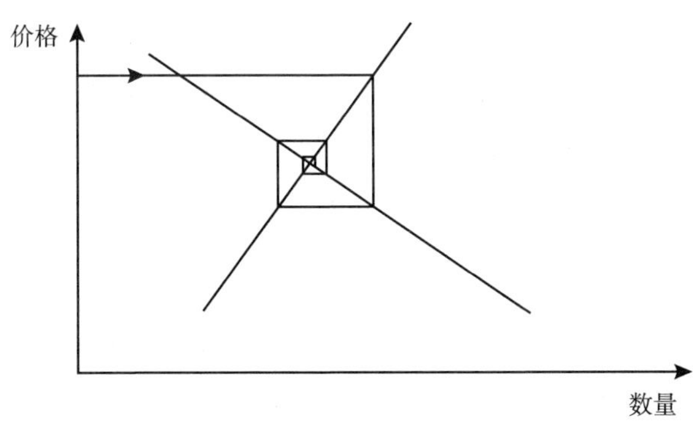

图 3－1 蛛网理论

20世纪30年代，卡尔引入时间为变化因素来探讨供给和需求二者之间的动态关系，其发现价格、需求量、供给量三者之间存在着一定的规律。蛛网理论认为任何产品都具有生产周期。当产品开始生产之后并不能够及时依据市场的变化来调节生产的数量，只有等到本次生产结束之后才能进行相应的改变，因此下一周期的生产规模受到上一生产周期的影响，本期产品的价格决定本期商品的供求关系。

蛛网模型可分为三种类型，即收敛型蛛网、发散型蛛网和封闭型蛛网。收敛型蛛网是指当价格偏离均衡价格时，通过几个生产周期的变化，价格会逐渐向均衡价格靠近的一种情况。在这种情况下，由于价格的变动对于需求的影响大而对于供给的影响小。即需求弹性大于供给弹性，实际价格会向均衡价格靠近，并最终回到均衡点。发散型蛛网与收敛型蛛网是一种截然相反的状态。在发散型蛛网中，需求弹性小于供给弹性，价格变动对供给的影响较大而对需求影响较小。在这种发展状态下，产品的实际产量减少而价格上升，一旦价格偏离均衡价格，在没有外力干扰的情况下，实际价格会离均衡价格越来越远，无法恢复到原有的均衡价格。封闭型蛛网模型是一种理想的蛛网模型，是在供求弹性完全相等的前提下才会出现的一种状态。在这种状态下，当市场受到外力的干扰发生变化时，实际产量和实际价格会按照相同的幅度进行波动而不会再恢复到原来的状态。①

二、蛛网理论与农业产业化市场风险

运用蛛网理论一般是用来分析价格与产量之间的关系，这种关系一般具有以下特点：这些商品开始生产后，要经过一定时间才能生产出来，在这期间生产不能变更。所以，价格和产量的关系是：本期产量决定本期价格，本期价格决定下期产量，或者说上期价格决定本期产量，本期产量决定本期价格。反映了市场价格、供给量和需求量之间的动态关系。研究本期价格对下期产量影响以及由此产生的均衡变动，是一种动态均衡分析。

蛛网理论的假定：第一，需求规律和供给规律是具有线性的，价格由供给量决定，供给量由上期的市场价格决定；第二，从开始生产到生产出产品需要一段时间，而且在这段时间内生产规模是不变的；第三，市场是完全竞争的，每个生产者都认为当前的市场价格会继续下去，自己改变生产计划不会影响市场；第四，生产的商品不是耐用商品。这些假设表明，蛛网理论主要用于分析农产品。传统蛛网模型的代数表达式为：

① 李强、高阳：《基于蛛网理论的生猪价格波动性分析》，载《安徽农学通报》2016年第16期。

$$D_t = a + bP_t \tag{3-1}$$

$$S_t = a_1 + b_1 P_{t-1} \tag{3-2}$$

$$D_t = S_t \tag{3-3}$$

上式中，D_t 表示 t 期需求量，S_t 表示供给量，P_t 表示 t 期价格，P_{t-1}表示 t－1 期价格，a、a_1、b、b_1 为常数，a 表示价格为零时的商品需求量，b 表示商品的需求价格弹性，a_1 表示价格为零时的商品供给量，b_1 表示商品的供给价格弹性；上面三式中，式（3－1）的经济含义是 t 期的需求量决定于 t 期的价格；式（3－2）的经济含义是 t 期供给量决定于 t－1 期的价格；式（3－3）的经济含义是 t 期的需求量等于 t 期的供求均衡。

由于需求和供给的决定因素不一样，而且弹性有差别，在动态分析产品市场价格波动时就可能出现三种情况：若供给弹性小于需求弹性，即不论最初的价格如何，价格波动和产量波动越来越小，最终趋向于均衡，称为收敛型蛛网。若供给弹性大于需求弹性，价格波动和产量波动越来越大，称为发散型蛛网。若供给弹性等于需求弹性，即价格和产量的波动既不趋于均衡点，也不远离均衡点，而是按同一幅度波动，称为封闭型蛛网。

根据蛛网理论，农产品价格的变化对供给有着重要的影响，因为，价格变动引起收入变动直接诱导着农产品生产者的经济行为，根据联合国粮农组织的一项研究结果表明，农产品总量对价格的弹性是，农民得到的平均价格每上涨 10%，可以使总产量提高 2% ~5%；而农产品价格相对于其他产品价格每下降 20%，就会使总产量下降 4% ~18%。[①]

农产品产量与价格的波动更多地表现为一种发散型的波动。根据“蛛网理论”，本期商品的供给量决定于前一期的价格水平。在其他条件不发生较大的变化情况下，农产品供给规模在某种意义上是由前期规模决定，特别是食物性产品，当从两个或两个以上生产周期来看，需求弹性较小，供给弹性大，就使得农产品的价格波动与产量的波动幅度越来越大，离均衡点越来越远。常常出现价格暴涨暴跌的情况，见图 3－2。

农业产业化经营模式出现后，当外部冲击来临，市场环境发生较大变化，此时，如果供给弹性大于需求弹性，根据蛛网理论，供求难以达到均衡，呈现出发散的状态，市场波动依然会非常剧烈。

---

① 中国农业银行武汉培训学院课题组：《农业产业链风险管理研究》，载《中国农业银行武汉培训学院学报》2017 年第 6 期。

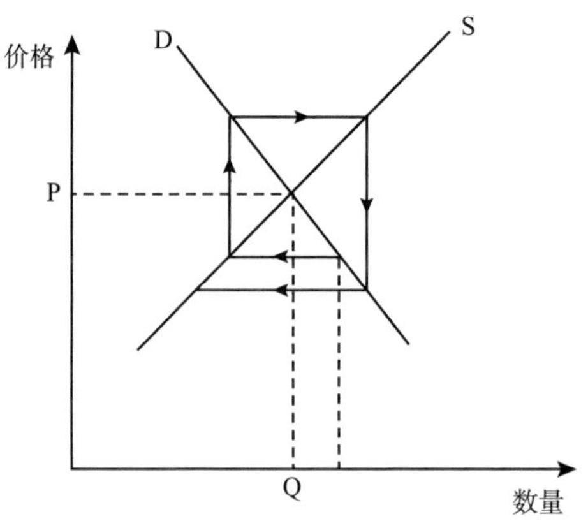

图3－2　发散性蛛网模型

根据蛛网理论，实施农业产业化后，与参照系不同的是，蛛网理论的基本前提中关于生产者行为有了一些变化，主要体现在原来的假设是每个生产者都认为当前的市场价格会继续下去，自己改变生产计划不会影响市场。在实施农业产业化以后，其模型中关于供给弹性的假设可以做以下修正：第一，由于生产者专业化程度提高，在获取信息和对未来趋势决策分析上都有较大的优势，生产者对t期的供给量不仅仅取决于t－1期的价格，而且还可能对t－1期价格进行适当的修正后对t期进行生产安排。假设修正幅度为b_2P_{t-1}，此时$b_2<b_1$，则公式（3－2）可以表达为$S_t=a_1+b_1(P_{t-1}-b_2P_{t-1})=a_1+b_1(1-b_2)P_{t-1}$，即$(1-b_2)P_{t-1}$就是生产者赖以作出生产决定的预期价格。第二，由于农业产业化主体的各种缺陷存在，公司作为农业生产的主要决策者依然可能发生较大的偏差，这使得生产者并不能完全有效地对现状进行判断，因此，修正的量b_2较小；第三，当农业产业化生产决策者对自己预期的价格$(1-b_2)P_{t-1}$做出生产反应时，假设其弹性为b_3，由于农业产业化资产专用性增强，灵活性降低，规模过大，对同等情况下的价格敏感性（产出）要强于以前，此时的b_3要大于b_1。

因此，蛛网理论中的式（3－2）可以修正为：

$$S_t=a_1+b_3(1-b_2)P_{t-1} \tag{3-4}$$

比较式（3－2）和式（3－4），前者的供给弹性，存在以下三种情形：

情形一是当$b_3(1-b_2)=b_1$时，农业产业化面临的市场风险和参照系即家庭承包制是同等大小的，而由于农产品需求弹性往往小于供给弹性，使市场波动非常剧烈，市场风险很突出。

情形二是当$b_3(1-b_2)>b_1$时，农业产业化面临的市场风险高于参照系，这种情况出现时意味着：虽然公司专业化带来的预期准确性带来了风险规避，但是农业产业化灵活性、适应性的降低却增加了市场波动的风险。

情形三是当 $b_3(1-b_2)<b_1$ 时，农业产业化面临的市场风险低于参照系，这种情况出现时意味着：公司专业化的能力很强，对市场预测准确度很高，足以弥补农业产业化灵活性、适应性降低带来的风险。

以上三种情形在农业产业化经营发生发展的过程中都可能出现，不同地区、不同类型、不同公司主导的农业产业化存在较大的差异。尽管情形三有很多的表现，也就正是说明了农业产业化所起到的积极作用，但不可忽视的是情形一也是一种常态，即一部分农业产业化经营不仅没有有效规避市场风险，反而加剧了市场波动，农业产业化市场风险凸显出来。

第四节　案例分析：农业产业化经营风险防控①

农业产业化经营是以市场为导向，以家庭承包经营为基础，依靠各类龙头企业和组织的带动，将生产、加工、销售紧密结合起来，实现一体化经营。农业产业化经营作为制度创新解决了“小农户”进入“大市场”的风险，同时也给进入农业领域的农产品加工销售企业稳定了原料供应，给加入农业产业化经营的各方带来利益。但是，农业产业化经营作为一种整合系统，在其运行和发展过程中，面临更多、更大甚至更为复杂的变数。加入农业产业化经营，农户的经营活动也被整合到农业产业化经营系统之内。与此相应，农业生产经营中固有的自然风险、市场风险，被整合到农业产业化经营系统之内，并在一定条件下通过农业产业化系统加以集中、放大，再加上农业产业化经营系统内部的关系风险（龙头企业与农户之间的关系风险）也与自然风险、市场风险交互作用，农业产业化经营便面临一系列风险。农业产业化经营风险的发生，对农业产业化发展产生了不利的影响。实现农业产业化经营的关键在于降低其经营风险。

以美国为代表的农业经营是大农场为特征，而农场本身就是农业企业，其面临的风险与一般的工商企业比较类似，而我国小农户生产面临的风险与大农场不一样。农业产业化经营是龙头企业通过契约连接农户的生产经营的一种与典型企业不同的经济组织形式，它通过多种形式把农户的生产经营活动整合到农业产业化系统中，有着不同于一般工商企业的组织特征。

随着近年来不确定性分析理论及其方法和技术突破性进展，不确定性和信息

---

① 本节内容是根据作者主持的重庆市教委科学技术研究项目（项目编号：KJ121323）“重庆市农业产业化经营风险识别评估与防控对策研究报告”的基础上整理而来。

经济理论及其分析方法和技术在商务、安全保障、金融投资、政府行政及公共政策等研究领域受到了多方重视，并被广泛应用于组织（企业）风险管理的理论和实践之中。由于农业生产经营本身所固有的、不同于工商企业的特征，使得上述不确定性和信息经济理论及其分析方法和技术在农业产业化风险管理分析中具有了新的特点。针对这些新特点，常采用的风险评估方法为：基于知识（Knowledge-based）的分析方法、基于模型（Model-based）的分析方法、定性（Qualitative）分析方法、定量（Quantitative）分析方法、风险因素分析法以及20世纪70年代初期，美国匹兹堡大学运筹学家萨蒂（A. L. Saaty）的层次分析法（AHP）等。本书在对比和借鉴已有的风险评估方法的基础上，结合重庆市农业产业化经营的实际和农业产业化经营风险的特殊属性，确定建立基于层次分析法与模糊综合分析法相结合（AHP－FCE）的数学评估模型，并结合模糊层次分析法（FAHP）（即对层次分析法改进了的分析方法）对风险因素进行评估。

重庆是大城市、大农村、大库区、大山区并存，集移民地区、贫困地区、少数民族地区和生态脆弱地区于一体的特殊直辖市，龙头企业投入“两翼”农户万元增收工程，可以发挥龙头企业“助推器”和“顶梁柱”的作用，可以解决小农户与大市场的矛盾，实现企业和农户共同增收的双赢目标。但实践中龙头企业介入“两翼”，和农户签订农产品契约时，产生了许多风险，而这些风险如不能得以有效解决，必将影响农业产业化经营持续发展，影响“两翼”农户万元增收工程的实施绩效。因此，如何借鉴我国东部地区农业产业化经营风险防控经验，在统筹城乡发展背景下，结合重庆市农业产业化经营的实践，从宏观层面和微观层面提出具体的风险管理对策，对保障农业产业化经营健康发展具有现实重要意义。

一、重庆农业产业化发展概况

我国农村经济组织所表现的联结方式有多种形式，而股份合作社被认为具有创新意义。股份合作社可分为社区合作经济组织的股份合作社和专业合作组织基础上的股份合作社。社区合作经济组织作为传统的农村经济组织，相对而言，也具有创新的意义和创新的可能性。近年来发生在村、社范围内社区合作组织的多样化创新，虽然目前从数量上来说还不具有普遍意义，但可以证明农村经济组织创新可有多种模式的探索。

新型的农村经济组织模式无论是通过“公司＋基地＋农户”“合作经济组织＋农户”还是其他形式的联合方式，都必须构成一体化联合体。从长远看，按照现代企业模式实行公司制度，实行企业式管理，必然会成为“农业企业”或

“农村企业”的发展趋势。

重庆是一个拥有着特殊地情的城市。重庆位于中国内陆西南部、长江上游地区。面积8.24万平方公里，辖38个区县（26区、8县、4自治县）。常住人口3102万人、城镇化率65.5%。人口以汉族为主，少数民族主要有土家族、苗族。地貌以丘陵、山地为主，其中山地占76%，有“山城”之称。2018年，GDP 2.04万亿元、较2017年增长6%，人均GDP近1万美元，固定资产投资增长7%，社会消费品零售总额增长8.7%，进出口总值增长15.9%，城乡居民收入分别增长8.4%和9%。[①]

（一）农业产业化是重庆市现代农业发展的必然选择

重庆市农村经济仍基本停留在粗放式、传统化的增长方式上，大城市与大农村、大工业与大农业还未有机结合起来；农业比较利益低，农民收入不高；农产品科技含量较低，缺乏竞争力；农业投入渠道单一，农业发展缺乏后劲。[②] 重庆是大城市带大农村，移民、扶贫任务重；农业产业的弱质性在重庆表现得尤为突出；全社会经济快速发展的要求与农业资源开发相对滞后的矛盾突出。

而农业产业化能适应市场经济体制的要求，能容纳大量先进生产工具和科技，并最终导致集约化经营。因此，农业产业化使农户处于“风险共担、利益均沾”的经济利益共同体中，有利于克服因农业本身的弱质性和小生产的局限性决定的多重风险（包括自然风险、科技风险、市场风险等），削弱农业生产大的波动性，增强农业发展的稳定性，有利于农民收入的持续增长。因此，农业产业化成为重庆库区开发与扶贫攻坚两大任务的着力点和保护库区生态环境的有效措施，是重庆市参与西部开发的重要途径。

（二）重庆市农业产业化经营模式呈现多样性

新制度经济学认为，有效的组织形式是经济发展中极其重要的社会资源。适当的组织形式是重庆农业产业化发展的组织保证。由于各地的资源禀赋不同，生产技术水平和市场发育程度各异，重庆农业产业化组织形式呈现多样性的特征。一是“公司+农户”。如涪陵榨菜集团公司到农村办基地联农户，公司在产前与农户签订生产协议，产后实行保护价收购，并对农民进行返利。二是“专业协会+农户”。如合川苍溪雪梨研究会、涪陵石沱镇的蔬菜协会、南川的养鸭协会、垫江龙溪的渔业协会、丰都楠竹的柑橘协会、江津的花椒协会等，以“专业协

---

① 资料来源：依据重庆市人民政府官网：重庆发展——市情简介相关内容整理。

② 重庆市计划委员会：《重庆跨世纪发展战略》，重庆出版社1997年版。

会 + 农户”的形式带领农民闯市场。三是“公司 + 基地 + 农户”。如彭水县就业局与太极集团合作，采取“公司 + 基地 + 农户”的产业化模式，租赁荒山建基地，人工培育野生紫苑，由当地农民负责栽种、管理和采收，太极集团职工负责技术和收购全部药材；四是“公司 + 合作社 + 农户”。如长寿县在合兴、黄葛、沙石等乡镇建起 18 个蚕桑专业合作社，负责向蚕农提供技术、设施、物资等服务，并对他们生产的蚕茧以保护价收购。在经营体制上实行了以县茧丝绸有限责任公司为龙头的“公司 + 合作社 + 农户”的集生产、收购、加工、销售为一体的紧密联营体。

【专栏 3 - 2】

重庆奉节县奉谢中药材种植专业合作社

重庆奉节县奉谢中药材种植专业合作社位于竹园镇武隆村 1 社，于 2018 年成立，注册资金 500 万元，种植基地 560 多亩，预计年产值 40 万元。主要经营中药材、水果种植、销售以及鱼养殖产业；提供中药材种植技术查询服务。

为带动中药材产业发展，采取“合作社 + 基地 + 农户”的发展理念，在农户与市场之间架起了一道沟通的桥梁，推动了农村经济的发展，带动了周边农户实现就地就业，合作社一年提供 1000 多个就业机会，其中贫困户 10 多户，人均收入达到 3000 元左右。

现近三个村发展贫困户联营种植甘参，为进一步扩大生产经营范围，合作社计划在现有的生产经营基础上，在今后五年内投入增加到 1000 万元。项目的实施，将有力地推动中药材种植的发展，加快农业产业结构调整，促进中药材种植向优质、高产、高效的产业化方向发展。

资料来源：重庆农民合作社网，2018 年 12 月 5 日。

（三）重庆市农业产业化龙头企业增速迅猛

重庆农业产业化萌芽于 20 世纪 80 年代初家庭联产承包责任制的普遍推行后专业户的出现。20 世纪 80 年代末以来，各地开始重视以农产品加工和销售为重点的农业龙头企业和农产品专业市场的建设。根据《重庆市农业产业化市级龙头企业申报认定与监测管理办法》和《关于开展农业产业化市级龙头企业申报及监测工作的通知》要求，在企业申报、区县和市级相关部门初审基础上，经中介机构评审，市农业委审定，拟确定重庆五斗粮饮食文化有限公司等667家企业监测合格，拟新认定重庆兆隆食品有限公司等114家企业为农业产业化市级龙头企业。①

（四）农业产业化发展势头良好

在龙头企业的带动下，农业产业化保持了良好发展势头，市场开拓和发展特色农产品上优势也很明显。例如榨菜产业初步形成了以万州、涪陵两大产业集群，有利推动了农业产业化结构调整进程。

【专栏3-3】

国家农业产业化重点龙头企业：重庆市涪陵辣妹子集团

重庆市涪陵辣妹子集团于1995年创建，1998年7月31日组建成为企业集团。目前，企业注册资金3268万元，资产总额3亿元，旗下拥有重庆领沿农业科技研究院有限公司、古涪文化旅游开发有限公司、重庆市辣妹子商贸有限公司、现代食品工业园区。主要从事农业科技与农产品加工技术开发，文化旅游开发与服务，特色农产品榨菜、泡菜、调味品、佐餐食品的生产与销售。

涪陵辣妹子集团是参与国家标准《榨菜》（GH/T1011）、《方便榨菜》（GH/T1012）的修订单位之一，国家级非物质文化遗产保护单位、国家农业产业化重点龙头企业，全国农产品加工业示范企业，国家星火计划示范企业，重庆市农业产业化30强龙头企业，重庆市农业综合开发重点龙头企业，重庆市技术创新示范企业，重庆市园林式示范单位。

辣妹子系列产品销往全国30多个省、自治区、直辖市，并远销美国、韩国、日本、加拿大、澳大利亚等国家。

资料来源：http://www.lameizi.com/index.php?m=content&c=index&a=list&catid=269，重庆市涪陵辣妹子集团网站。

① 资料来源：《重庆市农业农村委员会办公室关于农业产业化市级龙头企业的公示》，重庆市农业农村委员会办公室，2018年10月31日。

（五）各类农民专业合作社发展迅猛

近年来，重庆市把发展农民专业合作社作为农业结构调整和农业产业化经营的重要抓手，积极培育，不断提高农业生产组织化程度，迅猛发展的各类农民专业合作社，已成为推进农业现代化的中坚。

重庆市农民专业合作社主要有种养大户、龙头企业、农村集体经济组织和基层供销合作社等，引导农民兴办或者联合兴办，其中以种养、运销大户牵头组建的为多，占80%以上。一大批合作社随着重庆市农业区域化布局的不断形成，服务范围已经向跨乡镇、跨区县甚至跨省域方向发展。截至2017年7月底，在工商部门登记的农民专业合作社达到193.3万家，[①] 实有入社农户超过1亿户，约占全国农户总数的46.8%，参加合作社农户的收入普遍比非成员农户高出20%以上。农民专业合作社的产销对接规模也在不断扩大。作为全国“农超对接”“农校对接”试点省市，重庆市已有300多家合作社借此将产品直接送进超市、学校，降低了成本，增加了收入。

【专栏3-4】

重庆市供销合作社基层组织涉农乡镇覆盖率达88%

重庆市供销合作社持续巩固和扩大基层组织覆盖面，努力提高基层组织的为农服务水平，截至目前，引领发展农民专业合作社1297个，累计发展农民专业合作社25210个，培育国家级示范社53个，全国供销合作社系统示范社103个。发展农村综合服务社323个，36个农民合作社服务中心签约服务涉农经营主体3100个。改造建设基层供销社示范社90个，累计恢复重建基层供销社595个，全市涉农乡镇服务辐射覆盖率达88%，供销社基层组织得到极大恢复和发展。

资料来源：重庆农民合作社网，2018年12月2日。

① 载《人民日报》2017年9月11日。

二、重庆市农业产业化经营主要风险及其形成机理

（一）农业产业化契约风险及其形成机理

通过理论研究和结合重庆市的实际调查，发现农业产业化经营产生契约风险的根本原因在于“公司+农户”组织模式的制度缺陷，其制度缺陷源于契约条款的非完全性、契约当事人的非对称性、契约主体的机会主义行。正是不完全契约使违约成为可能，而机会主义行为又使违约成为必然。（生秀东，2007）。[①]

1. 契约条款的非完全性。依据不完全契约理论，签订完全契约只是一种理想状态，因此，现实中公司与农户间的契约注定是非完全性的。农业生产经营外部环境的复杂性和不确定性、公司和农户的有限理性、公司和农户的机会主义行为、公司和农户契约地位的不平等性、公司和农户契约签订过程的疏忽大意以及契约成本的高昂性是导致契约非完全性的主要原因。[②] 正是由于这种契约本身的非完全性，致使这种组织存在严重的违约风险。

2. 契约主体的非对等性。在“公司+农户”的组织中，交易的一方是驾驭市场能力较强的龙头企业，另一方是市场信息较少的众多分散的农户。龙头企业与农户在契约签订的谈判过程中，进行小规模分散经营的小农户，一般缺乏组织性，且市场信息不灵通，处于相对弱势地位；而龙头企业凭借组织、规模、智力和信息等优势，处于相对强势地位。因此，双方在交易中处于实质上的不平等状态。这种地位的不对等表现在企业对市场购销信息的把握、合同农产品价格的制定以及合同条款的拟定与实施等诸多方面，明显优于农户，极有可能借助貌似合理的合约条款侵占农民利益，如收购农产品时故意压级或压价。单个农户往往文化程度不高，法律意识淡薄，加上资金缺乏，面对企业违约时并没有能力通过法律途径来维护自身利益。交易主体地位不对等不仅使得合同条款更多偏袒公司利益而出现合同附和化问题，而且容易削弱正式合约的约束力，在违约收益大于违约成本的情形下，订单合约难以履行。

3. 契约主体的机会主义行为。在订单农业的合约执行过程中，农户与公司之间构成一个不完全信息静态博弈。当市场价格低于契约收购价格时，农户倾向于履约；而当市场价格高于契约事先约定的价格时，农户存在着把农产品转售于

---

① 生秀东：《订单农业的契约困境和组织形式的演进》，载《中国农村经济》2007年第12期。

② 李彬：《“公司+农户”契约非完全性与违约风险分析》，载《华中科技大学学报》（社会科学版）2009年第23卷第3期。

市场的强烈动机，从而造成农户的违约现象。面对农民的违约行为，企业是否诉诸法律、与农民对簿公堂，也同样面临着成本与收益的权衡。相反，当市场价格高于契约收购价格时，龙头企业倾向于履约；而当市场价格低于契约事先约定规定的价格时，公司更倾向于违约毁约从市场上进行收购，当其经营困难时，一些公司常常不顾农民利益，甚至有意转嫁风险。面对企业的违约行为，农户是否诉诸法律、与企业对簿公堂，也同样面临着成本与收益的权衡。因此，“公司 + 农户”组织模式下，交易主体的机会主义行为无法实现有效的控制。

（二）农业产业化市场风险及其形成机理

农业产业化市场风险，是以家庭承包经营制和企业自主经营为主要参照，由市场波动、市场主体行为缺陷以及农业产业化市场适应性缺陷而引发的，导致整体收益偏离家庭承包责任制或企业自主经营的期望收益的可能状态。农业产业化市场风险可分为外生性风险因素和内生性风险因素两种。

1. 外生性风险因素。外生性风险因素是农业产业化箱体外部的各种潜在风险因素，由于是来自农业产业化箱体之外的冲击，并不依赖于农业产业化箱体本身，因此将其称为外生性风险因素，主要体现为自然圈层和市场圈层这两个圈层层次上的市场波动。内生性风险因素是农业产业化箱体内部各种潜在的风险因素，在农业产业化箱体内，将其称为内生性风险因素，主要体现为市场主体的缺陷与农业产业化市场特征的缺陷。外生性风险因素进入到农业产业化箱体后，激活箱体内部潜在的风险因素，使市场波动剧烈，供求失衡，市场风险形成，当风险确认后，损失就出现了（见图 3 – 3）。

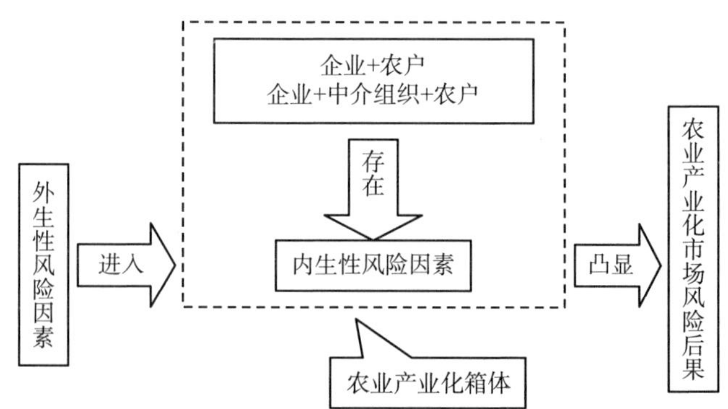

图 3 – 3 农业产业化市场风险的形成过程

外生性风险因素可以考虑从自然圈层和市场圈层这两个圈层上进行分析。自然圈层是指来自市场波动之外的其他一切外生因素变动，主要包括自然环境变动、技术变动以及其他（如政策变动、意外事件）等。市场圈层是指市场本身的波动，具体表现为市场供求变动引起的价格波动。①这两者的关系，如图3－4所示：

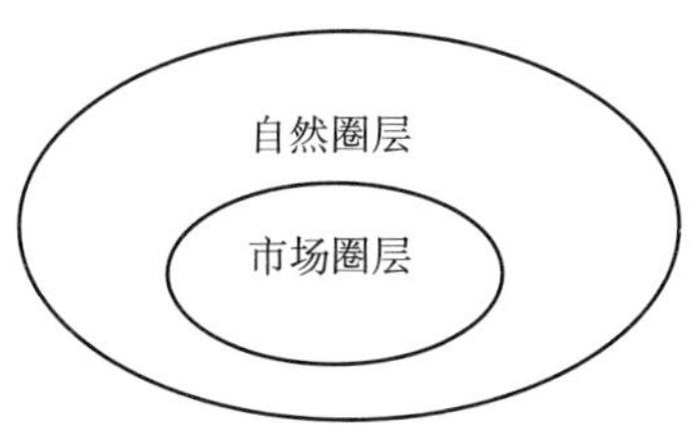

图3－4　外生性风险圈层

这两者的关系可以概括为：第一，自然圈层的风险因素是市场圈层风险因素产生的大环境，自然圈层的某些变动会影响市场圈层的变动，即市场波动；第二，市场可能在自身规律的作用下产生不均衡或者波动。因此，自然环境变动、技术变动以及其他（如政策变化、意外事件）等，可能影响农产品的供给和需求，进而导致市场波动，形成市场风险。而这样形成的市场风险和市场本身的波动共同构成了农业产业化箱体的外生性风险因素。这一过程如图3－5所示。

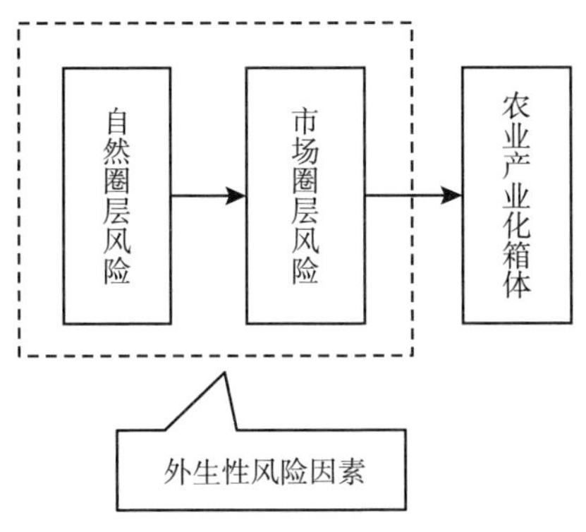

图3－5　外生性风险形成

① 这一论述受杨明洪教授关于风险圈层分析的启发，参见杨明洪在哥本哈根大学食品与资源经济研究所的报告《风险形成的圈层结构：关于农业产业化经营风险的一般理论分析框架》。

2. 内生性风险因素。内生性风险因素是指在农业产业化箱体内部的风险因素。主要有两个来源，一是各个市场主体自身风险因素，这些风险因素是各个主体自身缺陷引发的，在箱体内部成为影响到整个箱体的风险因素；二是农业产业化箱体本身的风险因素，这是伴随着箱体形成而出现的新的风险因素。

农业产业化市场风险是农业产业化和农业现代化发展过程中导致农业产业化箱体可能出现的整体收益偏离家庭承包责任制或企业自主经营的期望收益的可能状态。农业产业化市场风险是在一定时期和一定条件下的风险，科学地分析和规避风险可以为市场主体带来超出预期的收益，风险规避失控和预期有误也将给市场主体带来超出预期的损失。农业产业化市场风险形式不同，其生存条件、风险特性及风险效应各异。

总之，农业产业化市场风险具有客观性和多样性，农业产业化市场主体应针对不同风险，采取不同措施，有效地化解和规避风险。同时更需要针对市场风险因素进行系统分析，采取综合预防措施配置风险与分担风险，将风险转化为机会，这对于增强农业产业化经营的运营效率、化解及规避风险至关重要。

（三）农业产业化经营自然风险及其形成机理

自然风险是指自然界的不可抗力，如地震、风沙、霜冻、虫灾等对农业生产所形成的潜在破坏作用。由此可见，农业产业化经营中的自然风险主要来源于农业生产对象的特殊性。农业生产受天然地理环境、大气、气候、光照、温度影响较大，具有很大的不确定性，波动幅度较大。一旦这些自然灾害发生，则不能有效估计农产品产量，直接影响双方的利益。这种损失无论是单个农户还是实行农业产业化后的龙头企业，均无力独自改变。

人类农业发展经历了从原始农业、传统农业及现代农业三个大的阶段，当代中国的农业正处于将低效封闭式的自给性传统农业转变为集约、高效、持续发展的社会化、产业化、商品化的现代农业阶段。然而，不管处于什么样的农业发展阶段，农业生产的基本自然条件是不变的。农业产业化运行过程中存在自然风险最根本的原因就在于此。

（四）农业产业化经营技术风险及其形成机理

技术作为一个内生变量在经济发展中的作用被理论和实践一再地证实。在农业领域，现代生物技术大大拓宽了传统农业的生产可能性边界，进一步降低了农业对自然资源的依赖，农业领域的竞争，已从资源禀赋优势逐步转变为以技术优势为基础的市场竞争。农业产业化发展将更加依赖农业技术进步。家庭小规模自给性生产中，农户大多在“干中学”，技术风险并不突出。

但是，农业产业化经营中对现代技术的运用带来的不仅仅是收益和效率，其背后也隐含着风险。农业产业化经营中的技术风险主要来自农业技术经济绩效的不确定性、农业技术应用的复杂性和农民的素质状况。对于龙头企业而言，要有精通农业技术应用过程的专业人员，帮助农民解决农业技术应用过程中遇到各种问题，使农业技术的风险降低到足够小的程度。对于农户而言，由于技术的时滞效应，农户在接受技术培训后还须在实践中摸索，最终掌握技术还需一定的时间，农户掌握技术的熟练程度会导致农产品在价格和数量上存在差异。

研究发现，农业产业化技术风险主要产生于以下两种情形：一是农业产业化经营中的龙头企业对农产品的标准化程度要求较高，技术难度也较大，由于在技术传递过程中遇到技术问题，或由于农民文化水平低而难以掌握技术要求造成失败的例子屡见不鲜。二是每一项农业技术都对外界环境有较为严格的要求，环境通常有两类：自然环境和社会经济环境。如遇自然条件发生变化不能满足其技术要求，则技术优势不能显现，其收益可能与预期的相去甚远，这里技术风险因自然风险而引起。同时，一项技术是否实现其效益，最终取决于市场需求状况决定的产品价格和市场规模。当市场需求发生了变化，先进的技术也可能实现不了效益，这使技术风险与市场风险交织在一起。①

三、重庆市农业产业化风险防控对策

（一）微观层面风险防范对策

1. 利用期货市场转移契约风险。期货市场可以被称为一种较高级的市场组织形式，是市场经济发展到一定历史阶段的必然产物。期货市场可分为广义期货市场和狭义期货市场两大类。广义期货市场包括期货交易所、结算所或结算公司、经纪公司和期货交易员；狭义期货市场仅指期货交易所。理论研究和实践操作证明，期货市场在农业产业风险的防范方面能起到一定的作用，因此，合理利用期货市场有利于降低农业产业化风险。

一是利用期货的套期保值功能，分散契约风险。期货市场作为风险分散或转移市场，集中了众多的投机者和套期保值者，市场风险可以在大量的市场参与者之间进行重新分配。引入期货交易后，公司可通过套期保值交易解决这一

---

① 孙良媛：《农业产业化的经营风险与风险控制》，载《华南农业大学学报》（社会科学版）2003 年第 2 期。

困境。龙头企业可以通过在期货市场上做一笔与现货市场方向相反的交易，这样现货市场的盈亏可以通过期货市场来抵补，还可以得到基差风险带来的收益。如龙头企业与农户签单后，可在期货市场做一笔卖出交易，如果期货价高于产品价，公司就可以提前卖掉；如果期货价低于产品价，公司可以待时机成熟时再出手。对于企业来说，在稳定货源的同时，将期权费作为市场价格上升的净收入，来弥补市场价格下降时的净亏损。由于期货市场作为风险转移与风险再分配市场，集中了众多的投机者和套期保值者，巨大的风险可以在大量的市场参与者间进行重新分配。

二是利用期权的看涨期权和看跌期权功能，配置契约风险。农户作为看跌期权的买方，在市场行情低于约定价格时，选择执行合约，高于市场的收益通过支付期权费向企业转移一部分；在市场行情高于约定价格时，则可以放弃执行权利，而在现货市场上出售农产品，损失止于期权费。龙头企业作为期权的卖方，无论农产是否执行权利，都能得到期权费，这可以补偿经营风险，抵补收购成本的变动风险。

三是利用期货交易的保证金制度，降低违约风险。期货市场参与者在进行交易时必须存入一定数额的保证金。保证金是要求买卖双方确保履约的一种财力担保，即双方在合约期满之前不将合约对冲的话，就必须按合约规定进行实物交割。期货交易的保证金制度，使参与交易的每一方都要达到一个最低信用水平，对于那些对彼此信誉水平都没有充分信心的远期交易者来说，选择期货交易作为一种避险策略是很有必要的。每个交易者都清楚自己在市场上的地位和保证金余额，更易于对其自身利益及风险的监控，为提高履约率提供了制度上的保证，这就使交易双方都降低了违约风险。

2. 通过发展农民合作经济组织，降低农业产业化风险。农民合作经济组织的引入，将从以下四个方面通过弥补原有订单农业中存在的制度缺陷，完善订单农业的履约机制，从而降低农业产业化经营风险。

一是农民专业合作社的介入，将提高农户的组织化程度，增强农户的话语权，增强契约的稳定性。因为，在“公司＋农户”模式下，在签订契约过程中，农户明显处于劣势地位，农户难有话语权，其合约条款的设计、产品的销售价格以及违约责任等均有利于龙头企业。合作社的介入，农民在不改变现有家庭承包经营的基础上，改变了农户的谈判地位，从而提高了农户的谈判地位和监督力度，在一定程度上增强了契约的稳定性。

二是农民专业合作社的介入，将监督和约束农户机会主义行为。理论研究认为，相比较公司与农户的关系，合作组织与农户更容易建立“风险共担，利益共享”的一体化机制。[1] 国外实践也证明，美国农民一般不愿意与合作社违约，因为美国合作社一般是由农民自发创立、自愿入股参加，并且由农民自己控制，农民作为股东一般不愿意违约，贪图短期利益而损害长期利益。通过合作社与龙头企业签订合同，这样一来，用合作社信用代替单个的农户信用，将使农户机会主义倾向大大减小。特别是重庆市农村还是一个典型的静态社会，中介组织与农民有着天然的地域或血缘的联系，从而降低了农户违约的概率。

三是农民专业合作社的介入，有助于监督和约束龙头企业机会主义行为。合作社不但成为维护农户利益的忠实代表，而且成为监督和约束龙头企业机会主义行为的效益组织，对于龙头企业的机会主义行为能够及时有效地加以防范和制止，一旦违约，龙头企业将付出极大的成本，使其损失的不但是社会信誉，更是社会资源，龙头企业与本地农户合作的机会将大大降低，甚者使龙头企业在当地的发展难以为继。

四是农民专业合作社的介入，将降低市场风险和技术风险。“公司＋农户”的经营组织形式，尽管是由龙头企业提供统一的品种，但在生产管理过程中，由于生产过程很难控制，导致产品在品质以及外形上都不够统一，从而在国际贸易中经常被退单，给企业、农户都带来了极大的损失。通过合作社组织生产，就可以按照标准化的作业方式统一生产，规避市场风险。

3. 借鉴国外经验，建立风险基金制度。这是世界各国鼓励发展农业产业化经营在政策上普遍的做法。这种方法就是在经营利润较多的时期，企业应从经营利润中按一定比例提取风险保障基金，这样在市场价低于保护价时，龙头企业才有可能按保护价收购，农户与企业订立的合同才能落到实处。此外，风险基金制度还可以用作农户防御自然灾害的保险，以此来为农户分担风险和保护农民利益，进而保证企业自己加工和销售的货源。

4. 建立合同约束机制，规范订单合约。合同（契约）约束是农业产业化经营普遍采用的运行方式。合同明确规定各方的责权利，以合同关系为纽带，进入市场，参与竞争，谋求发展。合同一经签订，应当保持其连续性和稳定性，农户接受龙头企业指导，按合同规定向龙头企业交售产品；龙头企业为农户提供服务，按照让利原则保护性地收购农户签约产品。一方面要防止龙头企业利用自己强势地位对农户进行强买强卖，与农户争利，甚至侵害农民权益；另一方面也要防止农户违约，搞签约产品谁出价高，就卖给谁的违约活动。争取让合同机制在农业产业化经营过程中发挥重要作用。

---

① 何嗣江：《订单农业风险管理与农民专业合作经济组织创新》，载《浙江社会科学》2007 年第 6 期。

（二）宏观层面风险防范对策

1. 完善制度安排，为农业产业化经营提供制度支撑。可考虑由相关部门制定可具操作性的农产品行业技术和质量标准，并考虑针对不同农产品设置可供农户与企业签约时参考的相对规范的订单合同蓝本，避免订单履约时出现不必要的纠纷。另外，在鼓励和引导农户与企业签订期限较长的合约，以降低违约率的同时，借助农民合作经济组织所具有的优势，在订单合约的价格条款与支付条款的设置上，尽可能通过与企业商议设定有利于农户的条款。来自实际的观察表明，合同中确定“保底收购、随行就市”以及由企业预付货款的条款更有利于农户的合同履约，这一做法也因为企业事先有资金投入而降低了企业违约的可能性。

2. 强化政府的协调功能，真正体现政府对农民利益的关怀。当企业与农民合作经济组织和农户之间因合同履约问题而产生纠纷时，政府的适时适度的介入与协调是必不可少的。然而，由于企业在订单农业中垄断优势的存在，特别是当合作经济组织本身就是由企业领办的情况下，农户实质上依然处于弱小地位。基于此种状况，政府的协调就显得尤为重要。因此，只有在政府出于对农民利益的真正关怀，并着实地鼓励与支持农民自己创办的合作经济组织发展的时候，才能更好地构建企业与农户之间的利益共同体，提高订单农业的合同履约率，并真实地彰显出农民组织化的优势之所在。

3. 建立信用发布平台，从“一次博弈”转变成为“重复博弈”。当前订单农业发展的一个重要难题在于交易缺乏稳定性。出现这一问题的一个重要原因在于信用信息的不公开性。以农户违约为例，虽然龙头企业可以拒绝与出现过违约现象的农户签订下一期的订单，但是该农户的违约信息对于其他龙头企业而言是不可见的，因此他可以在其他龙头企业处重新获得参与订单农业的机会。这一情况在有中介组织的订单农业组织模式中更为严重，因为违约农户甚至可以在同一个订单农业项目内通过更换中介组织而继续参与订单农业。因此应该大力探索并逐步建立一个便于订单农业参与各方访问的订单农业各参与主体的信用发布系统。将订单农业交易从“一次博弈”转变成为“重复博弈”，从而增强订单农业的稳定性。

4. 发挥政府作用，引导农民合作经济组织健康发展。有关政府在农民合作经济组织培育中的作用问题，一直是理论界争论的重点话题。长期以来，在很多地方，农民合作经济组织的建立往往体现的是政府的意志和政府的行为，实际上，政府的越俎代庖并不能引致农户的积极参与，反而会招致农民的消极对待。更合理的做法应当是采取“扶持而不干预，参与而不包办”原则，充分发挥农民的自觉性和主动性，才能真正使农民合作经济组织体现农户的利益追求。此外，对由农民自发组建的合作经济组织加以规范，并给予相应的政策支持才是政府的最佳选择。

本章小结

本章在对风险内涵界定和风险管理理论总体描述的基础上，分析了重庆市农业产业化经营中的风险问题。主要阐述了“风险”一词的由来、风险概念的演变以及不同学者对风险的内涵的界定。

运用蛛网理论分析农业生产活动的波动，通过分析价格与产量之间的关系，研究发现农业生产波动对市场风险有着重要的影响。一是由于农产品需求弹性往往小于供给弹性，使市场波动非常剧烈，市场风险很突出；二是虽然公司专业化带来的预期准确性带来了风险规避，但是农业产业化灵活性、适应性的降低却增加了市场波动的风险；三是公司专业化的能力很强，对市场预测准确度很高，足以弥补农业产业化灵活性、适应性降低带来的风险。以上三种情形在农业产业化经营发生发展的过程中都可能出现，不同地区、不同类型、不同公司主导的农业产业化都存在较大的差异。但不可忽视的是一部分农业产业化经营不仅没有有效规避市场风险，反而加剧了市场波动，农业产业化市场风险凸显出来。

结合重庆市农业产业化经营的实践研究发现，在产业化经营过程中存在着契约风险、市场风险、技术风险和自然风险。微观层面需考虑利用期货市场转移契约风险、发展农民合作经济组织降低违约风险、建立合同约束机制规范订单合约，管理风险；宏观层面需考虑完善制度安排、强化政府的协调功能、建立信用发布平台、从“一次博弈”转变成为“重复博弈”，来防控上述风险。

第四章

农业产业化经营风险识别与形成机理

第一节 研究综述

农业产业化，是指以国内外市场为导向，以提高经济效益为中心，对当地农业的支柱产业和主导产品，实现区域化布局、专业化生产、一体化经营、社会化服务、企业化管理，把产供销、贸工农、科技紧密结合起来，形成一条龙的经营方式。当前我国农业产业化经营主要模式可以归纳为以下几种：一是龙头企业带动型（龙头企业+农户）；二是专业市场带动型（市场+农户）；三是特色主导产业带动型（规模特色产业+农户）；四是服务组织带动型（服务组织+农户）；五是农业园区带动型（农业高新技术园区、示范园+农户型）；六是中介组织协调型（“农产联”+企业+农户）。实际生产中为适应所在地区的生产力发展水平以及科技成果的特性，一些非典型的农业产业化经营模式成为其主要经营模式。不论哪种模式，它们都有共同的特点，即能够发挥有效的作用，引导和组织分散的小农户进入大市场，促进产业化的发展，提高农业的比较效益。根据近几年来中央关于农业方面的政策，“企业+专业合作社+农户”这种非典型农业产业化模式的优势日益凸显。这种模式不仅继承了服务组织带动型产业化模式的优点，同时拥有了龙头企业带动型和中介组织协调型产业模式的优点。

订单农业，又称契约农业，是农户根据其本身或其所在的乡村组织同农产品的购买者之间所签订的订单，组织安排农产品生产的一种农业产销模式。订单农业兴起于19世纪30年代欧美地区，英国农业大多数采用订单农业，历史上从封建土地制度时期开始，逐渐形成以资本主义所有制和大农场为主的经营方式。郑玉秀（2013）的研究表明，美国订单农业基于不同的分类标准可分为以下几种基本类型：根据产品所有权向买方转移的时间不同，可以将订单农业分为生产订单和销售订单；根据定价方式的不同，可以分为现货远期订单、基差订单、保值订单、最低保护价格订单；在这四种定价方式的基础上，还衍生出另外两种订单形式：一是延迟定价订单；二是延迟付款订单。美国订单农业发展较早，起源于第二次世界大战之前，1930～1950年得到了迅速发展，到20世纪末，订单农业已成为美国农业产业化、现代化、商品化的重要产销模式。① 我国订单农业起源于20世纪80年代。经过发展，订单农业在规模、产业、品种等方面均有了较大发展，对于推动农业产业结构调整，实现农业产业化经营，提高农民收入起到了重要作用。总体而言，我国的订单农业参与主体规模小，农民受教育程度低，处于明显的弱势地位；缺乏专门的法律制度和完善的监管体系，政府支持力度不够，订单农业运行风险大，因此我国订单农业的履约率低。②

"公司+农户"型订单农业能较好地适应市场需要，避免盲目生产。科伊和麦克唐纳德（Key & MacDonald，2006）指出近几十年来，订单农业在发达国家或地区日益流行。③ 美国超过60%的大型农场使用的合同，覆盖大约40%的农产品年产值。在美国、日本、法国、比利时、加拿大和英国通过采取订单农业发展模式提高生产效率。王（Wang，2013）发现订单农业可以减少作物产量的不确定性，促使农户和公司采用新的生产技术，并降低生产成本。④ 王等（2014）指出订单农业有助于降低供应链风险，提高农民生产力，刺激企业营销活动，促进农民获得更高利润，并提高公司和农民总利润。⑤ 实践中，订单农业通常用"保底收购，随行就市"的价格机制来保护农户收益。蒋明和孙赵勇通过对"公司+农户"型模式的博弈分析来证明该模式的合理性。⑥

一、国外订单农业契约违约的研究

从国外的研究文献来看，虽然"公司+农户"型订单农业在一定程度上能保

---

① 郑玉秀：《美国订单农业发展经验及借鉴》，载《世界农业》2011年第5期。

② 祝宏辉：《中国订单农业同发达国家订单农业的区别和启示》，载《世界农业》2005年第7期。

③ Keyn，Macdonald J. Agricultural Contracting：Trading Autonomy for Risk Reduction. Amber Waves，Vol. 4，No. 1，2006，pp. 26－31.

④ Wang Y，Wang J，Shou B. Pricing and Effort Investment for a Newsvendor-type Product. European Journal of Operational Research，Vol. 229，No. 22，2013，pp. 422－432.

⑤ Wang H，Wang Y，Delgado M. The Transition to Modern Agriculture：Contract Farming in Developing Economies. American Journal of Agricultural Economics，Vol. 37，No. 5，2014，pp. 1257－271.

⑥ 蒋明、孙赵勇：《农民专业合作经济组织问题探析：基于博弈理论的实证分析》，载《科技进步与对策》2011年第4期。

护农户利益，但是，欧美地区的订单农业在其发展过程中存在诸多问题，主要表现为契约的履约问题。契约的履约问题一直受到理论界的关注。Fernquest（弗恩昆思，2012）认为还有一种可能是一个运作不良的订单农业体系可能导致公司卷走大部分利益，让小农户承担所有费用。[①] 这不利于农业供应链的协调发展。另外，如 PBS 新闻指出的当与大公司合作时，农民可能受到“不公平”合约，从而承受较大的金融负担。[②] 这说明在订单农业实施过程中，由于公司和农户追求的目标及利益的不一致性在一定程度上阻碍了订单农业的发展。著名的新制度经济学家威廉姆森（Williamson，1985）和克莱因（Klein，1996）等人通过一系列文献分析了契约的履约问题。威廉姆森（Williamson）把借助契约进行的交易视为经济分析的基本单位，契约的运行是有成本的，影响契约运行的主要因素在于人的有限理性与机会主义行为，以及由资产专用性、不确定性和交易的频率所决定的与交易相关的市场环境和技术结构。克莱因（Klein，1996）等人在认定契约履行存在交易成本的前提下，集中分析了默认契约的重要性，并强调指出，产生契约违约的原因在于存在可被有关交易双方当事人占用的专用性准租，这种准租使交易的参与各方机会主义行为成为可能。

究竟是什么原因造成契约违约的呢？齐贝尔斯塔恩（Zylbersztajn，2003）应用交易成本理论，对巴西东北部 1523 户参与西红柿订单市场的农户履约情况进行了定量分析，研究表明，农户的履约率与农户经营的规模成正向关系，规模越大的农户履约率越高；农户离农产品销售的距离越近，农户违约的概率越大；价格随行就市的合同比固定价格的合同履约率高。尼尔·E. 哈尔（Neil E. Harl，2000）认为，在美国大量专用谷物、肉食牲畜、水果和蔬菜是在订单的形式下生产，种子公司和其他生产要素提供厂商在订单农业中的力量越来越强大，逐渐取代加工商和农户，在利益分配中占有最大的份额，成为美国订单农业的一个发展趋势。[③] 大卫·伦斯滕和奈杰尔·凯（David Runsten and Nigel Key，1996）在对墨西哥加工番茄订单生产的考察中，发现由于鲜食番茄和可加工番茄的可替代性较强，农户的机会主义行为造成加工商的原料供应很难稳定，因此很多番茄加工厂都卖给了种植大户，从而最终形成以农场为核心的一体化经营。[④] 伊顿（Ea-

① Fernquest J. Contract Farming. Broken Dreams [N/OL].（2012－05－18）.

② PBS English News. Unfair Contract Farming Prompts Farmers to Seek Government Help [N/OL]（2015－09－25）.

③ Neil E. Harl. The Age of Contract Agriculture：Consequences of Concentration in Input Supply. Journal of Agribusiness，Vol. 18，No. 1，march，2000. pp. 115－127.

④ David Runsten，Nigel Key. Contract Farming in Developing Countries：Theoretical Aspects and Analysis of Mexican Cases. Original：Espanol，2 de Septiembre de 1996.

ton，2001）则通过对世界各国，特别是发展中国家订单农业发展的研究表明，订单农业的成功发展取决于多方面的因素：农户的要求、企业的销路、合同的设计、政府的法律、农业技术的推广等方面。特里古萨和文克（Tregurtha and Vink，2002）通过对南非农村农产品生产者与销售者的订单履约情况研究表明，合同双方的信任关系比正式的法律制度在保证合同履约方面更有效率。贝克曼·博格（Beckmann Boger，2008）的研究结果也表明，只有38.5%的被调查养猪户愿意通过法庭来保障合同的履行，造成这种现象的原因不是因为法庭效率低，而是因为使用法庭履约要支付成本，只有在收益高于成本时，农户才会使用。

二、国内农业产业化经营风险问题的研究

（一）国内订单农业风险内涵及类型的研究

国内学者孙敬水（2003）认为订单农业运行风险是指农业订单在运行过程中，签约方可能会遭受到的损失威胁。吴焕（2007）、田敏、张闯（2010）认为订单农业运行风险就是指在订单农业的运行过程中，因各种事先无法预料或难以预料的因素影响，使签约者实际收益与预期收益相背离，造成损失的可能性。研究表明，在订单农业运作过程中的风险主要表现为自然风险、市场风险、技术风险、制度风险等。这些风险的存在，使得农业契约违约率高达80%。[①] 这些风险从本质上讲，均为契约风险，契约风险是订单农业的核心风险。契约风险，是指在订单农业中，公司和农户通过契约相联结，形成了一个内部交易市场（即契约市场），由内部交易市场中不确定性因素及契约主体的机会主义行为而导致的违背契约行为发生的可能性。契约风险主要表现为违约。[②] 衡霞、杨明洪（2009）则进一步指出，订单农业契约风险是指订单农业合同主体依个人理性做出的可能对己有利而导致对方收益不确定性而产生的风险。这一概念包含了三个方面的含义：一是契约风险发生在合同的有效期内，风险是客观存在的，是可度量的；二是契约风险的存在与客观环境以及人的不完全理性有关，当客观环境对己不利时，人的行为因此而发生变化，风险随之产生；三是契约风险产生于预期结果与实际结果的差异，合同主体的实际收益（或效用）小于预期收益或不足以弥补实际成本，他们通常倾向违约或进行逆向选择以保证预期收益。孙良媛（2003）认为，农业产业化经营的风险类型主要包括自然风险、市场风险、资产风险、技术

① 刘风芹：《不完全合约与履约障碍——以订单农业为例》，载《经济研究》2003年第4期。
② 李彬：《农业产业化组织契约风险与创新风险管理》，西南交通大学出版社2011年版。

风险和契约风险等。[①] 陆文聪等（2005）认为，鉴于农业产业化的基本特点，农业产业化中农户面临的经营风险主要表现为合约风险。[②] 李汉才等（2009）认为，当前我国农业产业化的经营风险有自然风险、市场风险、信用风险和技术风险四大类。[③] 董绍斌等（2008）认为，农业产业化经营存在市场风险、技术风险、违约风险和自然风险四大类。[④] 依据上述研究，根据实地调研分析，将农业产业化经营风险概括为契约风险、市场风险、技术风险和自然风险四个方面。何为契约风险？王朝全（2007）把契约风险界定为，因契约的谈判、签订、履行、监督等活动对农业产业化经营可能产生的影响为农业产业化经营的契约风险。杨明洪（2008）认为，契约风险被定义为契约双方为了经济利益采取不履约的行为，这种风险是传统农业生产经营中从未有过的风险。[⑤] 在农业产业化经营组织中，公司和农户为实现有效交易通过契约相联结，契约成为连接双方的纽带和桥梁，从而在公司和农户间形成一个内部交易市场，即契约市场。然而，这个市场并非稳定，存在诸多不确定性，致使契约主体双方为了经济利益最大化采取违反契约规定的义务的行为，使对方蒙受一定的经济损失，由此而带来的风险被定义为契约风险，它是农业产业化经营的核心风险。

（二）国内农业产业化经营风险形成机理的研究

农业产业化经营风险是怎样形成的？一般研究表明，契约风险的产生基于以下几个原因：一是农民和龙头企业缺乏合同意识，信用较差。部分农民和龙头企业当遇到价格因素变动等突发条件的影响，单方面违约。二是合同文本不规范，在双方权利和义务的界定方面比较模糊。合同文本没有对农产品生产的质量标准、收购方式、价格、违约责任等进行详细规定，为违约方提供了便利。尤其是在利益分配、风险承担方面双方没有协调一致。三是农产品增值的利润分配体制不健全。从当前农业产业化模式来看，农民无法获得农产品加工增值的平均利润，更多利润流入了加工和流通环节，而没有真正反馈到农民手中。四是农民组

---

① 孙良媛：《农业产业化的经营风险与风险控制》，载《华南农业大学学报》（社会科学版）2003 年第 2 期。

② 陆文聪、西爱琴：《农业产业化中农户经营风险特征及有效应对措施》，载《福建论坛》（人文社会科学版）2005 年第 7 期。

③ 李汉才、门素梅：《试论农业产业化经营风险及其防范机制的构建》，载《农业经济》2009 年第 2 期。

④ 董绍斌、李长云：《农业产业化风险资本项目评价指标设计》，载《哈尔滨师范大学自然科学学报》2008 年第 5 期。

⑤ 杨明洪教授在哥本哈根大学食品与资源经济研究所的报告——《风险形成的圈层结构：关于农业产业化经营风险的一般理论分析框架》。

织化程度较低，对合同履行的监管和责任追究比较困难。五是少部分地区政府的行政性干预也是导致订单农业履约率低的重要原因。

国务院农村研究室课题组（2001）专门对我国订单农业问题进行了系统调查，调查结果表明问题表现在订单合同内容不详细，程序不健全，运作不规范；合同双方法律从意识不强，违约现象突出，相关政策不配套，缺乏相应的发展环境和条件等。他们的研究成果使人们从实践上对我国订单农业的发展有了比较全面的了解，但没有揭示订单农业违约的内在原因。刘凤芹（2003）应用不完全契约理论分析和揭示了我国农产品销售合约履约率低的原因——合约的不完全性。她认为由于农产品缔约环境的复杂性、缔约各方的机会主义行为、规范合约条款的成本及法庭执行的困难，使得农产品合约的履行存在障碍。农户参与订单农业后，又有哪些因素能影响到订单农业契约的稳定性？对此，李莉、郭胜楠（2017）的研究显示：市场不确定性因素高、专有资产投入不完善、契约明确性程度低、人际关系不融洽等方面，致使订单农业的契约稳定性低。[①] 侯晶、侯博（2018）根据江苏省296家苹果种植农户的调查数据，基于扩展的计划行为理论与多群组结构方程模型分析了农户订单农业参与行为及其影响因素，结果表明：行为态度、主观规范、感知行为控制和交易费用是影响农户订单农业参与意向的主要因素，而订单农业参与意向和交易费用又对农户的订单农业参与行为产生显著的正向影响。以农户的经营规模为调节变量进行多群组分析的结果进一步显示，相对于大规模农户而言，小规模农户的订单农业参与行为受到主观规范、交易成本和家庭禀赋的影响更大。[②]

衡霞（2009）认为农业产业化组织中的利益主体根据自身利益最大化原则做出最优决策，使本身就面临自然风险和市场风险的组织更增加了契约风险和道德风险。进而，从企业与农户、消费者以及政府相关部门的相互行为关系上分析了农业产业化风险形成的机理。一是在企业与农户相互行为关系中，环境的任何变化都可能影响企业和农户的决策行为；二是在企业与消费者相互行为关系中，企业追求的目标是利润最大化，消费者追求的目标是效用最大化，二者是生产者与消费者以及供给者与需求者的关系，可以说企业与消费者是“唇齿相依”的“共存共荣”的关系，但是，这种良性互动关系因缺乏社会责任和相应质检制度约束的企业逆向选择行为在顷刻间土崩瓦解；三是在企业与政府相关部门相互行为关系中，农业是弱质产业，政府更多地给予宽松政策予以扶持，而不是严

① 李莉、郭圣楠：《订单农业中契约稳定性影响因素研究》，载《黑龙江科学》2017年第8卷第19期。

② 侯晶、侯博：《农户订单农业参与行为及其影响因素分析——基于计划行为理论视角》，载《湖南农业大学学报》（社会科学版）2018年第19卷第1期。

厉的社会监管，这也是长期以来部分龙头企业的产品质量问题被束之高阁的重要原因。①

此外，史建民（2001）；黄祖辉、王祖锁（2002）；周立群、曹利群（2002）；谭砚文（2003）；郭红东（2005）等分别运用法学理论、企业组织理论、契约理论、博弈论、交易费用理论探讨订单农业模式特征及由此产生高违约率的原因。

（三）简要评述

综上所述，国内外学者对订单农业风险的类型及形成原因进行了深入的研究。国外订单农业发展较早，已积累了很多值得我们借鉴的经验，这些经验对我国订单农业的发展具有一定的指导意义。我国订单农业总体还处于起步阶段，且各区域发展业不平衡，但其运行过程中同样也存在履约问题，产生这一问题的原因既有合同本身的问题、也有合同当事人的问题，既有订单农业系统内部的问题，也有订单农业系统外的因素；规范订单农业合同，加大违约成本，疏通风险渠道，完善相关法律法规、制度相关政策及实施细则，创新保险服务以及发挥政府的作用等能有效地保障订单农业的正常运行。但同时也要看到，仅仅就订单农业本身展开分析尚不足以真正解决目前农业产业化经营中普遍存在的履约风险问题，要使产业化经营中各参与主体着实履行订单合约，必须从创新和完善产业化经营组织模式的角度，通过大力培育农民合作经济组织这一中介，提高农户在订单农业中的谈判地位，约束龙头企业和农户的经营行为，降低双方的违约风险。

第二节　订单农业价格类型及适用条件

订单农业也叫合同或契约型农业，是指农户在农业生产经营过程中，按照与农产品购买者签订的契约组织安排生产的一种农业产销模式，从而在公司和农户间形成一个“内在交易市场”。实践证明，订单农业对引导农业结构调整、搞好产销衔接、维护市场秩序、保护农民利益等方面起到了积极的作用。农民通过订单可以减少生产的盲目性和价格波动的不利影响，使其生产的农产品有比较稳定的销售渠道，获得较好的收益。订单是条纽带，可以协调农户与龙头企业的利益关系，约束双方的经营行为，建立农业产业化经营的稳固基础。

---

① 李彬：《农业产业化风险形成机理分析——从利益相关者角度》，载《现代经济信息》2009 年第 2 期。

然而，订单农业运行中也暴露出许多问题，其中最突出的是高违约率。有关资料表明，订单农业的违约率在80%左右（孙兰生，2006）。如此之高的违约率，给农业产业化经营带来极大的风险。双方之所以屡屡出现违约行为，死结便是定价机制，因此订单农业的价格问题成为订单农业的一个重要问题。

【专栏4-1】

订单农业的五种运行模式

订单农业具有市场性、契约性、预期性和风险性。订单中规定的农产品收购数量、质量和最低保护价，使双方享有相应的权利、义务和约束力，不能单方面毁约。因为订单是在农产品种养前签订，是一种期货贸易，所以也叫期货农业。农民说："手中有订单，种养心不慌。"不过，订单履约有一段生产过程，双方都可能碰上市场、自然和人为因素等影响，也有一定的风险性。但比起计划经济和传统农业先生产后找市场的做法，订单农业则为先找市场后生产，可谓市场经济的产物，也是一种进步。订单农业主要有五种运行模式。

模式一：农户与科研、种子生产单位签订合同，依托科研技术服务部门或种子企业发展订单农业。

模式二：农户与农业产业化龙头企业或加工企业签订农产品购销合同，依托龙头企业或加工企业发展订单农业。

模式三：农户与专业批发市场签订合同，依托大市场发展订单农业。

模式四：农户与专业合作经济组织、专业协会签订合同，发展订单农业。

模式五：农户通过经销公司、经济人、客商签订合同，依托流通组织发展订单农业。

从理论上讲，这是一种科学的农业投资模式。国家"十三五"规划纲要已明确提出，要鼓励发展"订单农业"等多种形式，大力推进农业产业化经营。但"订单农业"也有运行风险，如果不能及早地防患于未然，就有可能出现"'订单农业'越发展，农民或龙头企业就越遭殃"的后果。专家提醒：有意进入"订单农业"领域的企业，切不可盲目发展，应该采取积极、冷静的态度，等掌握足够的风险规避手段之后再出手。

资料来源：《乡村科技》编辑部：《订单农业概念与运行模式》，载《乡村科技》2017年第8期。

一、订单农业的价格类型①

（一）市场价格型

市场价格型是指龙头企业对农户生产的农产品一次性收购，双方不签订合同，自由买卖，价格随行就市。

（二）保证价格型

保证价格型，即龙头企业按合同规定以保证价格收购农产品，同样农户也必须以合同价格把农产品卖给龙头企业。保证价格按成本+利润计算或根据或根据近几年的市场平均价格确定，利润水平平均在15%～20%。如山东某乳业有限公司根据近几年牛奶市场价格，与奶农签订了保证价合同，2008年，“毒奶粉”事件②爆发后，为维护奶农利益，树立企业信誉，仍按保证价收购。

（三）保护价格型

保护价格型，即龙头企业对签约农户按照保护价格收购农产品。保护价格以市场平均价格制定。农产品最低保护价应该等于农产品的生产成本加合理利润，合理利润的最低限度是能够维持农民家庭的基本生活需要。当市场价格高于保护价格时，按市场价格收购；当市场价格低于保护价格时，按保护价格收购。如山东某集团有限公司，以高于市场价0.2元/斤的价格，与养猪户签订保护价收购合同，随行就市、保底收购。再如东营市河口区河口街道四扣村养殖大户任××在购进鸡苗时就与东营一家屠宰场签订了最低保护价收购协议，按照协议，所有成品肉鸡必须全部卖给屠宰场，肉鸡收购最低保护价为每公斤7元，略高于养殖成本，即使遇到市场再低迷的情况也能保证部分利润。

（四）合同价+利润返还型

合同价+利润返还型，即龙头企业与农户或农村经济合作组织签订合同，确定农产品的数量、质量、价格，同时确定龙头企业的返还标准，把加工、营销环节的一部分利润根据农户提供农产品的数量和质量返还给农户。如山东省诸城市

---

① 资料来源于李彬：《订单农业价格类型及适用条件——以山东省为例》，载《消费导刊》2009年第9期，内容有所删减。

② 事件起因是很多食用三鹿集团生产的奶粉的婴儿被发现患有肾结石，随后在其奶粉中发现化工原料三聚氰胺。

对外贸易集团公司以这种方式与农民签订养殖合同，合同中明确规定了农产品收购价格以及利润返还的比例，它带动了农户 100 多万户，除辐射诸城市 70% 以上的农户外，还带动了周围县市的大量农户。再如，山东泰山亚细亚食品有限公司与泰山某蔬菜合作社签订种植合同；统一安排种子品种、统一有偿提供种子，统一种植，统一田间管理，统一收购。泰山某蔬菜合作社有偿为社员提供有机肥、农膜、架杆等大宗物资，有偿提供灌溉、打药等服务。蔬菜销售时，由合作社负责组织社员统一交售，货款由公司对合作社统一结算，年底再由合作社支付给农民。公司每吨蔬菜返给合作社 60 元。

（五）合同价 + 补贴型

合同价 + 补贴型，即龙头企业与农户签订合同，规定农户提供农产品的数量、质量、价格，龙头企业对农户的种养殖的基本建设给予适当补贴，改善农产品生产条件，保证农产品质量。例如山东省寿光市某农业开发有限公司对蔬菜生产基地的农户给予一定的经济补贴，稳定了货源，确保了农产品质量。

（六）合同价格 + 优惠型

合同价格 + 优惠型，即在市场价基础上按一定百分比向上浮动，给农户一定优惠。如山东鲁南某有限公司与菜农签订的合同就是按市场价再加一定比例的优惠价收购。

二、不同价格类型适用的条件

以上几种订单农业价格类型在实施过程中都明显地显露出其利弊，每一种价格形式只有在一定适用范围与条件下才能很好地发挥作用。市场价格型在一定程度上解决了农产品“卖难”问题，对农业生产有一定的促进作用。但农户和龙头企业间的交易毕竟是一种纯粹的外部市场交易，龙头企业是价格的制定者，农户则是价格的被动接受者，处于原料供应者地位。这就意味着企业和农户的关系既不稳定，也不对对方负责。龙头企业的原料基地不固定，农户的农产品销售也难以预测。但在市场体系不健全、农民组织化程度低、加工业发展滞后和农业产业化初期具有广泛的适应性。

保证型一方面解决了农户“卖难”问题，获得稳定的收入，另一方面也为企业建立了可靠的基地。但双方都需要承担市场风险及因此产生的信用风险。同时这种固定价格使价格失去了本身所应有的随时反映产品供求状况的能力，降低了价格的灵活性。从长远来看，这种方式对提供初级产品的生产环节可以起到保护性利益分配的作用，但是一般只适用于农产品用途较为单一、加工企业少、需求者数量少、供求关系紧密、可以由卖方定价的农产品。山东的实践证明，牛奶较适合采用这种价格形式。

保护型对于农户具有很强的保护作用，农户不用担心市场价格的变化。农户解决了农产品“卖难”问题，龙头企业解决了原料供应问题。但市场风险完全由企业承担了，企业将承受巨大的压力，特别是当市场价较大幅度地低于保护价时，企业按市场价格收购，会蒙受较大损失，影响了企业的经营效益。因此，通常只有在企业实力雄厚、加工附加值较高、利润空间大的产品才能确定这种价格。

利润返还型使农户改变了单纯提供原料的地位，分享了加工流通环节的利润，保护了农户的利益，龙头企业和农户的关系更加密切，农户关心龙头企业的经营效果，在所负责的生产环节上尽心尽责；龙头企业对农户注意在技术、资金等几个方面给予扶持。但对公司来说风险加大了，而且返利操作程序复杂，大大加大了组织管理的费用。这种价格形式适用于紧密型的“公司 + 农户”经营模式以及农村专业合作社，所以在农业产业化水平较高、农村专业合作社组织比较健全完善的地区实施起来会比较顺利。

补贴型使农户可以得到更多的实惠，企业可以获得稳定的货源，它弥补了市场价的不足，比较适用于价格波动大、产品质量有特定要求、难以通过市场收购、必须指定生产的产品。

三、结论和建议

综上分析，得出以下结论：一是不同的价格类型之间没有优劣之分；二是每种价格形式具有明显的利弊所在；三是每种价格形式各有其适用条件。

因此，要根据不同产品、不同企业组织形式、不同地区，因地制宜，分类实施，采取不同价格形式。对于产品质量有特定要求、难以通过市场收购、必须指定生产的农产品则应采用市场价加优惠；对于市场体系不健全、农民组织化程度低、加工业发展滞后和农业产业化初期的农产品采用市场价较为合适；对于农产品用途单一、加工企业少、需求者数量少、供求关系紧密，可以由卖方定价的农产品可采用保证价格形式；而对于企业实力雄厚、农产品加工附加值高、利润空间大的产品可以确定适用保护价格；对于紧密型的“公司 + 农户”经营模式以及农业产业化化水平较高、农村专业合作社组织比较健全完善的地区实可以适用价格加利润返还型价格模式；对于适用于价格波动大、产品质量有特定要求、难以通过市场收购、必须指定生产的产品则适用于价格加补贴的价格模式。

（一）引入期权理论的卖权机制

期权（options）是指期权出售者（卖方）给予期权持有者（买方）在契约到期日或之前任何时刻按约定价格（又称执行价格）买或卖某种标的物（资产或物品）的权利（张志强，2000）。在市场行情低于约定价格时，选择执行合约，高于市场的收益通过支付期权费向企业转移一部分；在市场行情高于约定价格时，则可以放弃执行权利，而在现货市场上出售农产品，损失止于期权费。龙头企业作为期权的卖方，无论农产是否执行权利，都能得到期权费，这可以补偿经营风险，抵补收购成本的变动风险。

（二）设立风险基金

为减少农户和公司的收入波动，促进企业与农户长期合作，具备一定经济实力的大型龙头企业应设立风险基金，稳定双方的合同关系。如山东潍坊诸城外贸集团有限公司是一个以农副产品加工出口为主的外向型企业集团，通过技术服务及肉鸡购销合同与农户结成利益共同体。风险基金按每只鸡计算，签约双方各出0.05元，由“龙头”企业掌握，统一使用。近年来养殖户遭受损失时，该公司拿出1亿多元风险基金补助鸡农，不仅保护了鸡农的利益，也稳定了原料来源，保护了自身的利益。

（三）完善订单条款

订单价格条款，要体现农产品长期性、风险性的特点，通过弹性的价格互惠机制，适当照顾农民的利益。在市场价格的基础上上浮一定比例，看似是企业的利润减少了，但从长远来看，稳定了农产品，树立了企业形象、赢得了信誉，企业损失部分可以从农产品加工增值中获得补偿。如山东省济南市某面粉有限责任公司，其合同价格高于市场价格，在市场价格基础上约上浮25%。

（四）创新利益连接机制

探讨以股份合作制为特征的分配模式，以资本、技术、劳动等要素联合为纽带，吸纳农户以土地、资金等入股，按照投入股金的不同比例进行分配，使企业与农户成为连接更为密切的利益、风险共同体。

（五）完善市场秩序，创造规范、有序、健康的市场环境

良好的市场秩序和市场环境是推动订单农业健康发展的前提，各地要完善农

产品市场信息系统、推进农产品标准化生产和加强诚信教育等，规范市场秩序，优化市场环境，为订单农业的进一步发展创造有利条件。

【专栏4-2】

订单农业　几家欢喜几家愁

2017年5月，山东青州谭坊镇西瓜大面积上市，瓜农们和往年一样，到各大交通要道等待客商前来，以便商谈好价格后，直接去棚里摘西瓜。据瓜农们反映，其实他们都是有订单合同在手的，只是合同都相当于“作废”了。按照惯例，在西瓜九成熟时，瓜商们为了抢占货源，多与瓜农签订订单合同，为保证货源，瓜商们会支付500元左右的押金。

这样一来，待西瓜完全成熟后，瓜商们应该按照合同要求的价格收购西瓜，而事实上，5月中下旬，西瓜价格下滑严重，市场实际价格远低于订单合同价格，瓜商们为躲避责任，宁可放弃押金，也不愿履行订单合同，以免造成更大的损失。

无独有偶，内蒙古呼和浩特市金河镇彩椒种植户，通过合作社与山东一家公司签订了订单合同。根据合同，彩椒收获后由该公司负责收购，可来收购了几次后，公司就不收了。

种植户和公司签订的合同约定，公司提供彩椒苗和化肥，等收获后，按照每斤3元的价格收购所有种植出的彩椒。

农户交了化肥钱，苗钱还未付。在彩椒成熟后，公司收购了约15万公斤彩椒，却只给了30万的货款。现在因为公司一方不前来收购彩椒，种植户们只好按2元每斤的价格，亏本卖掉彩椒，否则只能让彩椒烂在地里。

与上述案例相反的是，山东省菏泽市郓城县的朝天椒，在当地宗福家庭农场的带领下，周边千余亩朝天椒种植户，均与安徽一家公司签订了订单合同，极大地保证了产品的销路，以及菜农的收益。

资料来源：《订单农业的喜与忧》，载《农家之友》2018年第2期。

第三节　订单农业违约风险识别[①]

订单农业也叫合同或契约型农业，是指在农业产品生产之前，农户与公司（企业）或中介组织签订具有法律效力的农产品产销合同，并规定双方的权利和义务；农户依据合同组织生产，企业或中介组织则按合同收购农产品的一种农业经营组织。从而在公司和农户间形成一个“内在交易市场”。如果这个市场较为稳定，农户可以节约销售费用，避免市场风险；企业可以节约信息费用、运输成本，节省农产品的质量监督费用，减少原料质量和数量的随机性变化所造成的损失。[②] 然而，订单农业运行中也暴露出许多问题，其中最突出的是高违约率。有关资料表明，订单农业的违约率在80%左右（孙兰生，2006）。如此之高的违约率，给农业产业化经营带来极大的违约风险。风险的基本含义是未来结果的不确定性（uncertainty）。违约风险界定为订单农业的一方违约给另一方（或多方）造成的损失。防范和控制违约风险，必须首先找出风险，因此，对违约的风险识别成为防范风险的前提和基础。

一、违约风险来源于契约主体

从法律意义上讲，一般订单农业的契约主体：一方是农户，另一方是企业（公司）或中介组织。作为理性经济人的契约主体都有违约的动机，一方违约就意味着给另一方带来损失，这种损失就是风险。

（一）契约主体的有限理性

现代经济学假定经济活动中的人是有利己心的“经济人”。[③] 徐秋慧（2006）认为公司和农户的理性包括两层含义：一是在农业产业化经营过程中充满着不确定性，农户和公司生产经营的外部环境是复杂多变的，始终存在着不确定性。二是农户或公司接受和处理相关信息的能力是有限的，对于未来农户和公司经营和农产品交易可能发生的情况，他们是不可能完全预见的，也不可能准确地了解各种情况下

---

① 李彬：《订单农业违约风险识别及防范》，载《现代经济》2008年第7卷第11期，第56~57页。

② 生秀东：《订单农业契约风险的控制机制分析》，载《中州学刊》2007年第6期。

③ 杨小帆、张永生：《新兴古典经济学和超边际分析》，中国人民大学出版社2000年版。

彼此利益关系的变化，因而不可能确切地判断哪些契约结构是最有利的。

（二）契约主体的机会主义行为

公司或农户违背契约条款的一个重要原因就是机会主义行为。“机会主义行为”是在信息不对称条件下用欺骗手段追求自我利益的行为倾向。[①] 在“公司+农户”组织模式中，公司和农户的机会主义行为暴露无遗。[②] 在签约之前，由于自然风险和市场风险并存，契约双方很难确定契约的详细内容，为降低交易费用，只能签订较为粗略的契约。这样的契约便为双方事后压级压价、拒售和其他机会主义行为留下了“公共空间”。签约之后，很难阻止双方机会主义行为的发生。更困难的是，在“企业+农户”的组织框架下没有办法制约机会主义行为。[③]

（三）公司和农户的客观违约行为

公司的客观违约指的是公司主观上虽然没有违约的故意，但由于决策失误或不可抗力等原因，致使公司由于实力所限，最后无法收购产品，造成无法履约，而对对方带来的损失，即农户虽然在订单一开始就没有违约的故意，但是由于其自然原因和自身的素质等因素导致农产品在数量和质量上不能达到契约规定的要求而发生的违约行为。具体表现为：一是由于自然灾害如洪涝、干旱、冰雹、霜冻、阴雨、低温、病虫害等会给农业生产造成损失，导致农产品供应难以满足契约规定的数量和质量的要求。二是由于农户的自身文化素质低，而种植、养殖或加工等新技术、技能要求水平高，致使农产品难以到达合同规定的技术指标和数量要求，导致违约行为的发生。

（四）公司和农户的主观违约行为

1. 公司的主观违约。公司的主观违约是指公司有能力履约，而不履约或不完全履约，给另一方（或多方）带来的损失。具体表现为：一是利用自己的强势地位，通过单方面制定对己有力的“不平等”条款，约束农户违约的机会，而尽量不对自己的行动加以限制。二是利用自身的垄断地位来违约。由于龙头企业数量少，在缺乏竞争力的环境下，容易形成市场垄断。三是利用农户法律意识淡薄、相关合同知识缺乏，与农户签订事先拟定好对己有利的合同来违约。

---

① 生秀东：《订单农业的运行机理和稳定性分析》，载《中州学刊》2004 年第 11 期。

② 尹云松：《公司与农户间商品契约的类型及其稳定性考察》，载《中国农村经济》2003 年第 8 期。

③ 郭庆：《农业产业化的风险与防范》，载《安徽农业科学》2006 年第 21 期。

2. 农户的主观违约。农户的主观违约是指农户具有履约能力，而不履约或不完全履约的行为。农户违规操作致使农产品质量达不到合同规定的标准。例如，在莱阳调查时发现，有些农户因龙头企业指定或提供的杀虫剂、除草剂等价格较高，他们有时就会到市场上购买价格较低的农药来替代，结果导致产品的农药残留指标大大超出标准。农户提供的农产品数量达不到合同规定的要求。当农产品市场价格高于契约价格时，农户把农产品全部或部分转卖于市场，致使企业收购数量减少。例如山东莱阳市很多农产品加工企业与农户签订了牛蒡生产购销合同，按合同规定，农户种植牛蒡，企业以 0.4 元/千克的价格收购。但是到了收购季节，由于市场价格已经上涨至 1.2 元/千克，因此农户便纷纷违约（周衍平，2003），把农产品转售于市场。

（五）经营大户的违约行为

龙头企业与大户签订购销合同，对原料收购实行保护价，大户再与小户签订合同，企业通过大户向小户提供种苗、饲料、技术等配套服务。大户不仅解决了农产品销售难的问题，而且能繁荣当地经济。但农户严重依赖于大户的自身素质，如果大户的自身素质较差，则农户获利低且有赔本的危险。大户收益的最大化目标与农户和公司的目标发生冲突时，难以有效约束其机会主义行为，一旦经营不善，所带来的风险会转嫁于农户。

（六）合作社的违约行为

龙头企业与合作社就产品的数量、质量、品种、价格、技术指标、交易时间以及双方权利、义务及罚则条款等签订契约。合作社按照契约约定的品种、数量和质量组织社员进行生产。但合作社并不能完全解决农户的违约行为。从山东莱阳的实践来看，当某种农产品供不应求，价格比较高时，社员不交给合作社，转售于市场；当某种农产品供大于求、价格比较低时，社员挟带非社员的产品交给合作社，给企业带来了损失。但当市场价格低时，一些不规范的合作社有时也以质量不符合规格等为由压级、压价或拒收，把市场风险转嫁于社员。

二、契约风险来源于契约本身

由于契约自身的特点及其在签订过程中的信息非对称性和不确定性等因素的存在，契约本身成为违约风险的一个重要来源，这类风险源主要显现在以下几个方面。

（一）来源于契约本身

1. 契约的不完全性。由于个人的有限理性、外在环境的复杂性和不确定性等不完美因素的存在，现实中的合约都是不完全的。订单农业的违约风险根源于农产品契约的不完全，正是不完全契约使违约成为可能（生秀东 2007）。不完全合约导致的“敲竹杠”问题（黄祖辉，2002；刘凤芹，2003）。造成契约不完全性的主要原因：一是公司和农户的有限理性。二是信息的不对称性。三是订立契约交易成本的高昂性。四是农业生产环境的复杂性和不确定性。契约的不完全性加上受机会主义驱使，农户违约或公司违契约成为必然。契约的不完全性成为契约风险形成的根源。

2. 契约内在的风险性。农户为保证农产品的销路，公司为了保证农产品的货源，双方签订合约。但公司和农户毕竟是两个不同的经济主体，公司与农户之间的契约关系受制于双方所追求的契约目标，而两者的契约目标函数往往并不完全一致，在信息不完全、不对称的情况下受机会主义行为的驱使，就容易导致败德行为，这就决定了双方契约关系具有内在的风险性。对公司而言，如果到期市场价格低于契约规定的价格，农户会履约；反之，如果到期市场价格高于契约规定的价格，农户就有违约的倾向。对公司而言，如果到期市场价格高于契约规定的价格，公司会履约；否则，如果到期市场价格低于契约规定的价格，公司就有违约的倾向。

3. 契约设计的不合理性。有些契约条款不清、条款粗糙、条款不全，难以执行。在签订合同时，很多条款不能完全代表农户的真实意思，体现的是企业的利益。这也是农户时常违约的一个重要原因。

4. 契约的欺诈性。诚实经营，童叟无欺，不搞欺诈行为是经济法中一个比较普遍的原则。以签订产销合同进行欺诈，一般都具有隐藏性，不易被发现，且后果比较严重。如海南锦绣大地生物工程公司合同欺诈行为的“仙人掌订单骗局”，万名农户落入陷阱。“种上半亩仙人掌，此地有金三百两”。据报道，自2000 年起，全国范围内生物工程有限公司签订订单种植合同的，有近万农户，而上当受骗者多为贫困农户。其实，不仅是仙人掌，还有波尔山羊、鸵鸟、长毛兔、海狸鼠等特种养殖的欺诈行为。

（二）来源于资产专用性

资产专用性（asset specificity）是指为特定交易或契约服务而投入的特定资产。按威廉姆森的说法，当一项耐久性的投资被用于支持某种特定的交易时，这部分资产就具有专用性。其特征是一旦形成便很难移作他用，或即使是因交易终止而被迫转作他用，也会遭受严重损失。在公司与农户的易中，交易一方按照契约进行了专用性资产投资，产生了一种可占用的专用性准租金，资产的专用性越强，其准租金被剥削的可能性就越大。处于有利一方可能利用资产的专用性强的特征“套牢”对方，采取“敲竹杠”行为，使另一方蒙受损失。

（三）来源于较低的违约成本

违约收益高于违约成本是违约发生的根本原因（张兵、胡俊伟，2005）。公司或农户是否选择违约取决于对违约成本和收益的比较，当违约行为带来的期望收益远远大于不违约行为的正常收益，且付出的成本极低时，双方理性会选择违约；当违约成本高于违约收益时，双方都倾向于履约。面对农户的违约行为，公司因诉诸法律或对农产品产量进行调查而支付的成本远远高于收益而选择放弃；面对企业的违约行为，单个农户因诉诸法律支付的成本远远高于收益而忍气吞声。

（四）来源于契约外部市场

契约市场不能脱离外部市场而独立存在，契约市场与外部市场相互联系相互制约。契约外部市场风险因素包括，自然风险、制度风险、政策风险、价格风险和贸易风险等，会直接或间接地影响到契约市场，从而为契约的履行带来一定的风险。这也是契约风险的一个重要来源。

【专栏4-3】

云县培育绿色支柱产业振兴乡村经济

云县围绕实施乡村振兴战略，发展“企业+基地+农户”的订单农业，不断提升绿色支柱产业，全力打造“一村一品”产业发展新格局。

该县制定出台了《关于加快推进茶叶产业跨越发展的实施意见》，着力推进茶叶产品精深加工，推动茶叶传统支柱产业提质增效。2018年，全县实现农业生产总值47603万元，比2017年同期46576万元增长2.2%；实现茶叶农业总产量20245吨，比2017年同期19745吨增长2.5%；实现茶叶工业生产总值89261万元，比2017年同期79092.2万元增长12.86%。

该县始终将畜牧产业作为巩固脱贫攻坚成果、对促进农民持续增收的支柱产业加以扎实推进，争取实施国家发展畜牧业重点项目，加快畜牧业绿色发展示范县创建，推进畜禽规模化、标准化养殖。目前，全县肉牛存栏17.45万头，出栏肉牛4.36万头；生猪存栏70.2万头，出栏生猪100.8万头；山绵羊存栏26.35万只，出栏山绵羊17.73万只；家禽存栏379.88万只，出栏家禽602.99万只，其中山地黑肉鸡出栏达420万只；肉类总产量83569吨；禽蛋产量1486吨。

资料来源：罗映清：《云县培育绿色支柱产业振兴乡村经济》，载《临沧日报》2019年1月2日。

第四节 “公司+农户”型产业化组织契约风险识别

“公司+农户”是20世纪90年代在我国兴起并逐渐成为农业产业化主要形式的一种组织创新模式。它是指各类龙头企业与分散农户通过契约联结而形成经营共同体的组织模式。契约为公司和农户提供了一个契约市场，公司和农户的市场关系转变为契约关系，公司和农户的行为受到契约条款的约束。契约又称为合约或合同，契约农业又称为订单农业或合同农业，“公司+农户”是其主要形式。这一模式作为一种内涵宽泛的制度安排，之所以能得到较为广泛的认同和采纳，是因为它不但解决了农产品“卖难”的问题，缓解了小农户与大市场间矛盾，降低了农民面临的市场风险，而且还通过契约实现了组织内部的分工协作。公司与农户合作的结果是：公司可以确保以较低的交易费用和适宜的价格获得稳定的原料来源，农户可以以较低的交易费用按照较为稳定的价格销售自己的农产品。①

然而，在“公司+农户”模式运行中也暴露出了许多问题，其中最为突出的是高违约率。据有关资料表明，订单农业的违约率在80%左右。② 公司与农户都存在严重的违约，双重违约行为严重地制约了“公司+农户”模式的发展。如何破解高违约率、防范违约风险，引起了理论界的广泛关注。有的学者提出必须进行一系列的制度安排来创新“龙头企业+农户”的组织模式；③ 有的认为必须提

① 米晋川：《对“公司+农户”的再认识》，载《经济问题探索》2003年第4期。

② 孙兰生：《对订单农业的经济学分析》，载《农业经济与金融》2006年第6期。

③ 张军、胡俊伟：《“龙头企业+农户”模式下违约的经济学分析》，载《现代经济探讨》2004年第9期。

高违约成本，降低违约效益；[①] 有的认为应进行信誉与合作、专用性资产投资；[②] 有的认为问题的关键在于风险分担机制的设计。[③] 还有的学者提出将订单农业和金融工具相结合，为研究开辟了新思路，并指出研究的方向和问题。[④] 本文将运用非完全契约理论分析“公司 + 农户”契约的非完全性成因，并认为违约风险来源于契约的非完全性，提出规范契约不失为一条治本之策。

一、非完全契约理论概述

契约一词，俗称合同、合约或协议。《法国民法典》第 1101 条规定：“契约为一种合意，依此合意，一人或数人对于其他人或数人负担给付、作为或不作为的债务。”科斯（1973）首开企业的契约理论之先河，认为企业是由一系列契约构成。[⑤] 契约理论是伴随着信息理论、博弈理论和新制度经济学的不断发展而逐步进入主流经济学研究视野的。契约理论来源于新古典经济学完全理性和信息充分的假定，就其内容来看，契约理论沿袭了新制度经济学和信息经济学的理论框架。现代契约理论首先区分了完全契约（complete contracts）和非完全契约（incomplete contracts）。完全契约是指契约具有完备性，缔约双方都能完全预见契约期内所有可能发生的事件，并且愿意遵守契约中所签订的条款，当契约方对契约中的条款产生争议时，第三方（如法庭）能够强制执行条款中所规定的义务。[⑥] 由于完全契约理论无视逆向选择与道德风险存在性的局限性假设，使得目前对契约理论的前沿研究均集中在非完全契约方面。

一般认为格罗斯曼和哈特（Grossman and Hart，1986）、哈特和摩尔（Hart and Moore，1988）是非完全契约理论的开山鼻祖。非完全契约被定义为由于个人的有限理性、外在环境的复杂性和不确定性等不完全因素的存在，契约双方不可能详尽准确地将与交易有关的所有未来可能发生的情况及相应情况下的职责和权利写进合约。签订完全契约只是一种理想的状况，真实世界的契约在绝对意义上都是不完全的。[⑦]

对于非完全契约的产生原因，仍是契约理论研究的前沿领域。Klein（克莱

---

① 斐汉青：《农业产业化经营中的违约行为及其纠正》，载《现代经济探讨》2005 年第 12 期。

② 张森：《农业产业化：一种长期合约的违约问题》，载《边疆经济与文化》2005 年第 12 期。

③ 赵西亮、吴栋：《农业产业化经营中商品契约稳定性研究》，载《当代经济研究》2005 年第 2 期。

④ 何嗣江、汤钟尧：《订单农业发展与金融工具创新》，载《金融研究》2005 年第 4 期。

⑤ Coase，R. H. The Nature of the Firm. Economic，Vol. 4，No. 16，1937，pp. 386 – 405.

⑥ 李长健、杨婵：《订单农业发展中的问题与对策》，载《长安大学学报》（社会科学版）2011 年第 3 期。

⑦ 马力：《不完全合约理论述评》，载《哈尔滨工业大学学报》（社会科学版）2004 年第 11 期。

恩，1980）认为导致契约的不完全性主要有两个原因：一是不确定性意味着存在大量可能的偶然性因素，且要预先了解和明确这些可能因素的费用非常高；二是履行具体的契约费用很高。[①] 哈特、奥利弗和摩尔（Hart，Oliver and John Moore，1988）认为契约不完全的原因在于：许多重要的投资是事后可观察但不可证实的；缔约双方面临新的获利机会时，会重新就契约条款进行讨价还价。[②] 人的有限理性是造成合约不完全的根源，而有限理性人事先难以预测到可能发生的一切事件，所以试图把未来可能发生的所有情形都包含进合约是不可能的。契约环境的复杂性是契约非完全的原因（Segal，I.，1999）。[③]

此外，约瑟夫·斯蒂格利茨和丹尼·施瓦茨（Joseph Stiglitz and Danny Schwarz，1999）区分了“通常意义上的”不完全（ordinarily incomplete）和“注定的不完全”（inevitably incomplete）。当在某种程度上契约条款要求契约方以不可确认的信息为判断基础时，该合约被称为“通常意义上的”不完全合约，例如由于语句的模棱两可或不清晰而造成的契约的模棱两可和不清晰；由于契约双方的疏忽，未就有关事宜订立契约，从而契约是不完全的。当与契约相关的信息既是不可获得的又是不可确认的时候，该合约被称为“注定的不完全”合约，例如由信息不对称引起的弱的或强的不可缔约性、异质性商品或关系性契约等。

二、订单农业契约特征[④]

依据不完全契约理论，签订完全契约只是一种理想的状况。因此，作为一种制度创新的产物的订单农业，其契约也是非完全性的，契约风险的存在在所难免。订单农业契约风险是指订单农业合同主体依个人理性作出的可能对己有利而导致对方收益不确定性而产生的风险。[⑤] 李彬（2013）分析了“公司+农户”契约非完全性与契约风险之间的关系，认为契约的完全与否是契约风险发生的重要影响因素：一是农业生产经营外部环境的复杂性和不确定性形成契约的非完全性，产生契约风险；二是公司和农户的有限理性形成契约的非完全性，产生契约风险；三是公司和农户的机会主义行为形成契约的非完全性，产生契约风险；四

① Klein，B. Borderlines of Law and Economic Theory：Transaction Cost Determinants of Unfair Contractual Arrangements. American Economic Review Papers and Proceeding，Vol. 70，No. 3，1980，May，pp. 56 –362.

② Hart，Oliver and John Moore. Incomplete Contracts Renegotiation. Econometric，Vol. 56，No. 7，1988，pp. 55 –85.

③ Segal，I. Complexity and Renegotiation：A Foundation for Incomplete Contracts. Review of Economic Studies，Vol. 66，1999，pp. 57 –82.

④ 李彬：《订单农业契约内部治理机制与风险防范》，载《农村经济》2013 年第 2 期，第 46 ~50 页。

⑤ 衡霞、杨明洪：《订单农业契约风险形成机理及外部性分析》，载《统计与决策》2009 年第 16 期。

是公司和农户地位不平等性形成契约的非完全性，产生契约风险；公司和农户疏忽大意形成契约的非完全性，产生契约风险；五是签约成本的高昂性形成契约的非完全性，产生契约风险。[①]

订单农业契约有着不同于其他一般契约的突出的特征：一是契约的不完全性。由于现实世界的复杂性和人的有限理性，缔约者要想签订一个包括对付未来任何偶然事件的详尽合约条款是不可能的，因而合约往往是注定不完全的。[②] 一方面由于农户对合同知识的缺乏以及农户与企业之间信息的严重不对称，农户无法预知并通过契约来规定可能出现的不确定性问题；另一方面企业也无法通过契约来实现对农户行为的监督，无法防止农户"搭便车"，因此，契约双方或三方试图签订一个完备的契约是不可能的。二是契约主体的非平等性。一般而言，公司具有雄厚的经济实力，通晓经济政策和法律法规，掌握市场信息，决策较为科学，具有严密的组织和完善市场营销系统，处于优势地位；相对而言，农户资金、技术力量薄弱，市场信息获取不准确、不充分，市场经济意识淡薄，组织化程度低，这就导致农户在与公司的谈判中处于不利地位，公司事实上成了农户生产的协调者与组织者，农户在很大程度上丧失了生产经营的独立自主性，以致农户成为公司垄断控制下的"生产车间"。三是契约客体的特殊性。订单农业中交易对象的农产品往往具有受自然因素影响大、季节性强、生产周期长、易损易耗性强、产品同质性差等自然特性，特别是生物生长过程中自然因素具有很强的不可控性，导致农业生产经营活动往往面临着很高的风险，从而加大了履约难度，降低了履约效率。四是契约内在的风险性。订单农业中公司与农户双方的目标函数往往并不完全一致，机会主义行为普遍存在，极易导致败德行为。这样，以不诚实或欺骗的方式追逐自身利益的机会主义行为就产生了，其后果就是契约风险的存在。

三、公司与农户间契约的非完全性[③]

依据不完全契约理论，签订完全契约只是一种理想的状况。因此，现实中公司与农户间的契约也是非完全的，其成因来源于以下几个方面。

---

① 李彬：《"公司 + 农户"契约非完全性与违约风险分析》，载《华中科技大学学报》2009 年第 1 期。

② 费方域：《企业的产权分析》，上海三联书店、上海人民出版社 1998 年版。

③ 李彬：《"公司 + 农户"契约非完全性与违约风险分析》，载《农村经济》2009 年第 4 期，第 29 ~ 31 页。

（一）公司和农户的有限理性

公司和农户都是追求自身利益最大化的经济人。徐秋慧（2006）认为公司和农户的理性包括两层含义：一是在农业产业化经营过程中充满着不确定性，农户和公司生产经营的外部环境是复杂多变的，始终存在着不确定性；二是农户或公司接受和处理相关信息的能力是有限的，对于未来农户和公司经营以及农产品交易可能发生的情况，他们是不可能完全预见的，也不可能准确地了解各种情况下彼此利益关系的变化，因而不可能确切地判断哪些契约结构是最有利的。

（二）外部环境的复杂性和不确定性

农业产业化经营暴露在外部环境中，我国幅员辽阔，自然条件、地理条件复杂，气候条件异常，自然灾害时有发生。而农产品生产是自然再生产和经济再生产相互交织的一种生产性活动，其生产周期具有明显的季节性和较长的周期性的特征，生产特征，生产对象是有生命的动物、植物和微生物等，这些生物体有其固有的生长发育规律，受外界环境影响大。因此，农产品的生产过程中面临诸多不确定性，致使契约难以预期未来可能发生的事件而加以规定。

（三）公司和农户地位的非对称性

在农户与公司的契约谈判中，公司市场信息灵通，经济实力雄厚，熟悉法律法规，处于强势地位；农户捕捉市场信息能力差，经营规模偏小，资金缺乏，法律意识淡薄，处于弱势地位。由于农户和公司的地位非对称，所签契约大都为附和契约。

（四）农产品价格的波动性

农产品需求弹性小，供给弹性大，需求与供给的弹性差异使得农产品价格极其不稳定。农产品供求总量的变化、农产品市场的发育程度、国家农业政策的调整和国际市场的稳定程度等，都是农产品价格波动的主要成因。此外，农产品生产投入品的价格、农产品生产技术的进步、农产品生产者对未来农产品行情的预期和农产品储备变化等，都是农产品价格波动的影响因素。不断波动的农产品价格使公司和农户很难签订一个符合未来市场价格水平的契约，只能签订一个较为粗略的契约。

（五）契约签订成本的高昂性

契约签订成本包括签约前的信息搜索成本、谈判成本、签约成本、监督成本、事后违约处罚成本等，这些成本可分为有形成本（如财产、金钱的支付等）

和无形成本（如精力的耗费、时间付出等）。试图在契约中预见所有偶发事件的成本极为高昂，为节约交易费用，所签契约注定为非完全的。

四、契约的非完全性导致违约风险形成

纵观“公司+农户”契约的有关研究文献，大多将违约风险归结为农户与企业法律观念淡薄、合同意识差、缺乏信用、资产专用性的“敲竹杠”等。这些固然是问题的一面，但问题的关键在于契约的非完全性。

（一）契约的形式不规范、主体不明确

对于农业契约的形式，法律没有作出特殊规定，可以采取口头、书面或其他形式。因农业契约涉及主体较多，易发生纠纷，一般应采用书面形式为宜。而现实中的农业契约大都为口头协议，过于简单，为双方事后压级压价、拒售和其他机会主义行为留下了“公共空间”。与此同时，有些即使采取了书面形式的农业订单也不规范，合同应有的条款不具备，给违约者以可乘之机。有些契约由公司单方面拟定合同，由农户签字确认；甚至有些契约由乡镇政府越俎代庖，代农户签订，这样的契约很难保证农户的履约，存在极大的违约风险。

（二）契约的内容不具体、不全面

目前，农业契约缺乏司法、公证、工商管理等部门的参与和监督，从而导致契约内容不详细、程序不完善、运作不规范。有的契约对于各自应承担的责任以及权利、义务含糊不清；有的契约由龙头企业草拟，内容上利于企业的多，利于农户的少；有的契约过于简单，缺乏合同的主要条款，如合同的履行期限、地点、方式、违约责任等；有的企业借机搞合同欺诈、坑农害农，在收购时以种种理由压价收购，致使农户蒙受经济损失。

（三）条款设计不科学、不合理

由于契约处罚条款不详尽，法庭执行的困难或执行成本过高，使得违约者有机可乘。例如，面对农户的违约，公司理性进行成本和收益分析，当诉诸法律的成本远远高于收益时而选择放弃；面对企业的违约，农户理性进行成本收益分析，当单个农户因诉诸法律支付的成本远远高于收益时而选择忍气吞声。由于公司与农户在利益的驱动下，致使违约行为时有发生。

本章小结

本章在对国内外订单农业履约问题综述的基础上，分别从订单农业的价格类型、订单农业适应条件等进行了阐述。研究表明：不同的价格类型之间没有优劣之分；每种价格形式具有明显的利弊所在；每种价格形式各有其适用条件。因此，要根据不同产品、不同企业组织形式、不同地区，因地制宜，分类实施，采取不同价格形式。在订单农业运行过程中存在着诸多风险，识别这些风险，探索其形成机理是防范订单农业风险的前提和基础。研究发现，我国订单农业运行过程中存在：自然风险、市场风险、违约风险、技术风险、制度风险等风险。风险的形成既有契约本身的问题，也有契约当事人的问题；既有订单农业系统内部的影响因素，也有订单农业系统外的影响因素，订单农业的核心风险为契约风险。契约的非完全性从理论上讲，主要来源于：公司和农户的有限理性、外部环境的复杂性和不确定性、公司和农户地位的非对称性、产品价格的波动性和契约签订成本的高昂性。现实中非完全性契约导致了契约风险的发生。防范上述风险是订单农业健康发展的关键所在。

第五章

实证研究：农业产业化经营风险因素评估与分析[①]

第一节 引　言

自从我国农业实行农业产业化经营或者合同农业以来，人们逐渐认识到，当农业卷入农业产业化经营之后，尽管农民找到了发展市场农业、工商企业进入农业领域的入口，但高风险的农业生产经营活动以原先不曾有的形式出现。[②]

由于农业产业化经营的主要形式是“订单农业”，契约成为连接农户与公司的纽带，现实中公司与农户之间的契约关系不稳定，违约比较普遍，履约率比较低，资料表明，农业订单的履约率在20%左右（孙兰生，2006）。[③] 如此高的违约率，在一定程度上加剧了订单农业生产的产销风险，给农企双方利益都带来严重损失，阻碍了订单农业的稳定健康发展，也影响了其功能的正常发挥。为此，诸多专家学者研究了违约风险的相关问题，周立群、曹利群（2001）认为公司和农户违约的原因在于其机会主义行为，而这种机会主义行为不仅仅是潜在的。[④] 薛昭胜（2001）认为违约行为表面上是农户与龙头企业的短期行为，而内在的根源则是利益风险机制不健全。[⑤] 贾伟强、贾仁安（2005）从委托—代理理论上对

---

① 杨明洪、李彬：《中国订单农业违约风险因素评估——来自山东的经验》，载《财经科学》2009年第12期。

② 孙良媛：《转型期农业经营风险：对广东的实证研究》，载《华南农业大学学报》2002年第2期。

③ 孙兰生：《关于订单农业的经济学分析》，载《农业发展与金融》2006年第6期。

④ 周立群、曹利群：《农村经济组织形态的演变与创新——山东省莱阳市农业产业化调查报告》，载《经济研究》2001年第1期。

⑤ 薛昭胜：《期权理论对订单农业的指导与应用》，载《中国农村经济》2001年第2期。

公司和农户双重违约行为进行了解释。[①] 黄祖辉和蒋文华（2002）认为公司和农户违约的原因在于信息的非对称性，事前的外生性信息不对称，会产生“逆选择问题”，事后的内生性信息不对称，会产生“道德风险”。[②] 生秀东（2007）认为订单农业的违约风险根源于农产品契约的不完全性和机会主义行为，正是不完全契约使违约成为可能，而机会主义行为又使违约成为必然。[③] 杨明洪（2001）认为农业产业化经营的经济风险是客观存在的，而且，风险来源也是多方面的。[④] 总之，目前对订单农业风险评估尚付诸阙如，本章试图通过 FAHP 分析法，对诸多风险因素进行评估，区分主要风险因素和次要风险因素，为针对性的防范风险提供查考。

第二节 评估方法选择与评估指标体系设计

一、评估方法选择

层次分析法（analytic hierarchy process，AHP）是美国匹兹堡大学运筹学家萨蒂（T. L. Saaty）教授于 20 世纪 70 年代初期提出的一种系统分析方法。由于 AHP 存在明显的缺陷，本节在层次分析方法基础上引入非结构性决策模糊集分析单元系统理论，[⑤] 构建判断矩阵，求解准则层单排序权重，可有效改进层次分析法判断矩阵的一致性检验及主观权重的赋值缺陷。这种判断矩阵的构造方法称为模糊层次分析法（fuzzy analytic hierarchy process，FAHP）。通过在准则层的各测量因素排序过程中采用语气算子定义指标影响权重，从而判别各个指标对于上级准则层重要性的相对隶属度。在违约风险指标权重确定前提下，采取抽样调查，结合专家访谈或小组会议讨论等方法，本着“能量化的量化，不能量化的等级化赋值”原则，将定量指标和定性指标进行数据可测化。将各层次的观测指标相对隶属度进行归一化处理后得出权重向量。将指标以各自权重为因子，计算加权算

① 贾伟强、贾仁安：《“公司 + 农户”模式中的公司与农户：一种基于委托—代理理论的解释》，载《农村经济》2005 年第 8 期。

② 黄祖辉、蒋文华：《农业与农村发展的制度透视——理论述评与应用分析》，中国农业出版社 2002 年版。

③ 生秀东：《订单农业的契约困境和组织形式的演进》，载《中国农村经济》2007 年第 12 期。

④ 杨明洪：《农业产业化经营的经济风险及其防范》，载《经济问题》2001 年第 8 期。

⑤ 薛昭胜：《期权理论对订单农业的指导与应用》，载《中国农村经济》2001 年第 2 期。

数平均值，就可以判别最终决策的指标值。通过比较指标大小，最终做出最优决策。

二、评估指标体系设计

根据风险因素的来源，违约风险因素评估体系的建立，从以下四个方面入手。

（一）公司层面

公司层面指标主要是分析来源于公司的违约风险因素，重点考虑从公司的规模实力、经营状况、信誉机制、服务质量和资产专用性等方面设置指标，突出公司主要违约风险因素。因为一般来说实力强、规模大的公司，其承担风险的能力也强，违约风险发生概率低，承担风险的能力也强，但现实中也不乏违约事件的发生；信誉机制是公司的软实力，信誉的作用受制于多方因素，它是违约风险因素中一个不可忽视的因素；公司对农户服务是否到位，是否有坑农、害农动机，是否会利用农户专用性资产的投资进行“敲竹杠”等都是要着重考虑的。基于此，公司层面共设置 7 项评估指标，包括公司的资产额、信誉机制、经营策略、公司规模、公司对农户提供良种的质量、公司对农户提供服务的质量以及公司对农户专用性资产投资的利用等情况设置指标。

（二）农户层面

农户层面产生的风险因素，更多的是从农户自身素质出发。自身的文化水平在一定程度上影响了农户参与订单的水平，也给订单农业的发展带来了一定的风险。先签约后违约的现象与农户的法律意识和信誉不强有着直接的关系，后者恰好又根源于农户的文化素质。农户提供的农产品在质量和数量等方面还存在达不到合同规定的指标要求。同时，农户有时也会利用公司的专用资产投资，采取“敲竹杠”行为。为此，我们把农户层面指标设置为 7 项：农户的平均文化水平、法律意识、信誉度、农业生产技术水平、农产品数量、农产品质量以及对公司专用性资产投资的利用。

（三）契约层面

契约层面风险因素主要是分析来自公司和农户间所签契约的不完整性，由此所导致的风险因素。因为根据契约理论，人们受自身的有限理性以及机会主义行为的驱使，现实中的契约都是不完全的，签订完全的契约只是一种理想状态，违约风险因素部分来源于契约本身（内在风险性）也就在所难免。违约成本低是违约风险的另一个重要因素，将履约带来的期望收益与违约应支付的成本相比较差异较大时，理性经济人出于追求利益最大化而表现的机会主义行为就会发生。契约层面共设置契约的内在性、契约格式、契约条款、契约自我实施机制、契约利益分配机制和违约成本6项指标。

（四）外部市场层面

外部市场指公司与农户契约市场以外的农产品市场，它与契约市场并非完全独立、互不影响，外部市场风险因素会直接或间接地影响到契约市场，导致违约风险的发生。由于农业生产的外部环境具有复杂性和不确定性的特征，生产活动易受旱、涝、病、虫、冻等自然灾害的影响，加上人们对农业生产的可控程度较低，致使农产品减产或绝产，导致契约难以正常履行。市场风险主要表现为产品市场的价格波动对契约履行与否的影响，在契约市场发育不完善时，外部市场价格波动构成了违约的主要因素。政策风险来源于国家政策的变更对契约履行带来的影响，也是违约的一个重要风险源。此外，契约市场的监管机制是否健全，监管是否到位以及第三方裁判能否公平、公正、合理，诉诸法律是否划算等构成外部市场层面6项风险因素指标，具体为：自然风险、市场风险、政策风险、农产品市场发育度、市场监管和第三方裁判机制。

根据以上分析，建立评估风险因素的指标体系，如表5－1所示。该指标体系中既有来自契约市场内部的风险因素，又有来自产品市场的风险因素；既有来自契约主体的风险因素，又有来自契约本身的风险因素；既有定性指标，又有定量指标，体现了事物的内在运动与外部环境的有机统一，体现了指标体系的系统性、科学性和可操作性。

表5－1　　农业契约风险的因素评估指标体系

风险产生来源	衡量指标	指标代码	风险产生来源	衡量指标	指标代码
公司层面	资产额	C11	农户层面	平均文化水平	C21
	信誉度	C12		法律意识	C22
	经营策略	C13		信誉度	C23
	公司规模	C14		农业生产技术水平	C24
	对农户提供的种子质量	C15		农产品产量	C25
	对农户提供的技术	C16		农产品质量	C26
	对专用性资产的利用	C17		对专用性资产的利用	C27

续表

风险产生来源	衡量指标	指标代码	风险产生来源	衡量指标	指标代码
契约层面	契约的内在风险	C31	外部市场层面	自然风险	C41
	契约格式	C32		市场风险	C42
	契约条款	C33		政策风险	C43
	契约自我实施机制	C34		农产品市场发育度	C44
	契约利益分配机制	C35		市场监管	C45
	契约违约成本	C36		第三方裁判机制	C46

第三节 评估过程与评估结果分析

实证分析资料来源于笔者对山东省诸城、寿光、泰安、济宁、德州、济南、青岛、烟台和日照9个地市开展的农业产业化经营违约风险的实地调研，以问卷和访谈两种形式进行。经过与山东省农业厅农业产业化办公室、山东省莱阳市农业局、潍坊市农业局及山东农业大学经管学院的专家学者多次讨论，最终对山东省订单农业违约风险的产生层面构造评估模型的层次分析（见图5－1）。图5－1中，目标层是农业违约风险，中间四个风险源是决策的准则层，最底层是指标层，指标代码与表5－1对应。

利用FAHP的重点是在构造出决策目标层与各准则层和观测指标的层次结构上，构造重要性二元比较矩阵。

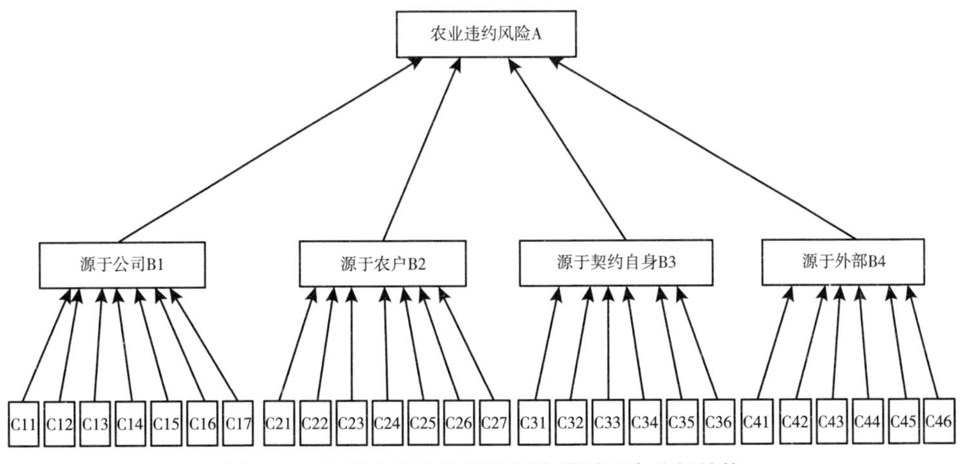

图5－1 订单农业违约风险评估模型层次分析结构

一、评估过程

（一）决策目标的确定

实证研究目的是在对订单农业违约风险的各影响因素进行综合分析框架下，寻找对违约风险发生影响作用最明显的那些因素指标，为订单农业风险管理提供参考指标，因此重点是分析违约风险因素的影响权重，而不是最终综合风险值的得分。

（二）风险指标的权重测评

结合系统模糊优选理论，对山东省订单农业各个风险指标，给出二元重要性排序。从图5-1我们可以看到，在对准则层进行单排序时，四类准则层均是多维矩阵，具体计算过程分为四步，具体计算过程如下：

第一，建立既定准则层下的指标层重要性二元对比矩阵E。定义指标 C_{ij} 表示第i个准则下的第j个指标。根据系统模糊优选理论在不同指标之间进行重要性二元对比时，规定表示重要性标度的元素 e_{ij} 在0，0.5，1这三个中选取。二元对比矩阵中各个重要性标度值须满足以下条件：

若 C_{ik} 比 C_{im} 重要，取 $e_{km}=1$，$e_{mk}=0$

设给定准则层下的指标集重要性二元对比矩阵为 E^i，（i=1，2，3，4）：

$$E^i=\begin{bmatrix} e_{11}^i & e_{12}^i & \cdots & e_{1n}^i \\ e_{21}^i & e_{22}^i & \cdots & e_{2n}^i \\ \cdots & \cdots & \cdots & \cdots \\ e_{n1}^i & e_{n2}^i & \cdots & e_{nn}^i \end{bmatrix}$$

二元对比矩阵中各个重要性标度值须满足以下条件：

（1）若 C_{ik} 比 C_{im} 重要，取 $e_{km}=1$，$e_{mk}=0$

若 C_{im} 比 C_{ik} 重要，取 $e_{mk}=1$，$e_{km}=0$

若 C_{ik} 与 C_{im} 同等重要，取 $e_{km}=e_{mk}=0.5$

（2）矩阵中各重要性标度值关于主对角线位置的元素满足：

$$e_{km}+e_{mk}=1 \quad (k=1, 2, \cdots, n;\ m=1, 2, \cdots, n)$$

对“源于公司层面”准则层下的七个风险指标来说，重要性二元对比矩阵为：

$$E^1=\begin{matrix} c_{11}\\ c_{12}\\ c_{13}\\ c_{14}\\ c_{15}\\ c_{16}\\ c_{17}\end{matrix}\begin{bmatrix} e_{11} & e_{12} & \cdots & e_{17}\\ e_{21} & e_{22} & \cdots & e_{27}\\ & & \cdots & \\ e_{71} & e_{72} & \cdots & e_{77}\end{bmatrix}=\begin{bmatrix} 0.5 & 1 & 0 & 1 & 0 & 1 & 1\\ 0 & 0.5 & 1 & 1 & 0 & 0 & 0\\ 1 & 0 & 0.5 & 1 & 1 & 1 & 1\\ 0 & 0 & 0 & 0.5 & 0 & 0 & 0\\ 1 & 1 & 0 & 1 & 0.5 & 0.5 & 1\\ 0 & 1 & 0 & 1 & 0.5 & 0.5 & 0.5\\ 0 & 1 & 0 & 1 & 0 & 0.5 & 0.5\end{bmatrix}$$

第二，对重要性二元对比矩阵进行传递一致性检验。若重要性二元对比矩阵中各个指标的重要性标度满足下列三个条件，则称对比矩阵 E 符合优越性定性排序的传递性，该矩阵对应称为一致性标度矩阵。

①当 $e_{hk}>e_{hl}$ 时，有 $e_{kl}=0$

②当 $e_{hk}<e_{hl}$ 时，有 $e_{kl}=1$

③当 $e_{hk}=e_{hl}=0.5$ 时，有 $e_{kl}=0.5$

指标层各风险因素的重要性二元对比矩阵需要经过调整，解决多个指标之间对比的重要性矛盾，满足传递性，才能进行一致性排序，真实地反映指标的影响权重。

从“源于公司层面”的七个风险指标来看，原始对比矩阵第一行数据保持不变，从第二行开始检验，各类指标之间满足传递性，由于 $e_{12}=1>e_{13}=0$，根据对比传递性可知指标公司经营管理制度（C12）重要性低于指标公司经营策略（C13），即应调整 $e_{23}=0$，该行其余指标标度通过检验。同理，第三行和第四行一致性对比不需要调整。第五行 $e_{15}=0<e_{16}=1$，表示指标重要性上，原种合格率（C15）要优于指标公司对农户的扶持投入金额（C16），也应调整 $e_{56}=1$。按照这种思路逐一检验各个指标重要性二元标度是否符合传递性，否则需要根据已通过检验的数值进行调整，直至矩阵全部元素都满足一致性排序。最后将一致性对比矩阵元素取值根据性质②的关于主对角线取值之和为 1 补全矩阵即可。对准则层 B1“源于公司”的风险因素对比矩阵调整形成的一致性矩阵（仍记为 E^1）为：

$$E^1=\begin{matrix} c_{11}\\ c_{12}\\ c_{13}\\ c_{14}\\ c_{15}\\ c_{16}\\ c_{17}\end{matrix}=\begin{bmatrix} 0.5 & 1 & 0 & 1 & 0 & 1 & 1\\ 0 & 0.5 & 0\ (1) & 1 & 0 & 0 & 0\\ 1 & 1\ (0) & 0.5 & 1 & 1 & 1 & 1\\ 0 & 0 & 0 & 0.5 & 0 & 0 & 0\\ 1 & 1 & 0 & 1 & 0.5 & 1\ (0.5) & 1\\ 0 & 1 & 0 & 1 & 0\ (0.5) & 0.5 & 0.5\\ 0 & 1 & 0 & 1 & 0 & 0.5 & 0.5\end{bmatrix}\begin{matrix} \text{行和} & \text{排序}\\ 4.5 & 3\\ 1.5 & 6\\ 6.5 & 1\\ 0.5 & 7\\ 5.5 & 2\\ 3 & 4\\ 3 & 4\end{matrix}$$

括号中的数字为原始对比矩阵指标主要性比较取值。

第三，计算重要性标度的相对隶属度。在多个指标两两比较重要性以后，某一指标重要性以指标标度行合计来表示，并根据取值大小进行排序。按我国的语言习惯，在同等重要和无法比拟之间按照重要性程度的加深依次插入9个语气算子：稍稍、略为、较为、明显、显著、十分、非常、极其、极端，共同构成11个语气算子的10级差。且赋值同等重要 =0.5，无法比拟 =1，以0.05的等差距离将11个语气算子依次赋值，a_{ij}表示指标层中第i个指标相对于第j个指标重要性语气上的定量标度值。

结合语气算子，定义定量标度相对隶属度指标：

$$r_{ij} = \frac{1 - a_{ij}}{a_{ij}}$$

二者数量对应关系见表5－2。

表5－2　语气算子的定量标度与相对隶属度取值

语气算子	同样	稍微	略为	较为	明显	显著	十分	非常	极其	极端	无可比较
定量标度 a_{ij}	0.5	0.55	0.6	0.65	0.7	0.75	0.8	0.85	0.9	0.95	1
相对隶属度 r_{ij}	1	0.818	0.667	0.538	0.429	0.333	0.250	0.176	0.111	0.053	0

根据排序后的“源于公司层面”准则层而言，风险因素“经营策略”对该层重要性程度最高，排在第一位，相对于第二序位的资产额，对公司契约风险的发生“稍微重要”；“公司＋农户”的农业合作模式中“种子合格率”是双方长期可持续合作的基础，对契约风险的影响较于其他指标“略为重要”；公司资产额是经济实力和技术后备的象征，与剩余5项指标相比“较为重要”；而“公司对农户的专用性资产投资的利用”与“农户对公司的专用性资产的利用”二者地位等同，重要性程度为“明显”；“经营管理制度”与“经营业绩”紧排其后，重要性语气为“显著”与“十分”。

因此，“源于公司层面”的准则层B1的七大指标的相对隶属度列向量为：

$$\begin{aligned} r &= (r_{11},\ r_{12},\ r_{13},\ r_{14},\ r_{15},\ r_{16},\ r_{17})^T \\ &= (0.538,\ 0.333,\ 0.818,\ 0.250,\ 0.667,\ 0.429,\ 0.429)^T \end{aligned}$$

进行归一化处理后为可得“源于公司层面”准则层B1的指标权重向量为：

$$\begin{aligned} \omega^1 &= (\omega_{11},\ \omega_{12},\ \omega_{13},\ \omega_{14},\ \omega_{15},\ \omega_{16},\ \omega_{17}) \\ &= (0.156,\ 0.096,\ 0.234,\ 0.072,\ 0.193,\ 0.124,\ 0.124) \end{aligned}$$

同理经过对比分析与一致性检验调整，可以得到其他指标层相对其准则层的

权重列向量 $\omega^i=(\omega_{i1},\ \omega_{i2},\ \cdots,\ \omega_{in})^T$，以及四个准则层因素相对目标层的权重向量：$\omega^B=(\omega_{B1},\ \omega_{B2},\ \omega_{B3},\ \omega_{B4})$。从而可以得到指标层中的 26 个风险评估指标相对于目标层契约风险的评估影响权重向量：$\omega=\omega_{ij}\cdot\omega_{Bi}$，其中，j 具体取值个数根据指标层所含指标个数来确定。如准则层 B1 中 $j=7$，准则层 B3 中 $j=6$。

二、评估结果分析

采用模糊层次分析法能将定性分析和定量分析有效结合，实现违约风险因素的影响重要性分析，在语气算子的定量标度下，将指标融入整个风险体系后，得出各风险因素模糊综合权重，详见表 5－3。

表 5－3　　风险指标对契约风险的影响权重及排序表

指标层	准则层				模糊综合权重	指标层总排序
	B1	B2	B3	B4		
	0.191	0.364	0.297	0.148		
C11	0.156				0.030	
C12	0.096				0.018	
C13	0.234				0.045	
C14	0.072				0.014	
C15	0.193				0.037	
C16	0.124				0.024	
C17	0.124				0.024	
C21		0.093			0.034	
C22		0.093			0.034	
C23		0.214			0.078	max（2）
C24		0.214			0.078	max（2）
C25		0.154			0.056	
C26		0.214			0.078	max（2）
C27		0.017			0.006	min
C31			0.223		0.066	
C32			0.093		0.028	
C33			0.141		0.042	
C34			0.108		0.032	
C35			0.160		0.047	
C36			0.275		0.082	max（1）
C41				0.096	0.014	
C42				0.207	0.031	
C43				0.146	0.022	
C44				0.128	0.019	
C45				0.165	0.024	
C46				0.257	0.038	

从表5-3可以看出：

第一，从B层面上来看，“源于农户层面”的风险因素对违约风险的影响值最大，这说明在山东省订单农业中农户的违约率高于公司，这一结论不同于一些学者所持有的公司违约率高的观点，我们认为其原因在于公司特别是一些具有一定规模的公司立足于农户驻地，如果某公司的信誉一旦受损，很难再次找到合适的合作伙伴，公司的发展也会受到影响；而农户由于经营分散，同时经营相同农产品的公司较多，具有较大的选择空间。而源于“外部市场”层面的风险因素对违约风险的影响较为轻微且均匀，这说明，外部市场对契约市场有一定的影响，但其作用最终要通过契约市场主体体现出来，它只是构成违约风险的一个重要外部条件。

第二，从C层面上来看，公司或农户的“违约成本”（C36），模糊综合权重为0.082为最大，是导致契约风险发生的最大因素，违约成本低，成为订单农业违约风险发生的根本原因。居第二重要性的三个风险因素均来源于“农户层面”，分别是：农户的信誉（C23）、农业生产技术水平（C24）和农产品等级合格率（C26），模糊综合权重均为0.078，这也和B层面上的风险因素主要来源于农户层面相一致，这都和农户的综合文化素质有关。而影响最小的因素是农户对公司专用性资产的利用（C27），模糊综合权重仅为0.006，说明当前山东省订单农业中农户利用公司投入的专用性资产进行“敲竹杠”现象并不严重；相反，公司对农户的专用性资产的利用（C17），模糊综合权重为0.024，要比农户严重。

第四节　研究结论与政策建议

一、研究结论

通过综合分析得出以下结论：一是就公司层面、农户层面、契约层面和外部市场层面而言，来源于农户层面的违约风险因素最高，农户的违约率高于公司，这一结论不同于一些学者认为的公司的违约率高于农户的结论；二是导致农户违约风险的主要原因是农户的信誉度不高、生产技术欠缺、农产品质量不高；三是违约成本低是违约风险的一个重要因素，成为公司和农户违约的根本原因；四是公司或农户对双方的专用性资产投资的利用并不强。

二、政策建议

基于以上结论，提出以下政策建议：第一，针对农户违约率高的问题，可以加强对产业化农户的教育，提高其法律意识和信誉意识，加大技术培训力度，强化农户的合同意识，建立长期合作机制。同时，企业可通过各种建立“基地＋农户”“协会＋农户”和“合作社（大户）＋农户”等形式，制约农户的机会主义行为，密切与农户的合作关系，形成“风险分担、利益均沾”的经济共同体。

第二，针对违约成本低的问题，应提高违约成本，降低违约收益，强化合约管理，实行从签约到履约全过程的监控，发生违约时不仅要对违约行为进行处罚，而且要对违约造成的损失予以补偿，从根本上提高违约成本，降低违约收益，促进订单农业稳定和健康发展。

第三，充分发挥政府职能，提高服务质量，优化发展环境，加强契约市场监管，规范市场秩序和培育民间合作经济组织，为产业化经营创造良好的外部环境和基础条件。

本章小结

农业产业化是现代农业发展的必然趋势，加快推动农业产业化高质量发展，发挥农业产业化在构建乡村产业体系、促进乡村经济多元化发展、带动农户就业增收等方面的重要作用，为农业供给侧结构性改革和乡村振兴作出新的贡献，是当前和今后农业农村工作的一项重大任务。实施乡村振兴战略的核心是推进农业产业化，没有农业现代化就没有新农民，更没有新农村，必须通过产业推进乡村发展，促进农民致富。为此，农业产业实施过程中的风险管理显得尤为突出。

本章利用山东省的调研数据，基于 FAHP 分析法，从公司层面、农户层面、契约层面和外部市场层面四个层面入手，对山东省订单农业违约风险因素进行了评估分析。研究表明，来源于农户层面的违约风险因素最高，农户的违约率高于公司。而源于“外部市场”层面的风险因素对违约风险的影响较为轻微且均匀，外部市场对契约市场有一定的影响，但其作用最终要通过契约市场主体体现出来，它只是构成违约风险的一个重要外部条件。导致订单农业中违约风险发生的最大因素是违约成本低。基于此，应加强对农户的教育，提高其法律意识、信誉意识和契约意识，与公司形成“利益共享、风险共担的”的经济共同体。同时，应提高违约成本，发生违约时不仅要对违约行为进行处罚，而且要对违约造成的损失予以补偿，从根本上降低违约收益，促进订单农业稳定和健康发展，为农业产业化经营创造良好的外部环境。

第六章

农业产业化经营风险管理对策

第一节 研究综述

综观已有的研究文献，就如何管理农业产业化风险，专家学者们提出的建议可谓多种多样。

一、订单农业契约风险管理问题的研究

研究完善订单农业契约合同，降低订单农业违约率成为国内外学者研究订单农业问题的一个重要课题。面对订单农业发展过程中出现的履约问题，国内外专家、学者也给出了一些解决方案。

David A. Henessy（戴维·A. 海涅西，1999）等运用不完全契约经济学理论论证表明，加大专用性投资可以提高企业与农户协作成功的概率，但同时又可能产生一种可占用的专用性准租，即“敲竹杠”（Hold-up）现象。为了解决“敲竹杠”问题，经济学家设计出许多契约，如收益分享契约、成本分享契约及第三方仲裁等，但由于信息成本过高，或由于信息不对称，难以实现次优结果（Aghion，P. and Tirole，1994）。弗兰克和亨德森（Frank and Henderson，1992）通过对美国食品工业的实证研究表明，节约市场交易成本，是食品工业出现产业化的主要原因，本身对履约行为有重要影响。[①] 斯图尔特·D. 弗兰克，丹尼斯·R. 亨德森（Stuart D. Frank，Dennis R. Henderson，1992）通过实证

① Frank，S. D. Transaction Costs as Determinants of Vertical Coordination in the U. S. Food Industries. American Journal of Agricultural Economics，Vol. 74，1992，pp. 941 –950.

分析，也得出："交易成本是决定美国食品产业中垂直协作程度的重要因素"的结论。[①] 齐比尔（Zylbe Rsztajn，2003）运用交易成本理论，对巴西参与西红柿订单生产的农户的履约情况进行了定量研究，认为生产经营规模越大的农户履约率越高，生产经营规模越小的农户履约率越低。[②] 休斯和利根（Hueth and Ligon，1999）应用信息经济学的道德风险模型，对企业与农场主之间的合同安排进行了研究。研究结果表明，在合同农业的价格条款设计时，企业不能完全承担价格风险，必须要使合同的价格与产品质量相联系。也就是说，企业在承担价格风险的同时，也要求农场主承担质量风险。鲁斯顿（Rusten，1996）通过以墨西哥为案例分析认为，契约农业要成功，合同条款的设计、契约人的选择、风险基金的安排非常重要。博格托夫特、彼得和奥尔森、亨利克（Bogetoft，Peter and Olsen，Henirik，2002）应用契约理论构建了一个订单农业的实证分析框架，并将其应用于丹麦 10 个具体订单个案研究，由此得出设计订单农业合约时在协调、激励及降低交易成本三个方面应遵循的 10 条原则。[③] 至于在订单农业中政府的作用，苏哈帕·辛格（Sukhpal Singh，2005）对泰国政府在订单农业中所起的作用进行了深入分析，认为泰国政府为了更好地利用大公司的技术和资源，以便使众多的小农户享受到订单生产方式带来的福利，对订单农业进行积极的干预，对小农户订单生产进行信贷支持，政府在推动农户参与订单农业上成绩显著。但负面效果也很明显，主要表现在订单生产造成生态环境恶化，并且订单生产并不适用于所有的农产品、农户和地区。政府在对待订单的态度上，更应担任协调者的角色而不是推动者的角色。[④]

国内学者认为，订单农业高违约率的根本解决办法是要充分利用现代金融市场的风险分散与配置机制，将订单农业与现代金融市场相结合以构建订单农业风险外化的通道。据此诸多学者（朱玉辰，2004；卢小广，2005；何嗣江，2005，2006）构造了期货订单、期权订单和期货期权订单等订单农业风险金融化管理方略。曹记森（2016）也进行了关于订单农业的违约原因及治理策略的研究，以往国内外学者主要是应用契约理论、交易费用理论等理论方法进行分析探讨。与其他商品交易合同相比，农业订单合同是一种典型的不完全合同，高违约率源于其

---

① Stuart D. Frank, Dennis R. Henderson. Transaction Cost as Determinants of Vertical Coordination in the U. S. Food Industries. Amer. J. Agr. Econ. Novermber, 1992.

② Zylbe Rsztajn, Decio. Tomatoes and Courts: Strategy of the Agro-industry Facing Weak Contract Enforcement. School of Economic and Business. University of Sao Paulo, Brazil, Worker Paper, August 2003.

③ Bogetoft, Peter and Olsen, Henirik. Ten Rules of Thumb in Constract Design: Lessons from Danish Agriculture. European Review of Agricultural Economics, Vol. 29, No. 2, 2002, pp. 185 - 204.

④ Sukhpal Singh. Role of the State in Contract Farming in Thailand Experience and Lessions. ASESN Economics Bulletin. Vol. 22, No. 2, 2005, pp. 217 - 228.

风险的内置化及交易系统的封闭性，以往对其发展障碍的解决措施大多具有“堵”的性质。因此，降低订单农业违约率的根本思路不应仅采取以往“堵”的方法，更应该从交易制度着手采取“疏导”“疏”“堵”结合，在保留“堵”之有效的方法基础上，通过金融创新使封闭的订单农业系统更具有开放性，寻求风险外化通道，从而提升订单农业违约履约率。而期货市场作为一种更高级的市场形式，不仅能够有效回避风险，也可以为订单农业的顺利运行提供载体，是对“企业+合作社农户”模式缺陷的校正。因此，将订单农业中占主导地位的“公司+合作社+农户”交易模式扩充为“公司+合作社+农户+期货市场”应成为下一阶段我国订单农业的发展方向。[①] 徐秋慧（2006）则认为，应从订立和健全长期契约、健全社会信用制度和加强法规法制建设等方面来规范公司和农户的契约行为。[②] 徐健等（2008）认为要充分利用订单农业所提供的农企协作机制来提高农企之间的知识和能力共享，用增量利润来化解违约风险。[③] 李彬等（2009）通过对山东省济南、寿光、日照等九个市县的实地调查发现，公司或农户的“违约成本低”，已成为“公司+农户”组织契约（信用）风险发生的根本原因。因此，只有从根本上提高契约违约成本，降低违约收益，使违约方承担道德风险或其他违约带来的后果远高出其获利，才会降低违约风险的发生概率，促进订单农业稳定和健康发展。[④] 建立和健全农业产业化经营的风险防范机制，即利益机制、约束机制、保障机制和调控机制，以约束和激励各主体行为。[⑤] 此外，赵丽炯（2014）认为应借鉴其他国家的经验，中国政府相关部门应建立健全规范订单农业发展的相关政策、法律法规及实施细则；推动订单农业金融服务创新，加大订单农业信贷支持。[⑥]

---

① 曹记森：《订单农业违约风险防范研究》，载《农机服务》2016 年第 33 卷第 3 期。

② 徐秋慧：《论农户生产经营的契约风险与规避》，载《山东财政学院学报》（双月刊）2006 年第 4 期。

③ 徐健、薛建强：《订单农业违约问题研究：基于企业能力理论的分析》，载《仲恺农业技术学院学报》2008 年第 1 期。

④ 李彬、刘明芝：《订单农业违约风险评估：基于山东省的实证分析》，载《中国食物与营养》2009 年第 9 期。

⑤ 李汉才、门素梅：《试论农业产业化经营风险及其防范机制的构建》，载《农村经济》2009 年第 9 期。

⑥ 赵丽炯：《中美订单农业的比较及启示》，载《世界农业》2014 年第 7 期。

二、农村产业化龙头企业风险管理问题的研究

（一）关于组织创新管理农业产业化龙头企业风险问题

张兵、胡俊伟（2004）[①] 提出进行制度安排来创新“龙头企业+农户”组织，规范和完善合约、成立中介组织等。裴汉青（2005）[②] 认为，在农业产业化“组织链”中引入新的要素，如合作社、专业协会等中介组织，即由“公司+农户”演变成“公司+合作社（中介）+农户”，这样有利于减少机会主义行为和交易成本。

（二）关于增加资产专用性管理农业产业化龙头企业风险问题

黄祖辉等（2002）[③] 依据资产专用性理论分析不完全契约下农业产业化组织受到挑战的原因，指出“公司+农户”的产业化组织长期均衡取决于龙头企业和农户各自的资产专用性程度，只有在生产阶段的农户专用性成本与处于加工阶段的龙头企业专用性成本相似，在农产品易腐程度一般的领域发挥作用。项桂娥（2005）[④] 运用博弈论理论分析认为决定交易成本大小的资产专用性是契约是否稳定的重要因素，构建稳定的合约交易和合约信誉机制，不断增加交易双方专用资产投资，才能形成“双边依赖”。张淼（2005）在《农业产业化：一种长期合约的违约问题》[⑤] 一文中，给出降低违约风险的措施：提高农户信誉、加强合作、将专用性资产投资引入农业产业化。赵西亮等（2005）[⑥] 则不认同上述观点，他们通过对农产品市场波动性、农户特征和农产品商品契约履约率的决定等方面的分析，指出有关增加专用性投资、提高农户信誉、加强法律约束的建议都不能增加农业契约的履约率。在农业契约稳定中，关键是风险分担机制的设计。农户的高风险规避特征，决定了其机会主义的行为规则。

---

① 张兵、胡俊伟：《“龙头企业+农户”模式下违约的经济学分析》，载《现代经济探讨》2004 年第 9 期。

② 斐汉青：《农业产业化经营中的违约行为及其矫正》，载《经济问题探索》2005 年第 12 期。

③ 黄祖辉、王祖锁：《从不完全合约看农业产业化经营的组织方式》，载《农业经济问题》2002 年第 3 期。

④ 项桂娥：《“公司+农户”产业化组织模式的契约分析》，载《池州学院学报》2005 年第 5 期。

⑤ 张淼：《农业产业化：一种长期合约的违约问题》，载《边疆经济与文化》2005 年第 12 期。

⑥ 赵西亮、吴栋、左臣明：《农业产业化经营中商品契约稳定性研究》，载《经济问题》2005 年第 3 期。

（三）关于增加资产专用性管理农业产业化龙头企业风险问题

斐汉青（2005）[①] 认为要保证合约的有效履行必须提高违约成本，降低违约效益；发生违约时不仅要对违约行为进行处罚，而且要对违约造成的损失予以全面补偿。这些结论部分地得到周耀东（2005）[⑦] 的研究支持。他在系统总结“合约理论的分析方法和基本思路”后指出：在任何条件下，机会主义和道德风险都应该视为人的自利行为，如果市场不存在对这些行为的有效惩罚机制，如果事前没有一种有效的制度去约束，事后没有一种有效制度去治理，机会主义和道德风险不仅会存在，而且会进一步扩大。

（四）关于完善我国农业产业化龙头企业风险管理策略的问题

在研究农业产业化龙头企业风险管理的文献中，张红霞、杨印生（2012）提出了完善我国农业产业化龙头企业风险管理的策略：一是通过设立企业、董事会、风险管理委员会、审计委员会，各个机构、部门相互联系、密切配合，形成龙头企业“一个基础，四个层次”完善的风险管理组织结构，优化龙头企业风险管理的组织结构。二是加强与完善预算管理。龙头企业根据市场变动情况选择科学的预算编制方法。当企业所处的市场环境变动不大时，企业可以采用静态预算编制方法，这种方法不考虑预算期内生产经营活动变化给预算带来的影响。当龙头企业面对的市场环境变动较大时，企业应该采用弹性预算编制方法，弹性预算充分考虑预算期各项指标可能发生的变化对预算的影响，有利于企业及时发现和防范风险。根据战略目标分解形成的经营计划，应将战略目标、业务流程、企业文化、人力资源等都纳入预算管理的范围，形成完善的预算指标体系。实现资源配置与预算目标的有机结合。龙头企业通过这种方式分配资源，会实现资源的优化配置，提高资源利用率，增强企业抵御和管理风险的能力。三是完善龙头企业与农户之间利益联结方式。龙头企业要继续加大力度做好基地建设，通过合作组织，龙头企业可以有效地降低基地建设过程中的组织成本和运行费用，稳定原料的供应，提高经济效益，获得政府的支持，提高管理风险的能力；龙头企业在不断完善合同制利益联结方式的同时，要逐步实现向股份合作制利益联结方式的转变，这种转变要循序渐进地分层次进行。四是完善风险管理信息系统。龙头企业要转变观念，重视风险管理信息系统的建设，加大资金及技术的投入力度，建立完善的风险管理信息系统。五是实现龙头企业整合风

---

① 斐汉青：《农业产业化经营中的违约行为及其矫正》，载《经济问题探索》2005 年第 12 期。

⑦ 周耀东：《政府承诺缺失下的城市水务特许经营》，载《管理世界》2005 年第 8 期。

险管理。要求企业高层及时把握风险管理的总体目标和企业的风险承受能力，从而使企业从公司整体的角度，采取和调整风险管理策略，真正实现风险管理与企业经营活动的融合，从根本上有效控制风险，提升竞争力。[①] 孙翼瑶（2016）则认为，应定期组织员工开展风险培训，提高企业财务风险意识。同时，应建立健全风险监督体系，如设立独立的风险监督机构，授权其专门对企业财务风险进行监督管理；加强企业内部控制，加强对财务风险的预警工作；制定风险监督制度，要求企业上下严格遵循该制度。[②]

（五）关于农业产业化龙头企业风险管理的实质研究

郭颖梅（2015）以云南农业产业化省级和国家级龙头企业为主要研究对象，通过对 11 家样本企业的调研，与普通工商企业比较，结合问卷调查和人员访谈的资料归纳梳理，认为云南农业产业化龙头企业的风险具有异质性，存在着五种类型的风险：自然风险、市场风险、政策风险、法律风险、疫情风险，并基于产业链的产前、产中和产后风险特征，提出了具有云南特色的龙头企业风险管理体系的构建思路，即产前建立风险预警机制；产中加强风险管控，共建龙头企业主导型和政府主导，多方参与型风险管理资金；产后运用风险管理反馈，辅助衍生性金融产品开发。[③] 项桂娥、吴义根（2012）依据目前国内外研究的现状并结合结构方程模型的特点，以安徽省农业产业化龙头企业为例，建立了基于 SEM 结构方程模型（structural equation modeling，SEM），对不同风险类型进行了评估。研究的结论显示：在自然环境风险、社会环境风险、市场环境风险和决策环境风险四个指标中，社会环境风险对农业产业化龙头企业的影响较大，自然环境风险对农业企业的影响相对较小，四者取值比较接近，说明农业产业化龙头企业风险是一个系统性风险，各个子系统之间存在关联性，必须均衡考虑各种风险的影响，不能顾此失彼。李延敏、章敏（2016）基于农村金融联结视角、农业产业化龙头企业信用风险评价进行了研究，研究发现 KMV 模型能够识别参与农村金融联结企业的信用风险，参与联结对企业信用风险的影响取决于：企业的风险管理能力和农户贷款的系统性风险水平。因此应关注农业产业化龙头企业参与金融联结后，企业短期负债出现的趋势性变化，尤其是企业控制农户贷款的风险管理能力和机制，以判断联结对企业信用风险的影响。特别关注违约距离缩小、风险扩

---

① 张红霞、杨印生：《我国农业产业化龙头企业风险管理策略研究》，载《当代经济研究》2012 年第 5 期。

② 孙翼瑶：《农业产业化龙头企业的财务风险管理研究》，载《广东蚕业》2016 年第 2 期。

③ 郭颖梅：《云南省农业产业化龙头企业的风险管理特点》，载《经济师》2015 年第 10 期。

大的企业经营状况，并结合农业市场特征区分市场波动和企业风险变化的差异。[①]

综上所述，国内外专家学者就农业产业化风险管理问题进行了深入的研究，形成了卓有成效的理论成果，这些研究极大地拓展了原有研究的视野，毫无疑问意义重大，但与此同时，也存在和出现了一些新问题。

第一，进行制度创新的确是防范违约风险的一条切实可行的路径，但制度创新是需要成本的，当制度创新的成本低于原始制度安排时的收益时，制度创新才会发生；况且制度如何创新也是一个值得研究的问题。

第二，加强信誉建设、进行专用性资产投资，的确在一定程度上能起到遏制违约风险的作用，但进行专用性资投资会增加公司或农户“敲竹杠”的可能，进一步降低了履约率。

第三，加大违约行为的处罚力度在一定程度上能起到防范违约风险的功效，但也存在许多问题。有些违约行为是不可预测的，界定违约非常困难，有些违约应视为免责条款，还有些违约是有效率的。实际上，界定违约的难度和高成本，降低了这种方法的可操作性。特别是对农产品，要对众多违约实施违约罚金是极为困难的。而且农民的收入很难掌握，没有银行账户，难以对其收入进行跟踪。最低限价和最高现价或指数跟踪也是不可行的。它们或者是获得确认信息的成本太高，或者是因不具有可操作性而难以实施。[②]

第四，风险分担机制能够有效地降低风险，但具体操作起来问题很多，因为无论如何分担，风险依然存在，只是承担的主体发生了改变。

第五，利用订单农业和金融工具相结合，可以说是为研究防范风险开辟了新思路，但由于我国目前期货市场不健全，受到交易量的限制，进行期货交易还有许多问题亟待解决，并没能提出运用的具体途径、方式。

第二节 完善契约内部治理机制 防范订单农业风险[③]

已有订单农业中风险防范的研究，学者们从多视角、多层次进行了有益的探索，一定程度上完善了订单农业契约治理机制，降低了订单农业的风险。然而，这些研究多从订单农业契约外部，而较少从契约内部，通过完善契约内部治理机制来进行风险管理，即使有些从契约内部治理机制进行研究的，也多为零散，且

---

① 李延敏、章敏：《农业产业化企业信用风险评价的改进——基于农村金融联结视角》，载《农林经济管理学报》2016 年第 5 期。

② 刘风芹：《不完全合约与履约障碍——以订单农业为例》，载《经济研究》2003 年第 4 期。

③ 李彬：《订单农业契约内部治理机制与风险防范》，载《农村经济》2013 年第 2 期。

不系统。基于此，本文将注意力集中于订单农业契约内部治理机制上，通过完善订单农业内部治理机制，有效防范订单农业风险。

一、订单农业契约特征分析

订单农业契约有着不同于其他一般契约的突出的特征：一是契约的不完全性。由于现实世界的复杂性和人的有限理性，缔约者要想签订一个包括对付未来任何偶然事件的详尽合约条款是不可能的，因而合约往往注定是不完全的。[①] 一方面由于农户对合同知识的缺乏以及农户与企业之间信息的严重不对称，农户无法预知并通过契约来规定可能出现的不确定性问题；另一方面企业也无法通过契约来实现对农户行为的监督，无法防止农户“搭便车”，因此，契约双方或三方试图签订一个完备的契约是不可能的。二是契约主体的非平等性。一般而言，公司具有雄厚的经济实力，通晓经济政策和法律法规，掌握市场信息，决策较为科学，具有严密的组织和完善市场营销系统，处于优势地位；相对而言，农户资金、技术力量薄弱，市场信息获取不准确、不充分，市场经济意识淡薄，组织化程度低，这就导致农户在与公司的谈判中处于不利地位，公司事实上成了农户生产的协调者与组织者，农户在很大程度上丧失了生产经营的独立自主性，以致农户成为公司垄断控制下的“生产车间”。三是契约客体的特殊性。订单农业中交易对象的农产品往往具有受自然因素影响大、季节性强、生产周期长、易损易耗性强、产品同质性差等自然特性，特别是生物生长过程中自然因素具有很强的不可控性，导致农业生产经营活动往往面临着很高的风险，从而加大了履约难度，降低了履约效率。四是契约内在的风险性。订单农业中公司与农户双方的目标函数往往并不完全一致，机会主义行为普遍存在，极易导致败德行为。这样，以不诚实或欺骗的方式追逐自身利益的机会主义行为就产生了，其后果就是契约风险的存在。

二、订单农业契约内部治理机制

订单农业契约内部治理主要是通过在契约内部构建一定的机制来实现的。订单农业契约内部治理机制包括：契约约束机制、利益共享机制、风险分担机制、信任沟通机制以及冲突协调机制。这些治理机制是完善订单农业契约治理和防范订单农业契约风险的基础和保障。

---

① 费方域：《企业的产权分析》，上海三联书店、上海人民出版社 1998 年版。

（一）契约约束机制

订单主体不明确，订单内容不明确不全面，订单格式不规范，当事人履约意识不强[①]等问题是造成契约风险的主要因素，加上现实中许多订单只是产销意向书，形同“君子协定”，不具备法律效力，给订单合同的履行埋下了隐患。对订单合同低履约率、高违约率的根治，必须从完善合同要件入手，规范契约约束机制，提高其违约成本。契约的约束机制应包括：

1. 规范订单形式。订单合同形式，是当事人合意的外在表现，是合同内容的载体。我国《合同法》第十条规定：当事人订立合同，有书面形式，口头形式和其他形式。书面形式是指当事人双方用书面方式表达相互之间通过协商一致而达成的协议。根据《经济合同法》的规定，凡是不能及时清结的经济合同，均应采用书面形式。在实践中，订单农业合同书面形式应为当事人最为普遍采用的一种合同约定形式。一般应包括：当事人的名称或姓名、法定代表人及地址或住址；合同标的；数量；质量；计价方式和价款；履约期限、地点、方式；违约责任；争议的解决方法等。

2. 明确订单主体。按照农业部《关于发展和规范订单农业的意见》要求，规范订单主体。地方政府、部门要转变职能，明确职能定位，把从事订单管理、引导、协调和服务工作作为其主要职能，不能包办代替或出面签订合同，更不能以行政手段强迫企业与农户签订合同。此外，对于农户来说，要审查公司方的主体资格；对于公司来说，要明白农户是农产品的最终出售者，订单应直接或通过农民专业合作社间接与农户签订。

3. 强化法律约束。订单一旦签订生效，具有法律效力，受国家法律保护，订单双方必须认真履行。订单应明确规定订单任何一方因市场价与合同价不能履约，致使对方蒙受巨大经济损失的经济赔偿责任。订单应明确规定任何一方出于自身利益无故毁约或恶意毁约，造成对方巨大损失的法律责任，并通过规定严厉的违约处罚力度，提高违约成本，使违约者的违约成本远远高于违约收益，以此来降低违约风险发生的概率。

（二）利益共享机制

订单农业中的利益分配合理与否直接关系到契约能否得到保护和能否得到实现。科学合理的利益分配机制能很好地促进公司与农户间的合作，减少摩擦，降低违约风险。利益分配既包括农户与涉农企业之间、农户与合作组织之间的利益

---

① 孔国荣：《“订单农业”履约率低的法律思考》，载《江西社会科学》2005年第1期。

分配关系，又包括涉农企业之间以及农户与其他主体之间的利益分配关系。订单农业利益分配机制一般应包括：

1. 合理的价格机制。目前订单农业价格类型主要包括：市场价格型、保证价格型、保护价格型、合同价+利润返还型、合同价+补贴型、合同价格+优惠型等。不同的订单农业价格类型之间没有优劣之分，每种价格类型在实施过程中具有明显的利弊所在，每种价格形式只有在一定适用范围与条件下才能有效地发挥作用。因此，应根据不同产品、不同的企业组织类型、不同地区，因地制宜，分类实施，规定不同的价格形式。价格过高，企业承受不起，易导致企业违约；价格过低，农户利益受损，易导致农户违约。

2. 长期的合作机制。囚徒困境的原理表明，如果交易中的一方为获得短时利益而采取机会主义行为，另一方与之断绝交易将会使他失去未来利益，因此对未来利益足够重视的交易双方会在没有任何外在强制的情况下谨慎地维持他们的交易关系。订单农业中如果是一次性订单，双方都很容易因为当期利益而违约。通过签订尽可能长的契约，实现双方共赢。如果农户方违约，企业可以减少甚至取消下期合同订货数量；如果企业方违约，农户则可以取得增加或减少下期合同供货数量的选择权并向企业收取违约金。

3. 公司与农户的关系机制。由于订单农业中契约主体地位的不平等性和机会主义行为的存在，一般情况下，契约的拟订更多的是企业单方面的行为，反映企业单方面的意志，农户很少有话语权，只是被动接受条款，从而为企业压级、压价变相侵占农户利益提供了可能，这种不能很好地处理企业与农户利益关系的合同，也就难以在企业与农户之间形成真正的利益共同体。妥善处理好公司与农户的利益关系对订单农业风险的防范具有积极的作用。

（三）风险分担机制

现代信息经济学证明，现实有效的合约必然要求风险承担和激励之间合理搭配，“人们选择不同的合约安排，是为了在交易成本的约束条件下，从分散风险中获得最大收益。”① 风险分担机制不合理是订单农业违约风险产生的根本原因。根据订单农业的类型及交易特性等因素，在契约治理中应选择不同的风险分担机制。

1. 在订单农业中嵌入新元素。通过制度创新，在“公司+农户”模式中嵌入新元素，把“公司+农户”订单模式拓展为“公司+合作社+农户”或“公

---

① 严玲、赵华：《项目所有权配置下代建项目风险分担机制研究》，载《武汉理工大学学报》（信息管理版）2009年第1期。

司+中介组织（大户）+农户”或“公司+协会+农户”等形式，通过双方协商，延长契约链条，使订单农业风险由原来在公司和农户间传递，拓展到订单风险在公司、合作社（大户、协会等）和农户间传递，并通过规定权利义务，完善监督机制，规范公司和农户的行为机会主义行为，使订单农业风险在新元素的监督下，降低违约风险。

2. 在订单农业中引入农业保险。农业保险尤其是其中的农作物保险在许多国家被纳入政策保险范畴。农业订单和农业保险相结合，改变农民把订单当成保单的现象（丁竹君，2006）。[①] 例如有的农户在与企业签订单后就误认为产品有了出路，不按技术和要求操作，使农产品的质量达不到要求，损害了公司的利益。订单与保险结合之后，这种情形就可以在保险公司的合同中规定得以避免。通过农业订单和农业保险相结合，转移其风险，降低双方的违约概率，起到降低风险作用。此外，在这种模式下，政府只需对农业保险公司提供一定的补贴，从而避免了直接面对广大农户，降低了交易成本。

3. 在订单农业中加入期货市场。上述契约治理机制的实施只能使风险在订单农业系统内不同主体间传递和配置，而不能从根本上消除风险，风险依然存在，所不同的是风险存在的形态发生了变化。充分发挥期货市场的功能，构建有效的风险分担机制，实现订单农业与期货市场的结合，为防范订单农业风险，为风险转移开辟一条新渠道。利用期货市场上的价格发现功能，防范违约风险；利用期货的套期保值功能，分散违约风险；利用期权的看涨期权和看跌期权功能，配置违约风险；利用期货交易的保证金制度，降低违约风险。

（四）信任沟通机制

信任沟通机制包含信任机制和沟通机制。信任被认为是防范机会主义倾向最有效的机制，没有信任的合作，交易成本会大大提高，基于信任的合作能使合作各方以更积极、主动的态度进行合作。而信任的建立需要一个多次博弈而艰难的过程。沟通可以定义为合作双方正式和非正式的及时有效的知识和信息共享。合作双方及时、有效的沟通可以在合作过程中不断明确合作的细节，否则，沟通不畅将会使得合作过程举步维艰，最终导致合作项目的失败。充分有效的沟通能使合作双方及时有效地解决问题，消除误解和分歧，是长期导向的契约维系的重要一环。

订单农业契约的维系取决于合作中对“机会主义倾向”的有效防范，而对机会主义行为的控制有契约和信任两种途径。契约不可能对参与订单合作行为做出

---

① 丁竹君：《大力发展“订单农业”必须发展农业保险》，载《甘肃社会科学》2006年第4期。

详细规定，只能对可预测的部分实施监控，这样契约无疑是不完备的，无法阻止难以观测的行为。订单农业中把信任沟通机制纳入契约机制治理之中，并通过契约形式提供多样、有效、人性化的沟通渠道，使合作双方共享彼此拥有经验和技能，并就订单运行过程中出现的特殊问题，进行协商沟通，从而减少决策错误，减低自然风险、市场风险、技术风险，提高履约率，增加合作剩余，使合作双方获取更大的收益，对订单农业的持续发展有很重要的意义。

（五）冲突协调机制

订单农业参与各方在订单执行过程中不可避免地会出现矛盾或争端，尤其是当市场价格波动巨大时会表现得特别突出。因此，订单农业契约的内部治理机制之一就是要对订单参与各方的冲突明确规定尽可能详尽有效的冲突管理协调机制，使矛盾或冲突得以及时有效解决。否则，就会因为缺少解决冲突的机制和方法导致争端的升级，演变为冲突和对抗，严重影响订单运行，甚至使订单难以维持。

冲突协调机制需要一定的制度安排。制度安排是冲突协调最主要和最有效的方式。冲突协调机制就是当冲突发生时按照已建立的一个程序和步骤来有效协调冲突的程序。契约冲突协调机制应包括一套系统的冲突处理程序，并写入契约之中。当冲突爆发时，首先应当找出冲突的根源，判断冲突的激烈程度及冲突的级别，并按一定程序协调解决冲突。对每次冲突和最终解决方案，应由专人负责书面记录。在对冲突进行处理的过程中，应“随机应变”，根据不同的情况和条件，不同的冲突具有不同的成因和性质特征，随着具体冲突问题的性质、特征、所在环境的不同采取权变的措施。

三、结论及政策启示

契约的非完全性和人们的机会主义行为，决定现实中的契约是非完全的。非完全性订单农业包含诸多风险（市场风险、契约风险、道德风险、技术风险等），订单农业风险的存在已成为制约订单农业健康发展的主要障碍。已有的订单农业风险防范措施，多从订单农业契约外部提出，缺乏对订单农业契约内部的关注。即使有些针对订单农业契约内部风险研究的，也大多是从某一个方面进行的，对订单农业契约内部治理机制进行系统研究的还很不够，订单农业风险防范措施也就没能起到预想的效果。提高订单履约率，防范订单农业风险，不仅要从订单农业契约外部入手，更要从订单农业契约内部治理机制入手，这是一条有效防范订单农业契约风险的重要途径。订单农业契约内部治理机制包括：契约约束机制、利益共享机制、风险分担机制、信任沟通机制和冲突协调机制，契约内部五大治理机制的完善和运行，能在很大程度上保证契约的履行，防范订单农业风险。

【专栏6－1】

新疆“农超对接”模式

在全疆范围内，最具代表性的如乌鲁木齐、喀什、库尔勒、阿克苏等地州，在“农超对接”的发展模式下，已经实现了农产品（瓜果蔬菜）从田间地头直接通过各大连锁超市（如家乐福、友好等）走进各族群众的饭桌上。在各级政府的大力支持下，新疆各地州的农产品直销社，通过政府的支持、补贴等形式，更是给予了消费者最大的生活便利和福利。尤其在菜价剧烈波动时期，还能有效平抑个别种类的菜价，既解决了蔬菜的销路问题，又能够让市民吃上新鲜的蔬菜。

“农超对接”的组织模式为一种经营方式的创新，其组织模式的合理与优化应以生产力发展水平和农业的产业特点为依据，以提高农业比较效益和农民收入为目标。由于新疆本身的地理和气候条件，影响新疆农业经济发展战略的因素中，有三个根本性的因素：一是农民收入持续稳定增长问题；二是新疆的资源禀赋特征与市场需求结合问题；三是新疆农业经济结构的调整对新疆农业产业结构、产品结构合理化、高级化影响及优势特色产业带形成对区域合理布局影响问题。结合新疆农业发展的以上问题，必须以动态比较优势原则为依据，建立新疆“农超对接”新的发展模式，故选择“内生型农超对接”的组织形式应成为新疆“农超对接”的经营模式的较佳形式。其理由包括以下几方面。

第一，“内生型农超对接”组织对内服务对外盈利的特性使农户和合作社站在市场交易的一方，有助于降低市场交易费用。如上所述，由于农业生产分散性的特点，农户独立地走向市场，必然要支付很高的交易费用；同时，合作社内部按合作制原则进行管理（如“一股一票”、利润返还等），不仅使合作社成员目标一致，而且还可以有效降低监督与管理费用，使合作社运行费用降低。第二，“内生型农超对接”组织模式以权益为纽带，有利于保护农民利益，提高农业比较效益。内生型农超对接是适应当下日益专业化分工的趋势，伴随着不同行业、不同领域间的交流合作，从农产品生产、加工、销售过程的各个环节，均催生了相对独立的服务组织机构。农民从事农业生产的经济利润也随之提高，闲余时间还能够投入其他产业的发展，增加了非农收入在总收入之中的比重。"农超对接"的竞争、合作模式，也有利于农户与企业或者超市之间的合作，使农产品的价值在流通环节中得到不断升值，促进了农业发展和相关产业链的延伸。

资料来源：秦牧：《新疆"农超对接"模式选择评述》，载《中国市场》2017 年第 17 期。

第三节　利用期货市场转移订单农业违约风险①

我国订单农业一直难以得到有效的发展，其中一个重要的原因是高违约率，龙头企业和农户都存在严重违约问题，违约风险成为订单农业的核心风险。违约风险产生的根本原因在于利益风险分担机制不合理，通过"公司 + 农户 + 期货"模式，利用期货的价格发现功能和套期保值功能实现风险再分配和转移，能够实现避险的目的。

一、问题的提出

20 世纪 70 年代末，作为诺斯意义上的"初级行动团体"，安徽凤阳小岗村农民突破了原有的土地制度约束，开启了我国"集体所有、个人使用"的土地产权制度模式，以"家庭契约"替代了"集体契约"，形成家庭联产承包责任制。这一时期农户与公司间的市场交易关系可以概括为"公司与农户"，也就是相当于即期交易，即公司根据生产需要到产品市场购买农产品，农户则自发组织生产，自发销售，公司和农户只是一种纯粹的市场关系。这种交易模式在生产力低下、交易范围较小的情况下，可以正常运作。但随着生产力的发展，交易量的扩大，公司和农户都面临着高昂的交易费用，承担着巨大的市场风险。为降低交易费用，缓解市场风险，缓解小规模家庭经营与商品化大生产之间的矛盾，② "公

① 李彬：《利用期货市场转移订单农业违约风险》，载《江西财经大学学报》2009 年第 4 期（总第 64 期）。

② 尹成杰：《农业化经营与农业结构调整》，载《中国农村经济》2001 年第 5 期。

司+农户”模式应运而生。[1] 由“公司与农户”模式发展而来的“公司+农户”模式，可视为远期交易模式。该模式中公司与农户通过谈判签订具有法律效力的农产品产销合同，并规定双方权利和义务；农户依据合同组织生产，企业则按合同规定收购农产品的一种农业经营组织。公司可以获得稳定的原料，农户可以出售农产品。如果这个市场较为稳定，农户可以节约销售费用，避免了市场风险；公司可以节约到处收购农产品的信息费用、运输费用，节省农产品的质量监督费用，减少原料质量和数量的随机性变化所造成的损失。[2]

然而，在“公司+农户”农产品交易中，一些问题也逐渐暴露出来：一是公司与农户通过这一模式只能做到锁定未来交易的价格，在订单价格与实际市场价格间产生较大波动时，订单往往不能正常履行。二是风险因素并未因契约的签约而消除，而且在一定程度上又增加了新的风险因素。并且这些风险因素在“公司+农户”模式下无法实现外部转移，在内部则从农户转移到了龙头企业，龙头企业面临巨大的市场风险。[3] 三是对龙头企业和农户的机会主义无法有效制约。由于龙头企业与农户的目标函数往往并不完全一致，在信息不对称的情况下，受机会主义行为驱使，极易导致违约。当市场价格高于双方契约中事先规定的价格时，农户存在把农副产品转售给市场的强烈动机；反之，在市场价格低于契约价格时，龙头企业则更倾向于违约而从市场上进行收购。由此可见，市场风险并未因签约而消除，只是风险在不同主体间的重新配置。综合以上因素，农业订单的履约率在20%左右，[4] 也就不足为奇了。

二、契约市场向期货市场转移的可行性

在“公司+农户”模式中公司与农户通过签订契约进行交易，契约成为双方联结的纽带，从而在公司和农户间形成了一个内部交易市场——契约市场。契约市场和产品市场一样充满着不确定性，在契约市场产生的风险为契约市场风险，也可称为契约风险，其主要表现为违约，即违约风险。如上所述，对违约风险的防范和化解大多是局限于契约市场内部进行，即实现违约风险的内化，公司和农户的关系被描述为既有合作的一面，又有对抗的一面。合作的目的在于获得“合作剩余”，对抗的原因在于利益风险的分担不合理。而“公司+农户”模式自身

---

① 这一模式最早见于1993年7月8日《经济日报》发表的《发展农村市场经济的有效途径——“公司+农户”》一文。

② 生秀东：《订单农业契约风险的控制机制分析》，载《中州学刊》2007年第6期。

③ 郭科：《利用期货市场保证我国订单农业的健康发展》，载《经济纵横》2004年第6期。

④ 孙兰生：《关于订单农业的经济学分析》，载《农业发展与金融》2006年第6期。

的缺陷决定，契约市场上的违约风险又无法避免和消除，通过期货市场转移其内部风险可谓为防范违约风险开辟了一条新渠道。因此，“公司 + 农户” 交易模式扩展为“公司 + 农户 + 期货” 模式理应成为未来订单农业发展的趋势。

期货市场的功能体现在价格发现与风险转移两个方面。其中价格发现是核心，也是期货市场存在和发展的价值所在，风险转移功能能否良好发挥也取决于价格发现的效果。在现货市场上，商品的价格只反映当前的供求关系，而对供求关系在未来一定时期内可能发生的变化并不做出反应。在期货市场上，人们买卖的是未来的货物，不同的参与者所掌握的市场信息不尽相同，因此，参与期货交易的人数越多，市场所能了解到的影响未来价格变化的信息就越多，由此形成的期货价格也就越接近未来货物的真实价格。这就是期货市场的价格发现功能。

国内外的实践经验表明，期货市场特有的价格发现和风险分散的功能已被广泛应用于现货流通，利用期货市场已经成为现代农业生产者和经营者的基本理念。美国现有 3 家全球最大的农产品期货市场——芝加哥期货交易所、堪萨斯商品交易所和明尼阿波利斯粮食交易所，90% 以上的美国粮食都在这三家交易所进行保值操作。例如，1986 年在威斯康星州进行的一次调查显示，有 8% 的农场主在过去 5 年里至少使用过一次期货市场工具（Campbell and Shiha，1987）。[①] 可以说，美国粮食生产、收购、仓储、运输、贸易、加工、出口等各个环节，都已经离不开期货市场。大多数中小农场主通过与合作社签订订单合同，预先确定订单价格来锁定其生产经营的预期利润，间接参与期货市场，而合作社在与农场主签订订单合同的同时，必须通过期货市场回避风险。以美国农产品贸易公司（Farmers Commodities Corporation，FCC）为例，农场主与 FCC 公司设在当地的粮食收购站签订某一形式的订单，FCC 公司再根据不同的订单类型在期货市场上套期保值，从而有效地解决了单个农场主所面临的资金和技术不足的困难。经过十几年探索，我国农产品期货市场有了一定发展，2000 年之后，农产品期货交易逐步活跃起来。2003 年优质强筋小麦和豆粕两个品种上市交易；2004 年棉花、玉米和黄大豆 2 号 3 个品种上市交易；2006 年白糖和豆油 2 个品种上市交易；2007 年菜籽油和棕榈油两个品种上市。期货市场完全能为我国订单农业主体提供一种避险工具。如大连玉米期货市场 2006 年期货交易量 1.35 亿手，占全国期市总成交量的 30%，成为全球第二大玉米期货市场。2007 年以来，大连市玉米

---

① Campbell, Gerald R. and Shiha, A. Wisconsin Corn and Soybean Producers Knowledge and Use of Options and Related Marketing Instruments. Working Paper No. 276, Madison; University of Wisconsin, Department of Agricultural Economics, December, 1987.

期货价与现货市场价格的相关性在90%左右，真实有效地反映了国内玉米市场形势。目前玉米期货价格已成为中国玉米的权威价格和企业生产经营的参照系。

三、利用期货市场功能，转移风险的实现路径

“公司+农户”模式下的违约风险之所以转移至期货市场，是因为相对即期、远期交易市场的固有缺陷，期货市场具有的功能能够弥补其防范风险的不足。

（一）利用期市场货的价格发现功能，防范违约风险

期货市场拥有诸多买家和卖家，参与主体通过集中竞价形成价格，比较客观地反映了市场的供求状况和价格走势，为订单农业的价格确定了提供参考依据。公司和农户在契约价格的设计时，可以利用期货市场的价格发现这一功能，制定合理的契约价格。如期货价格较高，则可能意味着产品的未来市场需求较大，价格会上涨；如期货价格较低，则可能意味着产品的未来市场需求较小，价格会下降。同样，如果契约价格与期货价格偏离较远，则能说明契约价格不合理。公司和农户以期货价格为参照物，制定契约价格。避免了因价格波动引起的违约现象的发生。如期货价格很高，说明未来现货价格也趋涨，则企业可以大胆地高报契约价格，让利于农户，减少未来违约概率，而自己也不会损失。目前，在大连期货市场，国内规模以上玉米经营企业基本上都参与了套期保值交易，2007年12月19日玉米当日成交量中企业占到了14%，持仓量中企业占到了45%。

（二）利用期货的套期保值功能，分散违约风险

期货市场作为风险分散或转移市场，集中了众多的投机者和套期保值者，市场风险可以在大量的市场参与者之间进行重新分配。如前文所述，“公司+农户”发展的最大障碍就是利益风险机制不合理的问题，是对公司而言的，众多农户的市场风险通过订单全都转移至公司，公司有时实难以承担这样的风险。引入期货交易后，公司可通过套期保值交易解决这一困境。1992年在堪萨斯州进行的一次调查显示，玉米生产者运用期货套期保值的比例达到11%，位居其次的牛肉生产者，比例为8%。同时，约有15%的小麦生产者以及10%的牛肉生产者和10%的玉米生产者运用套期保值，而大豆、高粱、生猪生产者运用期权套期保值的比例为5%（Goodwin and Schroeder，1994）①。1993年、1994年和1995年在普

① Goodwin，Barry K. and Schroeder，Ted C. Human Capital，Producer Education Progranms and the Adoption of Forward-pricing Methods. American Journal of Agricultural Economics，Vol. 76，November，1994.

度大学举办的大型农场主培训班上，接受调查的农场主中有约10% ~20%使用了套期保值工具（Musser，Patrick and Eckman，1996）[①]。龙头企业可以通过在期货市场上做一笔与现货市场方向相反的交易，这样现货市场的盈亏可以通过期货市场来抵补，还可以得到基差风险带来的收益。如龙头企业与农户签单后，可在期货市场做一笔卖出交易，如果期货价高于产品价，公司就可以提前卖掉；如果期货价低于产品价，公司可以待时机成熟时再出手。对于企业来说，在稳定货源的同时，将期权费作为市场价格上升的净收入，来弥补市场价格时的净亏损。由于期货市场作为风险转移与风险再分配市场，集中了众多的投机者和套期保值者，巨大的风险可以在大量的市场参与者间进行重新分配。

河南省新乡延津县是将订单和期货相结合的典范，成功走出一条“订单 + 期货”的路子。在县政府的引导和推动下，由龙头企业发起成立了协会，向农户实行供种、机播、管理、机收和收购“五统一”，以高于市场的价格与农民签订收购合同；同时龙头企业通过期货市场进行套期保值，在农产品种植或收获之前，就卖到期货市场，并在期货市场上获利较大时给农产品二次分配。通过期货操作，订单为种植农户买了“保险”，期市套保不但为订单和企业经营买了“保险”，同时又增加了增值赢利的空间和机会，可以说一举多得。其小麦订单履约率均达到100%。而在其他小麦主产县，一般履约率仅为20%左右[②]。

（三）利用期权的看涨期权和看跌期权功能，配置违约风险

期权（options）是一种重要的金融衍生工具，其实质是一种契约。期权是指期权出售者（卖方）给予期权持有者（买方）在契约到期日或之前任何时刻按约定价格（又称执行价格）买或卖某种标的物（资产或物品）的权利。[③] 根据买方拥有权利的不同，期权可以分为买方期权（calloption），又称为看涨期权，简称买权；卖方期权（putoption），又称为看跌期权，简称卖权。农户作为看跌期权的买方，在市场行情低于约定价格时，选择执行合约，以高于市场的收益通过支付期权费向企业转移一部分；在市场行情高于约定价格时，则可以放弃执行权利，而在现货市场上出售农产品，损失止于期权费。龙头企业作为期权的卖方，无论农产品是否执行权利，都能得到期权费，这可以补偿经营风险，抵补收购成本的变动风险。

---

① Musser，Wesley N.，Patrick，George F. and Eckman，David F. Risk and Grain Marketing Behavior of Large-scale Farmers. Journal of Agricultural Economics，Vol. 18，January，1996.

② 张志强：《期权理论与公司理财》，华夏出版社2000年版。

③ 贺晓伟、招庆祯：《基于期权的农产品供应链模式分析》，载《物流技术》2011年第1期。

（四）利用期货交易的保证金制度，降低违约风险

期货市场参与者在进行交易时必须存入一定数额的保证金。保证金是要求买卖双方确保履约的一种财力担保，即双方在合约期满之前不将合约对冲的话，就必须按合约规定进行实物交割。保证金水平由提供合约的交易所制定，其金额一般为合约价值的5%～18%。期货交易的保证金制度，使参与交易的每一方都要达到一个最低信用水平，对于那些对彼此信誉水平都没有充分信心的远期交易者来说，选择期货交易作为一种避险策略是很有必要的。每个交易者都清楚自己在市场上的地位和保证金余额，更易于对其自身利益及风险的监控，为提高履约率提供了制度上的保证，这就使交易双方都降低了违约风险。

四、结论与政策建议

"公司与农户"到"公司+农户"再到"公司+农户+期货"模式的演进应是我国订单农业进一步完善与发展的方向。目前"公司+农户"模式下违约风险是订单农业的关键风险，防范和化解，多采取堵的防范方法，试图实现风险的内化，但实践证明并不成功，风险并没改变，改变的只是承担主体的变化。实现由"公司+农户"模式到"公司+农户+期货"模式的转变，利用期货市场的价格发现功能和风险转移功能，可以有效地转移风险，为我们破解这一难题找到了一条行之有效的渠道。

实现订单农业与期货市场的结合，充分发挥期货市场的功能，实现订单农业风险的转移，亟待完善农产品期货市场：一是培植农产品期货市场主体，鼓励农户和企业参与期货市场交易。美国的期货市场很发达，其市场最活跃的参与者包括各种形式的农户、企业和中介组织等。而所有这些实体，在我国农产品期货市场中却很欠缺。二是增加期货交易所和农产品期货上市品种。目前我国期货交易所只有大连商品交易所、郑州商品交易所、上海期货交易所和中国金融交易所四家，远远不能满足订单农业发展的要求。三是加强对期货市场的规范。坚持规范管理、依法治市，建立健全各种交易制度，打击过度投机行为，保持期货市场持续稳健的发展。四是认真研究订单农业与期货市场结合的实现途径和方法，充分发挥期货市场的防范风险的功能，实现订单农业的违约风险顺利地由契约市场转向期货市场。

第四节　利用农民专业合作社防范订单农业风险[①]

订单农业契约风险的存在严重制约了订单农业的持续发展。如何有效管理订单农业的契约风险已经成为我国农业产业化经营中一个刻不容缓的问题。契约风险很大程度上源于居于主体地位的“公司＋农户”产业化经营组织的固有制度缺陷。为对订单农业契约风险进行有效的管理，必须创新订单农业组织模式，在“公司＋农户”组织模式中嵌入农民专业合作社，弥补“公司＋农户”组织模式的制度缺陷，降低订单农业契约风险的发生率，实现对订单农业契约风险的有效管理。

一、问题的提出

订单农业在运行过程中面临着自然风险、市场风险、技术风险、制度风险等诸多风险。

从国内的研究看，张兵等（2004）认为风险分担机制的设计对保障农业契约的稳定非常关键。[②] 赵西亮等（2005）也赞同上述观点，指出在农业契约稳定中，关键是风险分担机制的设计，有关增加专用性投资、提高农户信誉、加强法律约束的建议都不能增加农业契约的履约率，并进一步指出农户的联合和企业的保险作用应该是解决农业契约履约率过低的基本方向。[③] 刘凤芹（2003）对提高履约率的政策建议也有不同的看法。她认为增大违约处罚的力度或强制执行合约乍一听是一种不错的方法，然而细细地推敲却发现是难实行的；最低限价和最高限价或指数跟踪价格、利益保护型合约也是不可行的（获得确认信息的成本太高或是因不具有可操作性而难以实施）。进而得出了一个重要的政策性结论：合约的签订并非是市场风险的完全转移。[④] 斐汉青（2005）认为要保证合约的有效履行必须提高违约成本，降低违约效益，强化合约的规范化管理，实行从签约到履约的全程控制；发生违约时不仅要对违约行为进行处罚，而且要对违约造成的损失予以全面补偿。[⑤] 郭红东（2005）认为企业要制定科学合理的保底价和风险化

---

① 李彬：《农民专业合作社视角下的订单农业契约风险管理》，载《湖北社科科学》2011 年第 9 期。

② 张兵、胡俊伟：《龙头企业＋农户模式下违约的经济学分析》，载《现代经济探讨》2004 年第 9 期。

③ 赵西亮、吴栋等：《农业产业化经营中商品契约稳定性研究》，载《经济问题》2005 年第 3 期。

④ 刘凤芹：《不完全合约与履约障碍——以订单农业为例》，载《经济研究》2003 年第 4 期。

⑤ 斐汉青：《农业产业化经营中的违约行为及其矫正》，载《经济问题探索》2005 年第 12 期。

解机制的契约条款来降低违约风险。[①] 徐秋慧（2006）则认为，应从订立和健全长期契约、健全社会信用制度和加强法规法制建设方面来规范公司和农户的契约行为。[②] 何嗣江（2007）提出将“公司+合作组织+农户”模式拓展为“公司+中介+农户+金融机构”模式，可以从根本上降低合作组织和农民因利益关系冲突而造成的道德风险。[③] 徐健等（2008）认为要充分利用订单农业所提供的农企协作机制来提高农企之间的知识和能力共享，用增量利润来化解违约风险。[④] 因此，只有从根本上提高契约违约成本，降低违约收益，使违约方承担道德风险或其他违约带来的后果远高出其获利，才会降低违约风险的发生概率，促进订单农业稳定和健康发展。[⑤] 建立和健全农业产业化经营的风险防范机制，即利益机制、约束机制、保障机制和调控机制，以约束和激励各主体行为（李汉才，门素梅，2009）。[⑥]

已有的相关研究成果显示，诸多学者多从不同方面对农村产业化契约风险问题提出应对措施，但实践证明这些措施并未起到预期的效果，其根源在于订单农业的主导形式“公司+农户”存在着严重的制度缺陷，在“公司+农户”框架下，难以从根本上解决契约风险问题。本书认为通过制度创新，在“公司+农户”中嵌入农民专业合作社，发挥农民专业合作社的风险防范功效，能有效地防范和管理契约风险。

二、“公司+农户”型农业产业化经营组织制度缺陷

实践中“公司+农户”组织模式中存在的制度缺陷行为也逐渐暴露出来，其制度缺陷根源于契约条款的非完全性、契约主体的非对等性、契约主体的机会主义行为。正是不完全契约使违约成为可能，而机会主义行为又使违约成为必然（生秀东，2007）。[⑦]

---

① 郭红东：《龙头企业与农户订单安排与履约：理论和来自浙江企业的实证分析》，载《农业经济问题》2006年第2期。

② 徐秋慧：《论农户生产经营的契约风险与规避》，载《山东财政学院学报》（双月刊）2006年第4期。

③ 何嗣江：《订单农业风险管理与农民专业合作经济组织创新》，载《浙江社会科学》2007年第11期。

④ 徐健、薛建强：《订单农业违约问题研究：基于企业能力理论的分析》，载《仲恺农业技术学院学报》2008年第1期。

⑤ 李彬、刘明芝：《订单农业违约风险评估：基于山东省的实证分析》，载《中国食物与营养》2009年第9期。

⑥ 李汉才、门素梅：《试论农业产业化经营风险及其防范机制的构建》，载《农村经济》2009年第9期。

⑦ 生秀东：《订单农业的契约困境和组织形式的演进》，载《中国农村经济》2007年第12期。

一是契约条款的非完全性。现代契约理论首先区分了完全契约（complete contracts）和非完全契约（incomplete contracts）。科斯首开企业的契约理论之河，认为企业是由一系列契约构成。[①] 非完全契约被定义为由于个人的有限理性、外部环境的复杂性和不确定性等不完全因素的存在，契约双方不可能详尽准确地将与交易有关的所有未来可能发生的情况及相应情况下的职责和权利写进合约。签订完全契约只是一种理想状态，真实世界的契约在绝对意义上都是不完全的。[②] 依据不完全契约理论，签订完全契约只是一种理想状态，因此，现实中公司与农户间的契约注定是非完全性的。农业生产经营外部环境的复杂性和不确定性、公司和农户的有限理性、公司和农户的机会主义行为、公司和农户契约地位的不平等性、公司和农户契约签订过程中的疏忽大意以及契约成本的高昂性是导致契约非完全性的主要原因。[③] 正是由于这种契约的本身的非完全性，致使这种组织存在严重的违约风险。

二是契约主体的非对等性。在"公司+农户"的组织中，交易的一方是驾驭市场能力较强的龙头企业，另一方是市场信息较少的众多分散的农户。在龙头企业与农户契约签订的谈判过程中，进行小规模分散经营的小农户，一般缺乏组织性，且市场信息不灵通，处于相对弱势地位；而龙头企业凭借组织、规模、智力和信息等优势，处于相对强势地位。因此，双方在交易中处于实质上的不平等状态。这种地位的不对等表现在，企业对市场购销信息的把握、合同农产品价格的制定以及合同条款的拟定与实施等诸多方面，明显优于农户。极有可能借助貌似合理的合约条款侵占农民利益，如收购农产品时故意压级或压价。单个农户往往文化程度不高，法律意识淡薄，加上资金缺乏，面对企业违约时并没有能力通过法律途径来维护自身利益。交易主体地位不对等不仅使得合同条款更多偏袒公司利益而出现合同附和化问题，而且容易削弱正式合约的约束力，在违约收益大于违约成本的情形下，订单合约难以履行。据相关调查，在各地违约事件中，虽然农户违约也占30%，但由龙头企业违约的却占到70%左右。[④]

三是契约主体的机会主义行为。在订单农业的合约执行过程中，农户与公司之间构成一个不完全信息静态博弈。当市场价格低于契约收购价格时，农户倾向于履约；而当市场价格高于契约事先约定的价格时，农户存在着把农产品转售于市场的强烈动机，从而造成农户的违约现象。面对农民的违约行为，企业是否诉

① Coase, R. H. . The Nature of the Firm. Economic, 1937, P. 16.

② 马力：《不完全合约理论综评》，载《哈尔滨工业大学学报》（社会科学版）2004 年第 11 期。

③ 李彬：《"公司+农户"契约非完全性与违约风险分析》，载《华中科技大学学报》（社会科学版）2009 年第 23 卷第 3 期。

④ 生秀东：《为什么龙头企业的违约率高于农户》，载《农民日报》2007 年 1 月 10 日。

诸法律、与农民对簿公堂，也同样面临着成本与收益的权衡。相反，当市场价格高于契约收购价格时，龙头企业倾向于履约；而当市场价格低于契约事先约定规定的价格时，公司更倾向于违约毁约从市场上进行收购，当其经营困难时，一些公司常常不顾农民利益，甚至有意转嫁风险。面对企业的违约行为，农户是否诉诸法律、与企业对簿公堂，也同样面临着成本与收益的权衡。因此，在“公司+农户”组织模式下，交易主体的机会主义行为无法实现有效的控制。

三、农民专业合作社防范订单农业风险的功能

已有的研究表明，对于订单农业中契约风险问题，显然仅仅只对参与“公司+农户”经营的企业一方或农户一方通过实施一定的制度约束，其实并不足以杜绝双方在履约过程中的机会主义行为。要使这一经营组织形式真正从根本上化解违约风险，必须通过外部制度安排对其进行规范，在“公司+农户”组织中嵌入农民专业合作社，以提升农户的组织化程度，增强农户在与企业交易过程中的谈判地位，签订尽可能完全性的合约，形成一种平等的互利互惠的长期合作关系，促进订单农业的持续发展。

2006~2010年是我国农民专业合作社蓬勃发展的5年。2007年，《中华人民共和国农民专业合作社法》实施，标志着我国农民专业合作社进入依法发展的新阶段，2008年1月1日开始施行《农民专业合作社财务会计制度》以及各省制订了促进合作社发展的地方性法规等，在多种政策创新的背景下，中国农民专业合作社出现了较快的发展势头。截至2017年7月底，我国在工商部门登记的农民专业合作社达到193.3万家。近十年来农民专业合作社数量年均增长60%，入社农户超过1亿户，约占全国农户总数的46.8%。产业也涵盖粮棉油、肉蛋奶、果蔬茶等主要产品生产以及农机、植保、民间工艺、旅游休闲农业等多领域，并展现出股份合作、信用合作、合作社再联合等多种形式和业态。[①]

农民专业合作经济组织的介入其实就是对订单农业组织模式的制度创新，在农业产业化“组织链”中引入新的要素，如合作社等，由“公司+农户”的组织模式逐步转变为“公司+合作社+农户”的经营组织形式。龙头企业根据市场需求预测，与合作社进行契约安排，规定农产品的生产数量、质量、品种、价格、技术指标、交易时间以及各方权利义务及罚则条款，然后合作社按照契约约定的品种、数量和质量组织社员进行生产。在生产过程中，有的合作社还为农户提供购买生产资料的服务，生产过程所需的技术服务，一般由合作社提供，但也有由龙头企业提供

---

① 《我国农民专业合作社达到193.3万家》，新华社，2017年9月22日。

或由龙头企业为合作社培训技术人员。农副产品成熟后，由合作社验级、收购，有的还做粗加工，而后由龙头企业集中并做最终加工和销售。企业把收购款拨付给合作社，由合作社分发给农户。一般来说，农民合作经济组织由农民控制，能够真正体现农民的切身利益，它们对内作为农民利益的代表，不以营利为目的，对外具有相当于企业法人的地位，代表农民与企业打交道，为农民争得利益。

农民合作经济组织的引入，将从以下四个方面通过弥补原有订单农业中存在的制度缺陷，完善订单农业的履约机制，从而降低订单农业的违约率。

一是农民专业合作社的介入，将提高农户的组织化程度，增强农户的话语权，增强契约的稳定性。众所周知，合约的制订过程本身就是一个交易双方讨价还价和利益博弈的过程。在“公司+农户”模式下，农户不得不单独和龙头企业签订契约，农户明显处于劣势地位，其合约条款的设计、产品的销售价格以及违约责任等均有利于龙头企业，而农户只是例行手续，所以大多数的契约均为附和契约，农户难有话语权，实践中这也成了部分农户违约的借口。合作社的介入，农民在不改变现有家庭承包经营的基础上，把分户生产与统一经营相结合，改变了农户的谈判地位。在契约的签订和实施过程中不再是势单力薄单个农户和实力雄厚的龙头企业独立签订契约，而是通过农民组织化的形式——合作社，同龙头企业打交道，从而提高了农户的谈判地位和监督力度，在一定程度上增强了契约的稳定性。

二是农民专业合作社的介入，将监督和约束农户机会主义行为。理论研究认为，相比较公司与农户的关系，合作组织与农户更容易建立“风险共担，利益共享”的一体化机制。① 国外实践也证明，美国农民一般不愿意与合作社违约，因为美国合作社一般是由农民自发创立、自愿入股参加，并且由农民自己控制，农民作为股东一般不愿意违约，贪图短期利益而损害长期利益。依照“民办、民管、民受益”的原则，建立起来的农村合作组织，把原来众多的、分散的农户统一成为一个主体，通过合作社与龙头企业签订合同。这样一来，用合作社信用代替单个的农户信用，将使农户机会主义倾向大大减小。特别是中国农村是一个典型的静态社会，中介组织与农民有着天然的地域或血缘的联系，其对违约农户的追偿和制裁的成本非常小，从而降低了农户违约的概率。社员与合作社正式签订产品交售合同，交售合同明确规定了违约行为的处罚，包括经济处罚、会议批评，直至除名。比如莱阳沐浴店镇樱桃合作社，该合作社主要进行塑料大棚覆盖樱桃，使樱桃提前40~50天成熟。合作社规定，所有到合作社买樱桃的客户，社员必须介绍给合作社，由合作社统一销售。为了延长樱桃的成熟期，合作社调整了覆膜时间。早覆膜、早下树，价格好。为解决早熟和晚熟的价格矛盾，合作

① 何嗣江:《订单农业风险管理与农民专业合作经济组织创新》，载《浙江社会科学》2007年第6期。

社规定，销售樱桃由合作社统一结算，每一销售季节结束后，合作社按平均价支付每个社员。社员张某悄悄以每公斤70元的价格卖给一客户15公斤樱桃，这样能够逃避合作社的各种积累，多得150元。此事其他社员知道后，报告了合作社，合作社决定拒收该社员樱桃，樱桃每天都要成熟，摘下来后，自己没办法储藏，损失严重。①

三是农民专业合作社的介入，将监督和约束龙头企业机会主义行为。合作社不但成为维护农户利益的忠实代表，而且成为监督和约束龙头企业机会主义行为的效益组织，对于龙头企业的机会主义行为能够及时有效地加以防范和制止，一旦违约，龙头企业将付出极大的成本，使其损失的不但是社会信誉，更是社会资源，龙头企业与本地农户合作的机会将大大降低，甚至使龙头企业在当地的发展难以为继。

四是农民专业合作社的介入，将降低市场风险和技术风险。“公司＋农户”的经营组织形式，尽管由龙头企业提供统一的品种，但在生产管理过程中，由于生产过程很难控制，导致产品在品质以及外形上都不够统一，从而在国际贸易中经常被退单，给企业、农户都带来了极大的损失。通过合作社组织生产，就可以按照标准化的作业方式统一生产，规避市场风险。

四、农民专业合作社防范订单农业风险的对策

订单农业的契约风险是当前深化农业产业化经营发展中的重要问题。对于契约风险的管理，已有的研究成果多从农业产业化经营组织中龙头企业、农户和契约设计本身展开，而未能实现预期的成效。基于订单农业的主导形式“公司＋农户”型产业化组织的制度缺陷，订单农业契约风险的管理，应通过制度创新，在作为产业化经营主体模式的“公司＋农户”中，引入农民合作经济组织，充分发挥合作社的功效，这对于签订尽可能完善的合约、提高农户谈判地位、增强农户的话语权的同时、约束对方契约主体的机会主义行为，提高订单农业履约率，具有重要意义。问题的关键在于合作社发展和壮大。

一是农民专业合作社兴办，坚持“民办、民管、民受益”的原则，政府不搞行政命令，不搞一刀切，农民需要什么样的合作经济组织，就兴办什么样的合作经济组织。政府“参与而不干预，鼓励而不包办”。

二是合作社要不断完善治理结构，加强自身建设。要在借鉴国外发达国家的合作社制度形式的基础上，改造我国传统的农村专业合作组织，并根据我国的国

① 慕永太：《莱阳农村改革之路》，中共中央党校出版社1999年版。

情发展自己的合作经济组织。

三是政府要在财政税收政策上给予优惠，许多发达国家和发展中国家都采取减税、低税、免税和补贴的政策来支持合作社的发展。韩国一般企业法人适用税率为20%，合作社法人仅为5%，合作社加工企业、商店免税。美国农业合作社纳税平均只有工商企业的1/3左右。加拿大合作社社员的惠顾返还金不纳税，新成立的合作社3年内免税。日本政府对农协兴办的农产品加工项目，给予厂房、设备投资50%的补贴，并减免税费10%左右。法国规定，农业合作社免缴生产净值35%～38%的营业税。同时，许多发达国家和发展中国家政府制定相关的金融政策，鼓励合作金融组织的发展，通过合作金融组织与其他类型的合作经济组织的相互融合，开辟为城乡社员提供金融服务的稳定渠道。

【专栏6-2】

避免挂牌空壳　引导规范发展——湖北破解合作社“成长的烦恼”

“开展合作社规范提升行动，深入推进示范合作社建设。”2019年中央一号文件释放信号：农民合作社发展将从“数量扩张”转向“质量提升”。

农民合作社，是连接小农户和现代农业发展纽带。湖北省农民合作社起步早、发展快，经工商注册登记的农民合作社总数超过9万个，它们已成为带领农民参与市场竞争和品牌化经营的生力军。然而，一些合作社发展水平不高、经营机制不灵活、合作意识不强等问题凸显，无法满足现代农业发展的新要求。破解“成长的烦恼”，走高质量发展之路，农民合作社正面临一场全面的转型。

仙桃卫祥水产养殖专业合作社成立于2011年，入社社员245名，2018年合作社在近万亩的养殖水面上创出3亿多元的产值。该合作社推出“两个5%”，即统一采购生产资料，价格低于市场价5%；收购社员产品，价格高于市场价5%，让农民得到实实在在的好处。“跟着合作社干，吃不了亏”，每位社员心中有一杆秤。

长久以来，千家万户延续单打独斗的经营模式，小农户与大市场之间信息不对称，抗风险能力弱、市场竞争力不足，常常让农户束手无策。农民合作社应运而生，一头连农户，一头连市场，形成风险共担、利益共享的命运共同体，带领农民走向农业产业化经营。“合作社模式”被实践证明，也被业界诸多专家学者认可。一时间，农民合作社如雨后春笋般兴起。据湖北省农业农村厅统计，自2007年以来，湖北省农民合作社数量连续11年呈两位数高速增长，截至2019年1月，全省农民合作社数量已达97300个，全省一半以上的农户加入了各类农民合作社。

合作社数量增长，经营和服务领域也在扩大，覆盖种植、林业、畜牧、渔业等方面，同时在农机作业、农资经营、农产品销售、加工、运输、贮藏、沼气等诸多环节生根开花。合作社解决了传统农业原子化、分散化的问题，提高了市场议价能力和抵御风险的能力，实现了效益的最大化。

合作社发展成绩令人欣喜，然而，在快速发展的同时，“成长之痛”也随之而来。一些合作社办公室的墙面上醒目地张贴着管理章程、分配制度等，但实际操作中，却并非如此。一些合作社财务管理比较粗糙，制度建设不规范，与农民的关系黏性也不强。一位社员直言不讳地告诉记者：虽然加入了合作社，但基本还是靠自己，合作社发挥的作用并不明显。

据了解，湖北省农民合作社数量在全国位居前列，但真正办出质量、办出品牌的合作社仍只有少数，国家级、省级示范合作社占全省农民合作社的比例不足10%。

记者梳理发现，农民合作社“发育不良”现象不止在湖北省出现，浙江等农业现代化程度较高的省份也存在。2016年，浙江省农业部门清理整顿了一批“空壳社”“休眠社”“家族社”，引导和促进农民专业合作社规范提质发展。据《半月谈》报道，记者调查全国近130家合作社中，80%以上都属于空壳合作社。

为何农民合作社发展如此艰难？“有自身发展不规范的问题，也有外界原因。”省农民专业合作社指导办公室去年的一份调研报告显示，合作社在实践中普遍存在“四难”：融资难、贷款难；用地用电难；人才引进难；税收优惠难，这些都制约着合作社的发展。

监利兴华专业合作社是当地一家实力相对较强的合作社，但理事长毕××一直在为“人才”发愁，她告诉记者，随着合作社的不断壮大，更加迫切需要专业的管理型人才。这几年，她四处招聘，却“人才难求”。

经历“成长之痛”，部分合作社主动转型，组建农民合作社联合社，应对新挑战。成立联合社成为不少“弱、小、散”农民合作社的选择，而有的合作社则在创立之初就自我约束，以规范的姿态起跑。宜昌要求新成立的合作社有固定的办公场所，建立成员大会、理事会、监事会“三会”治理结构，实行科学的财务管理。多数农民合作社安装了统一的合作社财务软件，实行了财务电算化。规范管理吸引外来资本，浙江多家企业前来投资，与合作社联手发展茶叶、中药材等产业。

合作社的规范化建设已势在必行，今后名存实亡的“空壳社”、管理无序的“小合作社”生存空间会越来越小。去年新修订的《农民专业合作社法》中，一大重点任务就是清理“空壳社”“挂牌社”，农民专业合作社连续两年未从事经营活动，或者连续三年未报送年度报告的，吊销其营业执照；弄虚作假注册农民专业合作社的，处以5000元以上50000元以下罚款，情节严重的，撤销登记或者吊销营业执照。

近日，农业农村部启动农民专业合作社质量提升整县推进试点，湖北省夷陵区、洪湖市、利川市、天门市4地入选。力争通过两年努力，试点县（市、区）农民专业合作社年报公示率达80%以上；80%以上的合作社建立完备的成员账户，实行社务公开，依法进行盈余分配。

重数量，更重质量。全省开展农民合作社品牌建设，将农民合作社品牌建设纳入示范社评定和监测指标，鼓励农民合作社积极参加各类品牌培育、著名商标认定等活动，省级以上农民合作社示范社实行“进退机制”。

资料来源：《避免挂牌空壳　引导规范发展——湖北破解合作社“成长的烦恼”》，湖北农业信息网，2019年3月11日。

第五节　订单农业契约风险管理——重庆案例[①]

一、引言

2015年1月《中共中央关于制定国民经济和社会发展第十三个五年规划的建议》指出：“大力推进农业现代化。加快转变农业发展方式，发展多种形式适度规模经营，发挥其在现代农业建设中的引领作用。着力构建现代农业产业体系、生产体系、经营体系，提高农业质量效益和竞争力，走产出高效、产品安全、资源节约、环境友好的农业现代化道路。”农业产业化是实现农业现代化的重要途径，

① 资料来源于重庆市教育委员会人文社会科学研究项目“重庆订单农业契约风险防范机制与管理对策研究——基于农民专业合作社的视角”研究报告（有改动）（作者：李彬）。

订单农业是当前农业产业化经营的主导形式，也被称为“公司+农户”等。

国务院研究室农村司课题组2001年的调查资料显示，订单农业的品种数量在增加，已经由油料、经济作物等扩展到玉米、大豆、小麦等大宗农产品，由种植业延伸到部分养殖业、加工业；订单农业的交易范围在扩展，正从东部向中西部扩展，大部分地区已经走出了县、市，正逐步向省外发展；订单农业的生产规模在不断扩大，大额订单在增多；订单形式日趋多样，例如粮食主产区与销售区签订的粮食购销合同，农户与农业产业化龙头企业或加工企业签订的产品购销合同，农户与科研生产单位签订的农作物制种合同等。各级政府非常重视订单农业发展的问题，把其作为农业结构调整和提高农民收入的重要手段。从理论上说，订单农业可以让广大农户与变化莫测的大市场实现对接。对农民而言，解决了农产品“卖难”的问题；对市场而言，解决了农产品需求问题，可谓是一种双赢策略。因此，大力发展订单农业，对于推进农业产业化进程、解决农产品销售难问题、做大做强龙头企业、提高农业抵御风险的能力、增加农民收入、调整农业结构、提高农产品竞争力、推广农业科技等多方面，都具有重要意义，是我国农业发展的必然选择。然而众所周知，由于市场变数难以确定、风险管理机制并不完善等原因，订单农业在发展的过程中也存在着诸多问题，例如市场干扰因素较大、市场规模较小等，而其致命弱点就是违约率高，难以真正起到分散风险的作用。农业部全国农村固定观察点的数据表明，近年来农户出售的农产品只有6%来自订单合同订单。受利益的驱使，价格高时农户不一定把农产品卖给企业，价格低时企业又有可能压价甚至拒收农民的农产品，农业订单成了一纸空文。这种农业订单中的“利益可享、风险不担”现象，导致订单农业这种先进的市场方式往往流于形式，这也成为实践中必须面对的难题。

【专栏6-3】

今年渝将发展360个“三社”融合农民专业合作社

“三社”融合写进市委一号文件。“三社”即供销社、信用社和农民专业合作社，它们是服务“三农”、助力新农村建设的三大主体。

在今年的重庆市委一号文件中，明确提出了“扎实推动‘三社’融合发展”的目标，并作为深入推进新一轮农村改革的重要内容。重庆市将通过探索供销社、农民专业合作社、重庆农商行深度融合机制，加快推进供销基层组织体系、农业社会化服务体系、农村现代流通网络服务体系、农村综合信息服务体系、农村合作金融服务体系等五大为农服务体系建设，为构建现代农业产业体系、生产体系、经营体系，促进小农户和现代农业发展有机衔接，提供新模式，找到新方法。

“三社”融合发展后，基层供销社是直接为农民提供生产生活服务、推进“三社”融合的前沿阵地，农民专业合作社是夯实“三社”融合的产业根基，重庆农商行则成为农村金融服务的主力军、是推进“三社”融合发展的支撑保障。“三社”通过在组织形态、生产经营、利益联结、管理机制和运行机制上有效融合，从而全面推进生产、供销、信用三大要素融合，促进“三农”发展。

通过“三社”融合发展，到2022年，全市将改造建设基层供销社800个，实现涉农乡镇（街道）全覆盖；全市100%行政村组建农民专业合作社；全市有意愿的农村常住农户100%加入合作经济组织，农民与农村合作经济组织利益联结更加紧密。

到2022年，重庆市将形成多元化、专业化、市场化的农业社会化服务体系，供销社农业社会化服务功能更加完备，代耕代种、机播机收、统防统治等服务面积达到800万亩。同时，进一步健全覆盖全市涉农乡镇（街道）、村（社区）的农村普惠金融服务体系，农民专业合作社融资难、融资贵的问题将得到有效缓解，重庆农商行“三农”信贷达到贷款总额的40%以上。

资料来源：龙丹梅：《今年渝将发展360个“三社”融合农民专业合作社》，载《重庆日报》2019年3月1日。

二、重庆市订单农业的制度缺陷

目前重庆市农业产业化的主要形式是契约式，即“公司+农户”或“公司+基地+农户”的订单农业。订单农业的履约率普遍偏低，个别地方尚不足30%，严重地制约了产业化的发展。一般研究表明，订单农业出现契约风险的原因在于：

一是农民和龙头企业缺乏合同意识，信用较差。部分农民和龙头企业当遇到价格因素变动等突发条件的影响时，单方面违约。

二是合同文本不规范，在双方权利和义务的界定方面比较模糊。合同文本没有对农产品生产的质量标准、收购方式、价格、违约责任等进行详细规定，为违约方提供了便利。尤其是在利益分配、风险承担方面双方没有协调一致。

三是农产品增值的利润分配体制不健全。从当前农业产业化模式来看，农民无法获得农产品加工增值的平均利润，更多利润流入了加工和流通环节，而没有真正反馈到农民手中。在这种机制之下，农民为了获取最大利益，便自行根据市场形势出售自己的产品，使订单成为一纸空文。

四是农民组织化程度较低，对合同履行的监管和责任追究比较困难。当前由于缺乏相关的订单农业合同管理的相关法规和制度，加之较大部分企业都是和农民单个签订订单，缺乏行业协会等中间环节，出现违约后诉讼成本很高，导致农民和部分业主对订单的重视程度不够，存在懈怠心理。

五是少部分地区政府的行政性干预也是导致订单农业履约率低的重要原因。政府出于完成考核目标、指令性计划等目的，在没有尊重农民意愿的基础上，通过行政干预的手段替代农民与企业签订订单，由于取代了农民的主体地位，导致了农民最后“不买账”。

通过理论研究和实际调查，发现订单农业出现契约风险的根本原因在于“公司+农户”组织模式内存在的制度缺陷，其制度缺陷根源于契约条款的非完全性、契约当事人的非对称性、契约主体的机会主义行为。正是不完全契约使违约成为可能，而机会主义行为又使违约成为必然。(生秀东，2007)[①]。

一是契约条款的非完全性。农业生产经营外部环境的复杂性和不确定性、公司和农户的有限理性、公司和农户的机会主义行为、公司和农户契约地位的不平等性、公司和农户契约签订过程中的疏忽大意以及契约成本的高昂性是导致契约非完全性的主要原因。[②] 正是由于这种契约的本身的非完全性，致使这种组织存在严重的违约风险。

二是契约主体的非对等性。这种地位的不对等表现在，企业对市场购销信息的把握、合同农产品价格的制定以及合同条款的拟定与实施等诸多方面，明显优于农户。极有可能借助貌似合理的合约条款侵占农民利益，如收购农产品时故意压级或压价。单个农户往往文化程度不高，法律意识淡薄，加上资金缺乏，面对企业违约时并没有能力通过法律途径来维护自身利益。交易主体地位不对等不仅使得合同条款更多偏袒公司利益而出现合同附和化问题，而且容易削弱正式合约的约束力，在违约收益大于违约成本的情形下，订单合约难以履行。

三是契约主体的机会主义行为。在订单农业的合约执行过程中，农户与公司之间构成一个不完全信息静态博弈。当市场价格低于契约收购价格时，农户倾向

---

① 生秀东：《订单农业的契约困境和组织形式的演进》，载《中国农村经济》2007 年第 12 期。

② 李彬：《“公司+农户”契约非完全性与违约风险分析》，载《华中科技大学学报》（社会科学版）2009 年第 3 期。

于履约；而当市场价格高于契约事先约定的价格时，农户存在着把农产品转售于市场的强烈动机，从而造成农户的违约现象。面对农民的违约行为，企业是否诉诸法律、与农民对簿公堂，也同样面临着成本与收益的权衡。相反，当市场价格高于契约收购价格时，龙头企业倾向于履约；而当市场价格低于契约事先约定规定的价格时，公司更倾向于违约毁约从市场上进行收购，当其经营困难时，一些公司常常不顾农民利益，甚至有意转嫁风险。面对企业的违约行为，农户是否诉诸法律、与企业对簿公堂，也同样面临着成本与收益的权衡。因此，“公司＋农户”组织模式下，交易主体的机会主义行为无法实现有效的控制。

“公司＋农户”组织模式中，上述三大制度缺陷的存在，契约风险的出现也就在所难免。更为甚者，一些不法企业，利用农业订单实施诈骗。

三、重庆市订单农业契约风险管理对策

上述研究和实践验证，订单农业的契约风险是当前深化农业产业化经营发展中的重要问题。国内诸多地方农业产业化发展的成功经验表明，在作为产业化经营主体模式的“公司＋农户”中，不断引入农民合作经济组织，在提高农户谈判地位、增强农户在与公司交易中的话语权的同时，对完善产业化经营机制和提高订单农业履约率具有重要作用。因此，为了进一步克服“公司＋农户”所存在的固有制度缺陷，完善订单农业的履约机制，必须大力推进农民的组织化，加强相关制度建设。

（一）完善相关制度，为订单农业的顺利实施提供制度支撑

一般而言，进入订单农业的农产品生产往往具有较高的专业化和规模化程度，可考虑由相关部门制定可具操作性的农产品行业技术和质量标准，并考虑针对不同农产品设置可供农户与企业签约时参考的相对规范的订单合同蓝本，避免订单履约时出现不必要的纠纷。另外，在鼓励和引导农户与企业签订期限较长的合约，以降低违约率的同时，借助农民合作经济组织所具有的优势，在订单合约的价格条款与支付条款的设置上，尽可能通过与企业商议设定有利于农户的条款。来自实际的观察表明，合同中确定“保底收购、随行就市”以及由企业预付货款的条款更有利于农户的合同履约，这一做法也因为企业事先有资金投入而降低了企业违约的可能性。

（二）强化政府的协调功能，真正体现政府对农民利益的关怀

众所周知，无论采取何种形式，订单农业的违约风险都是真实存在的，当企

业与农民合作经济组织和农户之间因合同履约问题而产生纠纷时，政府的适时适度的介入与协调是必不可少的。然而，由于企业在订单农业中垄断优势的存在，特别是当合作经济组织本身就是由企业领办的情况下，农户实质上依然处于弱小地位。基于此种状况，政府的协调就显得尤为重要。因此，只有在政府出于对农民利益的真正关怀，并着实地鼓励与支持农民自己创办的合作经济组织发展的时候，才能更好地构建企业与农户之间的利益共同体，提高订单农业的合同履约率，并真实地彰显出农民组织化的优势所在。

（三）建立信用系统，从“一次博弈”转变成为“重复博弈”

当前订单农业发展的一个重要难题在于交易缺乏稳定性。出现这一问题的一个重要原因在于信用信息的不公开性。以农户违约为例，虽然龙头企业可以拒绝与出现过违约现象的农户签订下一期的订单，但是该农户的违约信息对于其他龙头企业而言是不可见的，因此他可以在其他龙头企业处重新获得参与订单农业的机会。这一情况在有中介组织的订单农业组织模式中更为严重，因为违约农户甚至可以在同一个订单农业项目内通过更换中介组织而继续参与订单农业。因此应该大力探索并逐步建立一个便于订单农业参与各方访问的订单农业各参与主体的信用发布系统。将订单农业交易从“一次博弈”转变成为“重复博弈”，从而增强订单农业的稳定性。

（四）发挥政府作用，推进和规范农民合作经济组织的发展

有关政府在农民合作经济组织培育中的作用问题，一直是理论界争论的重点话题。长期以来，在很多地方，农民合作经济组织的建立往往体现的是政府的意志和政府的行为，实际上，政府的越俎代庖并不能引致农户的积极参与，反而会招致农民的消极对待。更合理的做法应当是采取“扶持而不干预，参与而不包办”原则，充分发挥农民的自觉性和主动性，才能真正使农民合作经济组织体现农户的利益追求。此外，对由农民自发组建的合作经济组织加以规范，并给予相应的政策支持才是政府的最佳选择。

（五）规范和扶持农民合作社，引导农民专业合作社健康发展

农民专业合作社是介入龙头企业与农户之间的农业组织，农民专业合作社的介入从理论上看能有效地节约交易成本和抑制机会主义行为，有助于促进农民增收。但目前重庆市农民合作社还处在发展的初期阶段，现有的农民合作组织还很不成熟。所以今后必须坚持因地制宜、分类指导的原则，引导农民专业合作社健康发展。对符合条件且已登记为农民专业合作社的，要依据《中华人民共和国农

民专业合作社法》《中华人民共和国农民专业合作社登记条例》的规定，切实按照《农民专业合作社示范章程》和《农民专业合作社财务管理制度》的要求，合理设置组织机构，完善成员大会、理事会和监事会的运行机制，规范财务制度和会计核算，强化档案管理，推行社务公开，接受成员监督。完善产销服务体系，积极推行农民专业合作社生产标准化、产品安全化、营销品牌化，以及统一供种、统一技术培训、统一生产标准、统一包装、统一品牌销售的经营发展模式。对以家庭承包方式获取的土地承包经营权折价入股且已登记为有限责任公司的，各区县（自治县）人民政府要组织农业、工商等部门指导其依法改制或变更为农民专业合作社。对新发展的农民专业合作社，要坚持高起点规划、高标准建设和高效能管理，确保发展一个、规范一个、见效一个。

（六）进一步加大对农民专业合作社的财政扶持力度

各区县（自治县）人民政府要把扶持农民专业合作社作为财政支持农业的重点之一，积极加以扶持。市发展改革部门要将农民专业合作社发展作为重点内容纳入城乡统筹总体方案，对符合政府投资补助政策的农民专业合作社建设项目，优先向国家申报或安排投资。

发放农业产业化财政贴息贷款。制定统一的产业化贷款贴息标准，实行市场化运作机制，鼓励商业银行参与产业化贷款的发放，给予同等的政策待遇。加大农户小额信贷的发放力度。建立和完善农户信用等级和生产经营情况档案，有针对性地进行小额信贷的发放。充分依靠农村党支部、村委会和入股社员参与信用社评估，实行农户信息公开和贷款信息公开，有效解决交易双方信息不对称的问题。制定小额信贷相关法律和法规，确立民间专业小额信贷机构的金融机构地位，逐步建立由商业银行以外的专业小额信贷机构为主的小额信贷发放体系。制定统一的产业化贷款贴息标准，实行市场化运作机制，鼓励商业银行参与产业化贷款的发放，给予同等的政策待遇。

（七）进一步落实对农民专业合作社的税收优惠政策

许多发达国家和发展中国家都采取减税、低税、免税和补贴的政策来支持合作社的发展。韩国一般企业法人适用税率为20%，合作社法人仅为5%，合作社加工企业、商店免税。美国农业合作社纳税平均只有工商企业的1/3左右。加拿大合作社社员的惠顾返还金不纳税，新成立的合作社3年内免税。日本政府对农协兴办的农产品加工项目，给予厂房、设备投资50%的补贴，并减免税费10%

左右。法国规定，农业合作社免缴生产净值35% ~38%的营业税。[①]

同时，许多发达国家和发展中国家政府制定相关的金融政策，鼓励合作金融组织的发展，通过合作金融组织与其他类型的合作经济组织的相互融合，开辟为城乡社员提供金融服务的稳定渠道。

（八）防范契约风险，提高履约率

契约风险来源呈现多样性，防范契约风险的措施也应针对不同来源采取不同防范的措施，以提高履约率。

1. 针对主体违约风险的防范。一是向农户宣传法律法规知识，增强其法律意识。二是加强农户技术指导，规避技术风险，提高经济效益。三是扶持龙头企业发展：第一是增加龙头企业数量，第二要增强龙头企业的实力。实力强大的龙头企业能有效地抵御违约风险[②]。培养企业和农户之间的诚信意识，建立稳定、可靠的长期合作关系。公司应建立农户信誉档案，按项目对农户信誉打分，及时取缔信誉不良农户，鼓励信誉良好的农户扩大经营规模。

2. 针对防范契约本身风险的防范。一是订单合同时应明确权利、义务，避免合同中出现模糊条款。二是在契约设计时，应该充分估计各种可能出现的情况，力图使契约内容详实公正、格式规范、程序合法、主体平等。三是契约应经公证机关公证，以法律形式明确界定双方的权利和义务，使双方真正结成风险共担、利益均沾的经济利益共同体。

3. 针对契约外部市场风险的防范。一是发挥政府宏观调控、指导作用，加强订单农业合同的监督机制，定期跟踪履约情况，防范违约行为的发生。二是加强自然灾害和重大动植物病虫害预测和预警应急体系建设，提高农业防灾减灾能力。三是提高违约成本，不仅要对违法行为进行处罚，而且要对违约造成的损失予以全面补偿，形成诚实守信的良好社会环境。

第六节　农业产业化龙头企业风险管理——企业破产启示

一、引言

农业产业化龙头企业是指以农产品加工或流通为主，通过各种利益联结机制

---

① 刘秀娟、赵慧峰、张桂春：《对规范农民专业合作组织的探讨》，载《农业经济》2006年第1期。

② 裴汉青：《农业产业化经营中的违约行为及其矫正》，载《经济问题探索》2005年第12期。

与农户相联系，带动农户进入市场，使农产品生产、加工、销售有机结合、相互促进，在规模和经营指标上达到规定标准并经政府有关部门认定的企业。包括国家级龙头企业、省级龙头企业、市级龙头企业、规模龙头企业。农业产业化龙头企业在农业产业化进程起着主导作用，是农业现代化的强大推动力量。龙头企业要增强社会责任，与农民结成更紧密利益共同体，让农民更多地分享产业化经营成果。

所谓社会责任，Carroll（卡罗尔，1979）认为企业社会责任是由经济责任、法律责任、伦理责任和慈善责任构成。[①] 国内学者对农业龙头企业社会责任进行了界定，主要包括：带农就业增收责任、保障食品安全责任、保障员工福利责任、保护环境责任和参与社会慈善事业责任五个方面。[②] 张立冬、曹明霞（2018）则利用1247家农业产业化国家重点龙头企业数据，实证分析了农业产业化龙头企业社会责任履行情况及其结构性特征。研究发现：一是农业产业化国家重点龙头企业的社会责任履行情况总体尚可但难言乐观；二是从地区结构上来看，东部地区农业产业化龙头企业社会责任履行情况要好于中部和西部地区；三是从行业结构来看，乳品、畜禽和水产三个行业农业产业化龙头企业社会责任履行情况相对较好，皮毛和棉麻丝等行业相对较差；四是国家重点龙头企业销售收入或交易额规模与社会责任履行两者之间呈现倒“U”形曲线关系。规模为10亿~50亿元标准的龙头企业社会责任履行情况最好，而规模达百亿元标准的农业产业化国家重点龙头企业社会责任履行情况最差。[③] 徐雪高、张照新（2014）在龙头企业社会责任信息披露原则的指导下，结合农业龙头企业带农增收、保障员工福利、保障食品安全、保护环境和参与社会公益事业的五大社会责任，构建了我国农业龙头企业社会责任信息披露指标体系：带农增收责任信息披露、保障食品安全责任信息披露、保障员工福利责任信息披露、保护环境责任信息披露以及参与社会公益事业责任信息披露五大指标体系。[④] 陆华良、黄慧盈（2018）以江苏省90家省级农业龙头企业为样本，研究企业的领导风格对其履行社会责任行为的影响。研究结果表明：具有变革型的农业龙头企业在履行客观责任、社区责任、慈善责任和员工责任等方面表现较好，而具有交易型领导风格的农业龙头

---

① Carroll A B. A Three Dimensional Conceptual Model of Corporate Social Performance. Academy of Management Review, Vol. 4, 1979.

② 徐雪高、张照新：《农业龙头企业社会责任：概念界定、履行动因与政策建议》，载《经济体制改革》2013年第6期。

③ 张立冬、曹明霞等：《农业产业化龙头企业社会责任履行研究》，载《江苏农业科学》2018年第3期。

④ 徐雪高、张照新：《农业龙头企业社会责任信息披露指标体系设计》，载《华中农业大学学报》（社会科学版）2014年第5期。

企业在员工责任方面表现较好。[①] 企业社会责任行为表现与企业绩效之间的关系一直是研究热点。自 Moskowit（莫斯科维茨，1972）最早实证研究企业社会责任与绩效之间的关系以来，一直都没有得出一致的结论。[②] 我国学者后来也开始对企业社会责任和企业绩效之间的关系开展了广泛的研究，也存在争论。部分学者发现，企业履行社会责任不仅会增加其财务绩效，而且能够增加企业价值，两者是正相关关系，[③] 有学者发现两者不存在相关性，有学者发现两者是长期正相关、短期负相关的关系；[④] 还有学者发现两者还存在跨期交互影响，滞后一期的社会责任对当期财务绩效有显著正向影响，当期财务绩效对当期社会责任有显著正向影响。[⑤] 在当今企业履行社会责任全球化趋势下，农业龙头企业履行社会责任既是党中央国务院的要求，也是社会各界的期望，更是其自身转型升级的内在需求。推动农业龙头企业履行社会责任是国内外企业发展大趋势、是党中央国务院的明确要求、是社会各界的期望、也是自身加快转型升级的内在需求，开展农业龙头企业社会责任研究具有重要意义。较多学者实证发现，农业龙头企业社会责任行为与企业市场价值之间存在正相关关系。[⑥] 部分学者认为，从长期来看，农业龙头企业社会责任和财务绩效之间存在一定的正向关联度，但相关度还不高。[⑦]

那么，龙头企业与农户联结机制怎样？于凡（2018）以吉林省为例着眼于农业小微企业，认为农业企业与农户的组织形式可以分为合同制、合作制和企业制三种形式。完善对农户的利益机制是加强小微企业与农户联结紧密与可持续的关键，农业小微企业向龙头企业发展晋级应该协同于农业产业化的发展趋势。[⑧] 王松在《云南省农户与龙头企业利益关系问题及解决对策（2018）》一文中以云南省为例，剖析了农户与龙头企业利益关系中存在的问题：一是农户与龙头企业的地位不对称；二是农户与龙头企业合作层次低，经济关系松散；三是龙头企业业

---

① 陆华良、黄慧盈：《社会领导风格对农业龙头企业履约社会责任的影响研究》，载《软科学》2018 年第 9 期。

② Moskowitz M. Choosing Socially Responsible Stocks. Business and Society Review，Vol. 1，1972.

③ 汪凤桂、欧晓明、胡亚飞等：《慈善捐赠与企业财务绩效关系研究——对 345 家上市公司的实证分析》，载《华南农业大学学报》（社会科学版）2011 年第 10 期。

④ 李正：《企业社会责任与企业价值的相关性研究——来自沪市上市公司的经验证据》，载《中国工业经济》2006 年第 2 期。

⑤ 张兆国、靳小翠、李庚秦：《社会责任与财务绩效之间交互跨期影响实证研究》，载《会计研究》2013 年第 8 期。

⑥ 胡铭：《农业龙头企业社会责任与经营绩效的实证研究——基于湖北仙洪新农村试验区的数据》，载《农业经济问题》2009 年第 12 期。

⑦ 胡亚敏、陈宝峰、姚正海：《我国农业上市公司社会责任与财务绩效、企业价值的关系研究》，载《统计与决策》2013 年第 4 期。

⑧ 于凡：《农业小微企业与农户联结机制分析——以吉林省为例》，载《农业经济》2018 年第 8 期。

绩利润同农户实际收入相左；四是各级政府对农户与龙头企业利益的协调保护不足，这些问题的存在抑制了云南省农业的发展。究其原因：没有类似合作社的单位制衡关系、农户综合素养相对较低、企业的发展理念需扭转、各级政府在政策方面存在瑕疵，进而提出农户与龙头企业利益关系问题的解决对策：发展农业合作社、带动龙头企业发挥带头作用、摒弃“一锤子”买卖、政府调整扶持方向。[①] 王全在、孙立红（2018）通过分析内蒙古自治区龙头企业与农牧民利益联结机制，发现二者在利益联结机制方面存在龙头企业带动能力不强、信贷问题棘手，农牧民组织化程度和文化水平低，农企双方诚信履约意识不强，松散的利益联结机制和不公平的分配等症结。推进内蒙古自治区龙头企业与农牧民利益联结机制发展建议：做大做强龙头企业；建立新型融资机制拓宽融资渠道；培育新型经营主体；建立完善的利益联结机制保障制度。[②]

然而，就企业的社会责任而言，学界研究较多的为企业社会责任的内涵、社会责任的特征、社会责任的履行以及领导风格对其履行社会责任行为的影响等。但是缺少对农业龙头企业社会责任行为表现的科学评价；对农业龙头企业社会责任行为前因后果的系统性研究也很不足。未来研究可以以农业龙头企业为研究对象，一是运用问卷指标法对农业龙头企业社会责任行为表现进行科学评价，并以此为核心，向前拓展寻找企业社会责任行为表现的前因，探寻企业家认知与社会责任行为表现之间的关系。同时，借鉴国外推进企业社会责任的做法经验，提出未来我国推进农业龙头企业履行社会责任的政策措施。二是就龙头企业与农户联结机制问题的研究，主要集中在利益联结的组织形式、利益分配以及农户与龙头企业利益关系中存在的问题及解决对策等，但缺乏对龙头企业与农户利益联系机制的系统分析，对农业龙头企业与农户利益联结机制的组织形式创新上研究的还很不足。

在不多的有关农业龙头企业风险管理的研究中，更多的是在研究龙头企业本身的风险管理问题，主要集中于风险的来源和特点、形成机制以及宏观管理对策等方面。将农业企业风险看作一个不可直接观测的潜变量，采用影响风险的多因素来定量描述风险的研究却不多见；特别是结合实际案例，将龙头企业与农民联结起来所生成的组织形式以及由此而产生的新的系统风险的研究还极其缺乏。[③]

---

① 王松：《云南省农户与龙头企业利益关系问题及解决对策》，载《乡村科技》2018 年第 2 期。

② 王全在、孙立红：《内蒙古龙头企业与农牧民利益联结机制探究》，载《内蒙古财经大学学报》2018 年第 3 期。

③ 李彬：《从三鹿破产看农业产业化龙头企业经营风险管理》，载《现代经济探讨》2009 年第 6 期。

二、三鹿集团的破产

作为我国乳业巨头的三鹿集团破产了，其破产根源是什么？我们应从中吸取哪些教训？成为许多专家学者关注和反思的问题。结合三鹿案例，剖析其经营风险因素，认识风险管理失控是其破产的根源，研究的目的在于为我国农业产业化龙头企业风险管理提供参考。

2008 年 12 月 25 日，河北省石家庄市政府举行新闻发布会，通报三鹿集团股份有限公司破产案处理情况。三鹿牌婴幼儿配方奶粉重大食品安全事故发生后，三鹿集团于 2008 年 9 月 12 日全面停产。截至 2008 年 10 月 31 日财务审计和资产评估，三鹿集团资产总额为 15.61 亿元，总负债 17.62 亿元，净资产 -2.01 亿元，12 月 19 日三鹿集团又借款 9.02 亿元付给全国奶协，用于支付患病婴幼儿的治疗和赔偿费用。三鹿集团净资产为 -11.03 亿元（不包括 2008 年 10 月 31 日后企业新发生的各种费用），已经严重资不抵债。至此，经中国品牌资产评价中心评定，价值高达 149.07 亿元的三鹿品牌资产灰飞烟灭。

石家庄三鹿集团是集奶牛饲养、乳品加工、科研开发为一体的大型企业集团，是中国食品工业百强、中国企业 500 强、农业产业化国家重点龙头企业，也是河北省、石家庄市重点支持的企业集团。2006 年，集团实现销售收入同比增长 16.5%，利税同比增长 9.6%。2007 年，三鹿集团实现销售收入 100.16 亿元，连续 6 年进入中国 500 强，销售量 15 年保持全国第一。一度成为中国最大奶粉制造商之一。

三鹿集团从 1956 年只有 32 头奶牛和 170 只奶羊的幸福乳业合作社，发展到品牌价值近 150 亿元的大型企业集团，用了整整 50 年时间。然而，从一个年销售收入亿元的企业走向破产，三鹿却只用了不到一年时间。冰冻三尺非一日之寒，反思三鹿毒奶粉事件我们不难发现，造成三鹿悲剧的，三聚氰胺只是个导火索，而事件背后的运营风险管理失控才是真正的罪魁祸首。

三、三鹿集团破产的风险分析[①]

龙头企业是指在农业产业化经营过程中，实力较强、规模较大、辐射面广、带动力强，具有引导生产、深化加工、服务基地和开拓市场等综合功能，按照产

---

① 李彬：《农业产业化龙头企业经营风险防控——基于三鹿集团个案分析》，载《特区经济》2009 年第 4 期。

供销一条龙、贸工农一体化经营原则，与基地农户联合成风险公担、利益共享的利益共同体的农副产品加工、流通企业，或新型合作经济组织。龙头企业是农户与市场的连接桥梁和纽带，是农业产业链中的重要环节，在贸工农、产加销一体化中具有举足轻重的地位。从三鹿破产来看，龙头企业在经营过程中的风险因素主要来源于以下几个方面：

（一）源于企业的过度扩张，导致奶源失控

目前世界人均年消费乳制品100千克，发达国家人均200千克，发展中国家人均牛奶消费也达30千克，而中国只有19千克左右，具有巨大的市场潜力。蒙牛、伊利等大企业脱颖而出之后，伴随我国居民消费结构的转型，乳制品行业诸侯割据，群雄并起，竞争激烈。面对巨大的市场潜力和咄咄逼人的竞争对手，奶源建设曾经是全国样板的三鹿集团，2004年制定了积极扩张的企业发展战略，精力主要放在产业链的销售等下游环节。据《中国经营报》报道，三鹿近几年大量收购地方加工厂、增资扩产，大肆进行贴牌生产，其奶源建设已经远远跟不上生产的步伐，奶源的卫生安全管理多处于盲点状态，最终奶源失控导致“毒奶粉事件”的爆发。

（二）源于企业对上游奶源监管不力，导致奶源质量难以保证

三鹿奶的来源主要有四种途径：一是牧场模式，即集中饲养百头以上奶牛统一采奶运送；二是奶牛养殖小区模式，即由小区业主提供场地，奶农在小区内各自喂养自己的奶牛，由小区统一采奶配送；三是挤奶厅模式，即由奶农各自散养奶牛，到挤奶厅统一采奶运送；四是以上三种交叉模式。对于牧场奶，奶源由三鹿专门的技术人员和管理人员负责，质量可以控制；对于占到三鹿奶源比例一半的散户奶，有的直接由奶农交给三鹿，有的通过奶站交给三鹿，奶源质量无法控制的正是经由数百个奶站提供的散户奶。按照《乳品质量安全监督管理条例》规定，生鲜乳收购站只能由取得工商登记的乳制品生产企业、奶畜养殖场、奶农专业生产合作社开办。而三鹿的收购站超过3/4的兴办主体是个体私营投资和养殖小区，相当一部分还是流动收奶点，这些奶站经营主体成分复杂、数量较多，硬件设施达标难度很大，监督成本较高。

（三）源于企业反舞弊监管失控，导致企业人员内外勾结

由于三鹿集团的反舞弊监管不力，企业负责奶源收购的工作人员往往和奶站合谋，侵害公司的利益。据一位奶农讲，奶站每制造一千克假奶，成本是0.4元，卖给公司的价格却是每千克1.8～1.9元。有的一天可以掺假超过1吨，而

有的收6吨鲜奶，通过掺假可以达到8吨以上。造假掺假具有诱人的利润空间。挣了钱以后，奶站和公司员工分成，使得奶站掺假比不掺假更有“钱”途。这样就形成了行业“潜规则”，掺假的牛奶走俏，不掺假的鲜奶反而没人要，不合格的奶制品就在商业腐败中流向市场。2005年下半年到2006年初，那些曾经拒收掺假奶、不愿意同流合污的公司员工都被公司通过各种手段清除出去，或者干脆开除。

（四）源于利益分配机制不合理，导致机会主义行为的发生

奶农作为经济利益最大化的“经济人”，在进行决策前会进行成本—收益的分析。据一位奶农反映，现在一头奶牛一天至少得吃40多元钱的料，一天才能挤30千克奶，1千克牛奶也仅卖4元钱。再加上牛防治病、人工费等开支，农民基本已无利润。为了使自己的牛奶多卖些钱，当地的奶农就开始普遍往奶里掺杂三聚氰胺——一种很难被查出来的物质，致使奶源受到污染。

四、龙头企业经营风险管理的启示①

（一）加强对各个生产环节的监督管理

奶业的特点是产业链长，涉及饲料种植和加工、种畜繁育和疫病防治、牛奶加工和销售等多个环节，任何环节的不协调都会影响奶产品的质量。据了解，奶粉生产流程主要包括以下几个方面，原料乳验收、过滤、高温杀菌、浓缩、喷雾干燥、冷却、包装、装箱、检验成品等环节。其中，从奶农到中间商到加工厂，其实都存在风险因素。一方面，企业内部要加强检测和监管，建立和完善质量安全控制体系；另一方面，政府要加强食品生产监管工作，严厉查处生产假冒伪劣食品及无证生产行为，探索建立以准入、追溯、召回、退出制度为核心的质量安全监管长效机制。

（二）借鉴欧盟经验，创办奶源管理模式

组建和加入奶业合作社，是欧盟成员小规模奶农能够保持持续发展的重要原因。丹麦早在1882年就诞生了第一家奶业合作社，并由社员出资建立了奶类加工厂，这一形式几年后在欧洲迅速普及。经过长期发展与完善，奶农在自愿的基

① 李彬：《农业产业化龙头企业经营风险防控——基于三鹿集团个案分析》，载《特区经济》2009年第4期。

础上组成各种形式的合作社，按合作社的章程实行统一经营、统一核算、利润分成。欧盟主要奶业生产国 90% 以上的奶农都是各类奶业合作社的成员。据欧盟农业协会的不完全统计，欧盟目前有 4 万多个农业合作社组织，在营业额最大的 15 个中，奶业合作社占 10 个。欧盟奶业合作社集生产、加工和销售一体化经营，使利益与责任高度统一，不论哪个环节，都要按照安全标准操作以确保产品质量。

奶源建设成为中国乳企的当务之急。我国大多数食品加工企业采取的仍是“公司 + 农户”模式，这种模式监督成本较高，奶源质量难以保证，“公司 + 合作社 + 农户”实践被证明是一种行之有效的经营模式。例如伊利集团在奶源基地建设的实践中不断摸索、不断创新，逐渐实施了从“公司 + 农户”模式、“公司 + 牧场小区 + 农户”模式、“公司 + 规范化牧场园区”模式到“公司 + 合作社 + 农户”模式的四步走发展战略。截至目前，奶牛合作社模式已经在伊利集团的呼包、京津唐、东北三大奶源基地大面积地推广，并先后成立了奶牛合作社。“伊利奶牛合作社”的出现从根本上降低了奶农们的饲养风险和质量风险，进而有效地降低了伊利集团的发展风险。

（三）建立风险预警机制和突发事件应急处理机制

2007 年 12 月，三鹿集团就接到患儿家属投诉。进入 2008 年后，一些媒体开始进行不点名的报道。面对山雨欲来风满楼的严峻形势，三鹿集团采取了能推就推、能拖就拖、能瞒就瞒的处理方式，一再贻误战机，最终导致事态恶化。应急机制不健全，正是压倒三鹿集团的最后一根稻草。通过风险预警机制和突发事件应急处理机制的建立，明确风险预警标准，对可能发生的重大风险或突发事件，制定应急预案、明确责任人员、规范处置程序，可以确保突发事件得到及时妥善处理，是控制风险的一项重要措施。

（四）建立企业和奶农间的利益分配机制

在奶农和企业的博弈中，任何一方的崩溃都会造成一场乳业危机。有数据显示，过去的 6 年中，我国的奶业取得了年均增长 23% 的成绩，在产业链条利益的分配中，奶农所占利润比例不到 10%。化解“奶农不挣钱、奶质不稳定”的风险，必须充分考虑奶农的利益，形成规范的价格体系，严格按合同规定履行，同时按照饲料和鲜奶的价格比，适时调整鲜奶收购价格，形成稳定的供奶渠道，保证原奶质量。同时政府要支持龙头企业建立风险基金，用于企业和基地、农户遭受自然灾害、疫病灾害及经营风险时的补偿，以防范奶业风险。

(五) 引入“风险分析”理念

借鉴国际食品安全管理经验和做法，在食品安全管理中引入“风险分析”理念，针对性质恶劣的多发违法行为和质量安全问题严重的重点产品、重点行业和重点地区，加强质量安全风险监测。食品安全“风险分析”是一项全新的学科和领域，目前尚处于探索试验阶段，企业要组织专业人员研究建立食品安全风险的评价模型，采取质量安全指数的形式，建立食品质量安全风险指数的信息发布平台，提高风险预警能力。同时，进一步完善食品污染物监测网络，加强食品检验监测实验室建设。

本章小结

农业产业化经营重在风险管理。风险管理措施是风险管理理论付诸实施的重要方面。风险管理技术主要包括风险规避、风险担当、损失控制。风险管理需要一定的管理成本，它是风险管理单位不得不付出的成本。海灵顿（Harrington）认为，风险管理的目标是通过风险成本最小化实现企业价值最大化。

农业产业化经营主体的多样性、联结组织的多样性、经营产品的多样性等决定了风险管理的手段、方法、技术和策略的多样性。可以通过完善契约内部治理机制防范订单农业风险、可以利用期货市场转移订单农业违约风险、可以利用农民专业合作社防范订单农业风险。研究发现，上述防范订单农业风险思路发挥了较好的作用。龙头企业在农业产业化经营中具有重要的带动作用，成为农业产业化经营的重要载体，成为连接小农户与大市场之间的桥梁，而影响农业产业带动作用发挥的关键因素在于风险管理，风险管理的失败会直接导致企业的破产。结合龙头企业风险管理失败的案例，提出加强对各个生产环节的监督管理、建立风险预警机制和突发事件应急处理机制、引入“风险分析”理念等举措，完善农业产业化龙头企业全面风险管理体系。

附录

农户和公司参与农业产业化经营情况的调查问卷

农户和公司参与农业产业化经营情况的调查问卷（问卷编号____________）

（以下项目如没有特别往明，请在选中项前打“√”）

说明：本次调查是为了了解农户参与农业产业化经营状况。问卷采取无记名的形式，只作为科学研究用，请根据自己的实际情况如实填写。衷心感谢您的支持和积极参与！

一、农户参与农业产业化经营的调查

（一）被调查村庄的基本情况

A1. 您所在的村庄属于______省（市、区）______县（市、区）______镇（乡）______村

A2. 您所在的村庄所处的地理类型是：（　　）

（1）平原　（2）浅丘　（3）深丘　（4）山区　（5）高原（草原）

A3. 您村的人口______人（2018年），其中外出务工人员______人；村总户数______户；耕地总面积______亩。

A4. 您村农民主要收入来源：（　　）（1）农业　（2）非农业

A5. 您村的交通情况怎样？（　　）

（1）通柏油路　（2）乡间土路　（3）通碎石路　（4）通较宽的土路

A6. 村农户生产的主要农产品为：________________________（请写出）

（二）被调查农户的基本情况

B1. 户主年龄：______岁；性别（男，女）；接受教育年限______年。

B2. 户主有过外出打工或经商的经历吗？（1）有　（2）没有

B3. 您家庭人口数：______人：其中家庭劳动力（16～60岁）______人，现总耕种面积______亩，其中，从别人处流转土地面积______亩。

B4. 家庭年总收入（2018 年）______元，其中农业收入占全家总收入的比例为______（%）。

（三）被调查农户农业生产经营基本情况

C1. 您家种植的主要农作物是什么？____________________。

C2. 来自农产品的收入占您家年总收入的比例大约为______（%）。

C3. 您家出售的该农产品产量占您家该农产品全部产量比例大约为多少？______（%）。

C4. 您家生产的农产品主要销往什么地方？

（1）本地市场（指本乡镇或者邻近乡镇）

（2）外地市场（本乡镇或者邻近乡镇以外或者外地客商）

（3）国外市场（含国外客商收购）

C5. 您家该农产品通过下列途径销售的数量占您家总销售量的比例分别为多少？

（1）通过自己走村串户销售的比例为______（%）

（2）通过当地农贸市场（场、集）销售的比例为______（%）

（3）通过商贩上门收购销售的比例为______（%）

（4）通过公司或企业直接收购销售的比例为______（%）

（5）通过农民专业合作经济组织收购销售的比例为______（%）

（6）通过供销社收购销售的比例为______（%）

（7）通过村社区经济组织销售的比例为______（%）

（8）通过当地批发市场销售的比例为______（%）

C6. 您家在目前生产经营过程中面临的主要困难有哪些？

（请按问题大小程度在 1、2、3、4、5 中选一项打“√”）

没有困难　　困难很小　　比较困难　　困难较大　　困难很大

（1）农业生产资料供应：1 ______ 2 ______ 3 ______ 4 ______ 5 ______

（2）产品销售：1 ______ 2 ______ 3 ______ 4 ______ 5 ______

（3）土地：1 ______ 2 ______ 3 ______ 4 ______ 5 ______

（4）技术：1 ______ 2 ______ 3 ______ 4 ______ 5 ______

（5）资金：1 ______ 2 ______ 3 ______ 4 ______ 5 ______

C7. 目前下列各种为农服务组织为您家提供的服务，您的满意程度如何？

（请按满意程度大小在 1、2、3、4、5 中选一项打“√”）

很不满意　　不满意　　较满意　　满意　　很满意

（1）当地农技部门：1 ______ 2 ______ 3 ______ 4 ______ 5 ______

（2）公司企业：1 ______ 2 ______ 3 ______ 4 ______ 5 ______

(3) 供销社: 1 ______ 2 ______ 3 ______ 4 ______ 5 ______

(4) 农村信用社: 1 ______ 2 ______ 3 ______ 4 ______ 5 ______

(5) 村社区经济组织: 1 ______ 2 ______ 3 ______ 4 ______ 5 ______

(四) 被调查农户参与订单的基本情况

D1. 您是否与有关单位签订过订单(合同)?

→如选“没有签订过”,那么您家没有签订过的原因是什么?

(1) 没有机会 (2) 好处不明显

(3) 手续太复杂 (4) 自己规模太小,对方不感兴趣

D2. 您家是与下列哪类组织签订订单(合同)?

(1) 当地贩销大户 (2) 龙头企业

(3) 家庭农场 (4) 合作社或专业协会

(5) 其他

D3. 您家签订订单(合同)的具体形式为:

(1) 口头协议 (2) 书面形式

(3) 没有合同或协议

D4. 您家参与订单的最主要原因是什么?

(1) 为了产品有销路 (2) 为了价格有保证

(3) 为了得到技术支持 (4) 为了得到资金的支持

D5. 您家与对方签订的合同期限一般为多长时间?

(1) 1年以内 (2) 1~2年

(3) 2~3年 (4) 3年以上

D6. 您家与对方签订的订单的价格是怎么规定的?

(1) 随行就市价格

(2) 合同上规定保底价格,当该产品市场价格高于合同价格,随行就市;当该产品市场价格低于合同价格,就按照合同价格收购

(3) 固定价格,无论该农产品市场价格怎样变化,都按照合同约定价格收购

(4) 合同规定某一数量的农产品按照固定价格收购,其余随行就市

(5) 其他形式

D7. 在合同中,您最希望签订合同的价格形式为: ______ (只选一种)

(1) 随行就市价格

(2) 合同上规定保底价格,当该产品市场价格高于合同价格,随行就市;当该产品市场价格低于合同价格,就按照合同价格收购

(3) 固定价格,无论该农产品市场价格怎样变化,都按照合同约定价格收购

(4) 合同规定某一数量的农产品按照固定价格收购,其余随行就市

(5) 其他形式

D8. 在合同中，是否包含有违约责任的处理问题？(1) 有　(2) 没有

D9. 在合同中，违约责任的处理方式是怎样规定的？

(1) 通过法院解决　　(2) 通过第三方协调解决

(3) 通过双方协商解决

D10. 您家在实际中是怎样履行合同责任的？

(1) 严格履约，从不违背　　(2) 偶尔违约，绝大部分履约

(3) 经常违约，偶尔履约　　(4) 从不履约

D11. 如没有履约，主要原因是什么？(可多选)

(1) 市场收购价格更高，卖给别人

(2) 交货时间不及时，企业拒收

(3) 农产品质量达不到企业要求，企业拒收

(4) 其他

D12. 通过参与农业产业化经营，您家得到了下列什么好处？

(请按得到好处大小在 1、2、3、4、5 中选一项打“√”)

没有好处　好处很小　好处一般　好处较大　好处很大

(1) 减低生产资料购买费用：1 ______ 2 ______ 3 ______ 4 ______ 5 ______

(2) 提高农产品质量：1 ______ 2 ______ 3 ______ 4 ______ 5 ______

(3) 提高产品销售价格：1 ______ 2 ______ 3 ______ 4 ______ 5 ______

(4) 稳定产品销售价格：1 ______ 2 ______ 3 ______ 4 ______ 5 ______

(5) 降低销售成本：1 ______ 2 ______ 3 ______ 4 ______ 5 ______

D13. 您所在地政府有支持农业产业化经营的政策吗？

(1) 有　　(2) 没有

(3) 可能有，没听说过

D14. 您家最愿意与下列哪类组织签订订单？

(1) 当地贩销大户　　(2) 企业

(3) 合作社　　(4) 经营大户

(5) 其他

(五) 您认为产业产业化经营中会有哪些风险？你对这些风险的态度如何？你认为应该如何处理这些风险？

二、企业参与农业产业化经营的调查

(填表说明：以下选项没有特别说明，请在选项前打“√”。)

（一）公司和行业基本情况

E1. 贵公司的主营产品是：__________________。

E2. 贵公司主营农产品的目标销售市场是：

（1）以国内市场为主　　（2）以国外市场为主

E3. 贵公司在同类农产品上的市场占有率如何？

（1）很低　　（2）较高

（3）高　　（4）很高

E4. 贵公司销售的农产品近两年来市场价格波动情况是：

（1）很稳定　　（2）基本稳定

（3）波动较大　　（4）波动很大

E5. 贵公司是属于下列哪类龙头企业？

（1）国家级　　（2）省级

（3）市级　　（4）县（市）级

E6. 公司对原料农产品的质量要求是否较高？

（1）不高　　（2）较高

（3）高　　（4）很高

E7. 公司是否容易直接监督农户的生产行为？

（1）不容易　　（2）较容易

（3）容易　　（4）很容易

E8. 目前公司是主要通过下列哪类途径收购农产品的？

（1）以市场随机收购为主

（2）以一般订单（合同）收购为主

（3）以公司与农户合作建立的基地收购为主

（4）以公司自己租地建立的基地收购为主

（5）以公司买地建立的基地收购为主

（二）公司参与农业产业化的基本情况

F1. 公司通过订单收购的农产品是主要通过下列哪种方式处理后销售出去的？

（1）经过简单分类处理　　（2）经过粗加工

（3）经过精加工

F2. 公司通过订单收购的农产品数量占总收购量的比例约为多少？

（1）25%以下　　（2）25%～50%

（3）50%～75%　　（4）75%以上

F3. 公司签订订单的具体形式为：（1）以口头协议为主　（2）以书面协议为主

F4. 公司与农户签订订单农业的主要目的是：(可多选)
(1) 为了保证原料的供应　(2) 为了保证收购农产品的质量
(3) 为了减低市场交易成本　(4) 为了获得政府的支持
(5) 为了稳定农产品的收购价格　(6) 其他

F5. 公司目前主要是通过下列哪种主要组织形式与农户签订订单的?
(1) 公司直接与大户　(2) 公司 + 村经济组织 + 农户
(3) 公司 + 农民合作经济组织　(4) 公司 + 贩销大户 + 农户
(5) 公司 + 当地政府 + 农户　(5) 其他

F6. 从公司的角度看，今后最理想的组织形式为下列哪一种?
(1) 公司直接与大户　(2) 公司 + 村经济组织 + 农户
(3) 公司 + 农民合作经济组织　(4) 公司 + 贩销大户 + 农户
(5) 公司 + 当地政府 + 农户　(6) 其他

F7. 公司签订的订单有效期限一般为多长时间?
(1) 1 年以下　(2) 1 ~ 2 年
(3) 2 ~ 3 年　(4) 3 年以上

F8. 公司签订的订单条款是如何制定的?
(1) 双方协商制定　(2) 由企业说了算
(3) 第三方参与协商制订　(4) 其他

F9. 公司签订的订单收购价格为：
(1) 随行就市价格
(2) 最低保护价格（市场价格高于保护价格时随行就市）
(3) 固定价格（根据近几年价格平均确定或成本确定）
(4) 其他形式

F10. 假如贵公司采取保护价收购农产品，如市场价格出现下跌，企业面临亏损，将如何?
(1) 继续履行合同，坚持按保护价收购农户的农产品
(2) 将与合同方商议，调整收购价格
(3) 通过其他方法协调
(4) 拒绝履行合同

F11. 公司对签订订单农户主要提供下列哪些服务?(可多选)
(1) 提供生产资料投入服务　(2) 提供技术服务
(3) 提供资金服务　(4) 没有提供服务

F12. 公司是否要求签订订单的农户有专门的投入?
(1) 有要求　(2) 没有要求

F13. 公司对订单履行过程中表现好的农户是否有奖励措施?

(1) 有　　(2) 没有

F14. 在您公司签订的订单中，农户的履约率有多高?

(1) 25%以下　　(2) 25%~50%

(3) 50%~75%　　(4) 75%以上

F15. 在订单履行过程中，农户不能履约的主要原因是:(可多选)

(1) 卖给出价高的第三者　　(2) 质量不符合要求

(3) 交货时间不及时　　(4) 数量达不到要求

F16. 在订单履行过程中，违约的农户主要是哪类农户?

(1) 规模小的农户　　(2) 规模中等的农户

(3) 规模大的农户

F17. 订单有否规定违约赔偿损失条款?(1) 有　(2) 没有

F18. 如果农户发生违约，公司如何对其处理?

(1) 没有办法处理　　(2) 通过法院追究责任

(3) 通过当地政府追究责任　　(4) 通过其他手段处理

F19. 贵公司在订单履行过程中，是如何对农户生产过程进行监督与控制，以确保农产品的质量?

(1) 通过对农药、化肥与种子等投入品的控制，确保农产品的质量

(2) 通过派人巡视对生产过程进行控制，确保农产品的质量

(3) 通过农户之间互相监督，确保农产品的质量

(4) 通过对农户生产过程随机抽查

(5) 其他方式

F20. 企业实施订单农业要取得成功，您认为主要取决于下列哪些因素?(可多选)

(1) 企业必须有市场竞争力

(2) 政府必须要给予支持

(3) 要使参加订单农业农户能得到一定的好处

(4) 农户经营的规模要大

(5) 农户和企业信用要好

(6) 要根据产品的特点，因地制宜

F21. 您认为目前政府扶持农业龙头企业的政策，在推动订单农业的发展方面发挥的作用如何?

(1) 没有多大作用　　(2) 有一定作用

(3) 作用很大

F22. 您认为目前要发展订单农业，政府应重点做好哪些方面的工作？

(1) 宣传引导　(2) 规范合同管理

(3) 监督合同的履行　(4) 鼓励农户与企业参与订单农业

(5) 其他

(三) 公司对付风险认识的基本情况

G1. 你认为农业产业化经营是否存在经营风险？

(1) 存在　(2) 不存在

(3) 不知道

G2. 你公司的经营风险来自哪里？

(1) 农产品销售价格波动所产生的价格风险

(2) 与农户签订合同，而农民毁约的风险

(3) 自然灾害产生的风险

(4) 其他风险

G3. 应对农业产业化经营风险，你公司是否建立风险基金？

(1) 已经建立　(2) 没有建立

G4. 如果你公司已经建立风险基金，资金来源：

(1) 按照某一比例从销售收入中提取　(2) 政府给予财政补助

(3) 社会捐赠　(4) 其他途径

G5. 针对农业产业化存在的风险，为了帮助支持农业产业化发展，当地政府有什么防范措施？

(1) 政府财政出资农业产业化发展基金或者农业产业化风险基金

(2) 政府临时解决

(3) 不知道政府有援助措施

G6. 当你公司出现资金链条断裂时，你怎样解决？

(1) 银行帮助融资解决　(2) 农户暂缓收取货款

(3) 政府财政援助　(4) 股权融资解决

(四) 其他问题

请你把你遇到的其他问题和建议写在下面。

主要参考文献

[1] 蔡海龙、关佳晨：《国内外农业产业化组织发展经验探析》，载《农村经营管理》2018 年第 5 期。

[2] 曹记森：《订单农业违约风险防范研究》，载《农机服务》2016 年第 33 卷第 3 期。

[3] 陈传波、丁士军：《中国小农户的风险及风险管理研究》，中国财政经济出版社 2005 年版。

[4] 陈吉元：《关于农业产业化的几点看法》，载《浙江学刊》1996 年第 5 期。

[5] 陈纪平：《家庭与现代农业经济组织的功能与界限》，载《城乡统筹与新农村建设》2017 年第 5 期。

[6] 陈淑娟：《我国农村经济合作组织发展中的问题与对策》，载《财经界》2015 年第 9 期。

[7] 陈帅、张平：《试议农业产业化组织形式存在问题及完善对策》，载《农村经济》2017 年第 5 期。

[8] 崔剑：《我国农业生产经营组织形式的演进和启示》，载《江西社会科学》2010 年第 8 期。

[9] 丁竹君：《大力发展“订单农业”必须发展农业保险》，载《甘肃社会科学》2006 年第 4 期。

[10] 董绍斌、李长云：《农业产业化风险资本项目评价指标设计》，载《哈尔滨师范大学自然科学学报》2008 年第 5 期。

[11] 斐汉青：《农业产业化经营中的违约行为及其矫正》，载《经济问题探索》2005 年第 12 期。

[12] 费方域：《企业的产权分析》，上海三联书店、上海人民出版社 1998 年版。

[13] 付学坤：《农业产业化经营与县域经济发展研究》，四川大学硕士论文，2005 年。

[14] 高虹：《对进一步振兴我国农村经济的思考体会》，载《中国集体经济》2017年第21期。

[15] 耿玉春：《我国农业生产经营模式的演变及今后的选择》，载《山西师大学报》（社会科学版）2004年第31卷第4期。

[16] 顾孟迪、雷鹏等：《风险管理》，清华大学出版社2005年版。

[17] 管荣开：《不断优化宏观调控 努力改善基本国情》，载《财政研究》1997年第7期。

[18] 郭芳芳：《关于农业产业化研究的文献综述》，载《乡村科技》（下）2016年第2期。

[19] 郭红东：《龙头企业与农户订单安排与履约：理论和来自浙江企业的实证分析》，载《农业经济问题》2006年第2期。

[20] 郭科：《利用期货市场保证我国订单农业的健康发展》，载《经济纵横》2004年第6期。

[21] 郭庆：《农业产业化的风险与防范》，载《安徽农业科学》2006年第21期。

[22] 郭颖梅：《云南省农业产业化龙头企业的风险管理特点》，载《经济师》2015年第10期。

[23] 韩喜平：《农户经营系统分析》，中国经济出版社2001年版。

[24] 何嗣江：《订单农业风险管理与农民专业合作经济组织创新》，载《浙江社会科学》2007年第11期。

[25] 何嗣江：《订单农业风险管理与农民专业合作经济组织创新》，载《浙江社会科学》2007年第6期。

[26] 何嗣江、汤钟尧：《订单农业发展与金融工具创新》，载《金融研究》2005年第4期。

[27] 贺晓伟、招庆祯：《基于期权的农产品供应链模式分析》，载《物流技术》2011年第1期。

[28] 衡霞、杨明洪：《订单农业契约风险形成机理及外部性分析》，载《统计与决策》2009年第16期。

[29] 洪绂曾：《我国农业产业化的战略思路与重点》，载《农村经营管理》2006年第1期。

[30] 侯晶、侯博：《农户订单农业参与行为及其影响因素分析——基于计划行为理论视角》，载《湖南农业大学学报》（社会科学版）2018年第19卷第1期。

[31] 侯军岐：《论农业产业化的组织形式与农民利益的保护》，载《农业经

济问题》2003 年第 2 期。

[32] 胡鞍钢、吴群刚:《农业企业化:中国农村现代化的重要途径》,载《农业经济问题》2001 年第 1 期。

[33] 胡继连:《产业组织制度与中国农业发展研究》,中国农业出版社 2002 年版。

[34] 胡铭:《农业龙头企业社会责任与经营绩效的实证研究——基于湖北仙洪新农村试验区的数据》,载《农业经济问题》2009 年第 12 期。

[35] 胡绳:《中国共产党的七十年》,中共党史出版社 1991 年版。

[36] 胡书东:《家庭农场:经济发展较成熟地区农业的出路》,载《经济研究》1996 年第 5 期。

[37] 胡亚敏、陈宝峰、姚正海:《我国农业上市公司社会责任与财务绩效、企业价值的关系研究》,载《统计与决策》2013 年第 4 期。

[38] 黄宗智:《华北的小农经济与社会变迁》,中华书局 1986 年版。

[39] 黄祖辉、蒋文华:《农业与农村发展的制度透视——理论述评与应用分析》,中国农业出版社 2002 年版。

[40] 黄祖辉、王祖锁:《从不完全合约看农业产业化经营的组织方式》,载《农业经济问题》2002 年第 3 期。

[41] 贾伟强、贾仁安:《"公司 + 农户"模式中的公司与农户:一种基于委托——代理理论的解释》,载《农村经济》2005 年第 8 期。

[42] 姜青舫、陈方正:《风险度量原理》,同济大学出版社 2000 年版。

[43] 蒋明、孙赵勇:《农民专业合作经济组织问题探析:基于博弈理论的实证分析》,载《科技进步与对策》2011 年第 4 期。

[44] 蒋永穆、王学林:《我国农业产业化经营组织的阶段划分及其相关措施》,载《西南民族大学学报》(人文社科版)2003 年第 8 期。

[45] 焦必方:《农村和农业经济学》,上海人民出版社 2009 年版。

[46] 课题组:《实现农业产业化的理论与实践研究》,载《山东软科学》2000 年第 1 期。

[47] 孔国荣:《"订单农业"履约率低的法律思考》,载《江西社会科学》2005 年第 1 期。

[48] 乐波:《法国农业合作组织及其对中国的启示》,载《社会主义研究》2005 年第 5 期。

[49] 李彬:《"公司 + 农户"契约非完全性与违约风险分析》,载《华中科技大学学报》2009 年第 1 期。

[50] 李彬、刘明芝:《订单农业违约风险评估:基于山东省的实证分析》,

载《中国食物与营养》2009年第9期。

[51] 李彬:《农业产业化组织契约风险与创新风险管理》，西南交通大学出版社2011年版。

[52] 李长健、杨婵:《订单农业发展中的问题与对策》，载《长安大学学报》(社会科学版) 2011年第3期。

[53] 李汉才、门素梅:《试论农业产业化经营风险及其防范机制的构建》，载《农村经济》2009年第9期。

[54] 李莉、郭圣楠:《订单农业中契约稳定性影响因素研究》，载《黑龙江科学》2017年第8卷第19期。

[55] 李林:《我国农业产业化发展的三个阶段》，载《经济研究参考》2002年第4期。

[56] 李强、高阳:《基于蛛网理论的生猪价格波动性分析》，载《安徽农学通报》2016年第16期。

[57] 李先德:《法国农业合作社》，载《世界农业》1999年第3期。

[58] 李延敏、章敏:《农业产业化龙头企业信用风险评价的改进——基于农村金融联结视角》，载《农林经济管理学报》2016年第5期。

[59] 李正:《企业社会责任与企业价值的相关性研究——来自沪市上市公司的经验证据》，载《中国工业经济》2006年第2期。

[60] 林毅夫:《关于制度变迁的经济学理论:诱致性变迁与强制性变迁》，上海三联书店、上海人民出版社1994年版。

[61] 林毅夫:《农业产业化与山东经验》，载《中国城乡桥》2007年第9期。

[62] 林毅夫:《中国奇迹:发展战略与经济改革》，上海三联出版社1994年版。

[63] 刘凤芹:《不完全合约与履约障碍——以订单农业为例》，载《经济研究》2003年第4期。

[64] 刘胜勇:《探究农业合作经济组织对促进农业经济发展的影响》，载《农技服务》2017年第6期。

[65] 刘新立:《风险管理》，北京大学出版社2006年版。

[66] 刘秀娟、赵慧峰、张桂春:《对规范农民专业合作组织的探讨》，载《农业经济》2006年第1期。

[67] 刘振郑:《法国的农业现代化》，载《世界农业》1979年第4期。

[68] 龙小文:《农户经济组织研究》，湖南人民出版社2005年版。

[69] 陆华良、黄慧盈:《社会领导风格对农业龙头企业履约社会责任的影

响研究》，载《软科学》2018 年第 9 期。

[70] 陆文聪、西爱琴：《农业产业化中农户经营风险特征及有效应对措施》，载《福建论坛》（人文社会科学版）2005 年第 7 期。

[71] 陆文聪、西爱琴：《农业产业化中农户经营风险特征及有效应对措施》，载《福建论坛》2005 年第 2 期。

[72] 罗必良：《农业产业组织：演进、比较与创新——基于分工维度的制度经济学研究》，中国经济出版社 2002 年版。

[73] 罗东明：《我国农业产业化经营及风险问题研究》，东北农业大学博士学位论文，2005 年。

[74] 罗雪中、潘志强：《农业产业化发展与农民市场风险》，载《财经理论与实践》2006 年第 5 期。

[75] 马力：《不完全合约理论述评》，载《哈尔滨工业大学学报》（社会科学版）2004 年第 11 期。

[76] 米晋川：《对“公司 + 农户”的再认识》，载《经济问题探索》2003 年第 4 期。

[77] 慕永太：《莱阳农村改革发展之路》，中共中央党校出版社 1999 年版。

[78] 牛若峰：《农业产业化经营的组织方式和运营机制》，北京大学出版社 2000 年版。

[79] 牛若峰：《农业产业一体化经营的理论与实践》，中国农业科技出版社 1998 年版。

[80] 裴汉青：《农业产业化经营中的违约行为及其矫正》，载《经济问题探索》2005 年第 12 期。

[81]《全国农民专业合作社已达 193.3 万家》，载《人民日报》2017 年 9 月 11 日。

[82] 生秀东：《订单农业的契约困境和组织形式的演进》，载《中国农村经济》2007 年第 12 期。

[83] 生秀东：《订单农业的运行机理和稳定性分析》，载《中州学刊》2004 年第 11 期。

[84] 生秀东：《订单农业契约风险的控制机制分析》，载《中州学刊》2007 年第 6 期。

[85] 生秀东：《为什么龙头企业的违约率高于农户》，载《农民日报》2007 年 1 月 10 日。

[86] 孙兰生：《订单农业的经济学分析》，载《农业发展与金融》2006 年第 6 期。

［87］孙兰生：《关于订单农业的经济学分析》，载《农业发展与金融》2006 年第 6 期。

［88］孙良媛：《农业产业化的经营风险及风险控制》，载《华南农业大学学报》（社会科学版）2003 年第 2 期。

［89］孙良媛：《转型期农业经营风险：对广东的实证研究》，载《华南农业大学学报》2002 年第 2 期。

［90］孙天琦、魏建：《农业产业化过程中“市场、准企业（准市场）和企业”的比较研究——从农业产业组织演进视角的分析》，载《中国农村观察》2002 年第 4 期。

［91］［美］Scott E. Harrington，Gregory R. Niehaus：《风险管理与保险》，清华大学出版社 2001 年版。

［92］覃琼芳：《自然保护区的环境管理与旅游发展问题研究》，载《农业与技术》2012 年第 9 期。

［93］汪凤桂、欧晓明、胡亚飞等：《慈善捐赠与企业财务绩效关系研究——对 345 家上市公司的实证分析》，载《华南农业大学学报》（社会科学版）2011 年第 10 期。

［94］汪希成：《新骊农业产业化风险与管理》，载《新摄农垦经济》2005 年第 1 期。

［95］王国敏、曹萍：《农民增收：从实证分析到理论研究》，载《四川大学学报》（哲学社会科学版）2002 年第 5 期。

［96］王国敏：《论农业产业组织的创新与发展》，载《四川大学学报》（哲学社会科学版）2000 年第 4 期。

［97］王厚俊：《农业产业化经营理论与实践》，中国农业出版社 2007 年版。

［98］王丽萍：《推进新型农业合作经济组织发展探析》，载《现代农业》2015 年第 5 期。

［99］王秋杰、阮金泉：《农业产业化经营的发展类型、组织模式及其运行机制》，载《洛阳农业高等专科学校学报》2001 年第 3 期。

［100］王全在、孙立红：《内蒙古龙头企业与农牧民利益联结机制探究》，载《内蒙古财经大学学报》2018 年第 3 期。

［101］王松：《云南省农户与龙头企业利益关系问题及解决对策》，载《乡村科技》2018 年第 2 期。

［102］吴伟尧：《广西大容山自然保护区经营管理对策探讨》，载《中南林业调查规划》2012 年第 3 期。

［103］咸春龙：《论农业产业化经营与农民组织化问题》，载《农业经济问

题》2002 年第 2 期。

［104］项桂娥：《“公司 + 农户”产业化组织模式的契约分析》，载《池州学院学报》2005 年第 5 期。

［105］谢非：《风险管理原理与方法》，重庆大学出版社 2013 年 4 月第一版。

［106］徐健、薛建强：《订单农业违约问题研究：基于企业能力理论的分析》，载《仲恺农业技术学院学报》2008 年第 1 期。

［107］徐秋慧：《论农户生产经营的契约风险与规避》，载《山东财政学院报》2006 年第 4 期。

［108］徐秋慧：《论农户生产经营的契约风险与规避》，载《山东财政学院学报》（双月刊）2006 年第 4 期。

［109］徐雪高、张照新：《农业龙头企业社会责任：概念界定、履行动因与政策建议》，载《经济体制改革》2013 年第 6 期。

［110］徐雪高、张照新：《农业龙头企业社会责任信息披露指标体系设计》，载《华中农业大学学报》（社会科学版）2014 年第 5 期。

［111］徐忠爱：《公司和农户契约选择与履约机制研究》，中国社会科学出版社 2006 年版。

［112］薛昭胜：《期权理论对订单农业的指导与应用》，载《中国农村经济》2001 年第 2 期。

［113］严玲、赵华：《项目所有权配置下代建项目风险分担机制研究》，载《武汉理工大学学报》（信息管理版）2009 年第 1 期。

［114］杨明洪：《从“中心化模式”向“中间化模式”：农业产业化经营组织演化分》，载《中州学刊》2008 年第 5 期（总第 167 期）。

［115］杨明洪：《风险形成的圈层结构：关于农业产业化经营风险的一般理论分析框架》，载《在哥本哈根大学食品与资源经济研究所的报告》2005 年 4 月。

［116］杨明洪：《“公司 + 农户”型产业化经营风险的形成机理与管理对策研究》，经济科学出版社 2009 年版。

［117］杨明洪：《农业产业化经营的经济风险及其防范》，载《经济问题》2001 年第 8 期。

［118］杨明洪：《农业产业化经营组织形式演进：一种基于内生交易费用的理论解释》，载《中国农村经济》2002 年第 10 期。

［119］杨小帆、张永生：《新兴古典经济学和超边际分析》，中国人民大学出版社 2000 年版。

［120］叶祥松、王朝辉：《我国农村经济组织的发展与创新》，载《江西财经大学学报》2010 年第 4 期。

[121] 尹成杰：《农业产业化经营与农业结构调整》，载《中国农村经济》2001 年第 5 期。

[122] 尹云松：《公司与农户间商品契约的类型及其稳定性考察》，载《中国农村经济》2003 年第 8 期。

[123] 于凡：《农业小微企业与农户联结机制分析——以吉林省为例》，载《农业经济》2018 年第 8 期。

[124] 袁铖：《农业产业化经营的风险与防范》，载《贵州财经学院学报》2003 年第 3 期。

[125] 袁恩桢：《社会主义初级阶段经济问题》，上海社会科学院出版社 1989 年版。

[126] 曾令香：《农业微观基础的组织创新研究》，中国农业出版社 2001 年版。

[127] 曾湘文：《农业产业化经营风险及其防范》，载《科技信息》2006 年第 3 期。

[128] 张北根：《斯大林、毛泽东农业社会主义改造之比较》，载《云南行政学院学报》2005 年第 5 期。

[129] 张兵、胡俊伟：《"龙头企业+农户" 模式下违约的经济学分析》，载《现代经济探讨》2004 年第 9 期。

[130] 张红霞、杨印生：《我国农业产业化龙头企业风险管理策略研究》，载《当代经济研究》2012 年第 5 期。

[131] 张剑军：《区域农业产业化经营与可持续发展的理论研究与实证分析》，天津大学硕士学位论文，2005 年。

[132] 张立冬、曹明霞等：《农业产业化龙头企业社会责任履行研究》，载《江苏农业科学》2018 年第 3 期。

[133] 张淼：《农业产业化：一种长期合约的违约问题》，载《边疆经济与文化》2005 年第 12 期。

[134] 张雪莹：《加强农业经济组织建设研究》，载《乡村科技》2017 年第 9 期。

[135] 张英明：《家庭与现代农业经济组织的功能与界限》，载《商业经济研究》2016 年第 10 期。

[136] 张永森：《山东农业产业化的理论与实践探索》（上），载《农业经济问题》1997 年第 10 期。

[137] 张兆国、靳小翠、李庚秦：《社会责任与财务绩效之间交互跨期影响实证研究》，载《会计研究》2013 年第 8 期。

[138] 张志强：《期权理论与公司理财》，华夏出版社2000年版。

[139] 赵爱英：《论我国农业产业化经营及其发展》，载《甘肃农业》2003年第5期。

[140] 赵磊：《“三农问题”的市场经济理论解析》，载《学术研究》2005年第5期。

[141] 赵丽炯：《中美订单农业的比较及启示》，载《世界农业》2014年第7期。

[142] 赵西亮、吴栋等：《农业产业化经营中商品契约稳定性研究》，载《经济问题》2005年第3期。

[143] 赵西亮、吴栋：《农业产业化经营中商品契约稳定性研究》，载《当代经济研究》2005年第2期。

[144] 赵西亮、吴栋、左臣明：《农业产业化经营中商品契约稳定性研究》，载《经济问题》2005年第3期。

[145] 郑玉秀：《美国订单农业发展经验及借鉴》，载《世界农业》2011年第5期。

[146] 中国农业银行武汉培训学院课题组：《农业产业链风险管理研究》，载《中国农业银行武汉培训学院学报》2017年第6期。

[147] 中华人民共和国国家统计局：《中国统计年鉴》，中国统计出版社1983年版。

[148] 重庆市计划委员会：《重庆跨世纪发展战略》，重庆出版社1997年版。

[149] 周立群、曹利群：《农村经济组织形态的演变与创新——山东省莱阳市农业产业化调查报告》，载《经济研究》2001年第1期。

[150] 周立群、曹利群：《商品契约优于要素契约——以农业产业化经营中的契约选择为例》，载《经济研究》2002年第1期。

[151] 周立群：《完善农村经济组织体系和推进制度创新》，载《南开学报》2004年第1期。

[152] 周耀东：《政府承诺缺失下的城市水务特许经营》，载《管理世界》2005年第8期。

[153] 朱信凯：《现代农业发展视野下的国家粮食安全战略》，载《中国人大》2012年第8期。

[154] 祝宏辉：《中国订单农业同发达国家订单农业的区别和启示》，载《世界农业》2005年第7期。

[155] Barkema, A. Reaching Consumers in the Twenty-first Century: the Short Way around the Barn. American Journal of Agricultural Economics, Vol. 75, 1993.

[156] Bogetoft, Peter and Olsen, Henirik. Ten Rules of Thumb in Constract Design: Lessons from Danish Agriculture. European Review of Agricultural Economics, Vol. 29, No. 2, 2002.

[157] Campbell, Gerald R. and Shiha, A. Wisconsin Corn and Soybean Producers Knowledge and Use of Options and Related Marketing Instruments. Working Paper No. 276, Madison; University of Wisconsin, Department of Agricultural Economics, December, 1987.

[158] Carroll A B. A Three Dimensional Conceptual Model of Corporate Social Performance. Academy of Management Review, Vol. 3, No. 4, 1979.

[159] Coase, R. H. The Nature of the Firm. Economic, Vol. 16, 1937.

[160] Coase, R. H. The Nature of the Firm. Economic, Vol. 4, No. 16, 1937.

[161] David Runsten & Nigel Key. Contract Farming in Developing Countries: Theoretical Aspects and Analysis of Mexican Cases. Original: Espanol, 2 de septiembre de 1996.

[162] Fernquest J. Contract Farming: Broken Dreams [N/ OL] (2012 -05 -18).

[163] Frank, S. D. Transaction Costs as Determinants of Vertical Coordination in the U. S. Food Industries. American Journal of Agricultural Economics, Vol. 74, 1992.

[164] Goodwin, Barry K. and Schroeder, Ted C. Human Capital, Producer Education Pprogranms and the Adoption of Forward-pricing Methods. American Journal of Agricultural Economics, Vol. 76, November, 1994.

[165] Hart, Oliver and John Moore. Incomplete Contracts Renegotiation. Econometric, 1988.

[166] John H. Davis, Roy A. Goldberg. A Concept of Agribusiness. Harvard University, 1957.

[167] Key N, Macdonald J. Agricultural Contracting: Trading Autonomy for Risk Reduction. Amber Waves, Vol. 4, No. 1, 2006.

[168] Klein, B. Borderlines of Law and Economic Theory: Transaction Cost Determinants of Unfair Contractual Arrangements. American Economic Review Papers and Proceeding, 1980.

[169] Little, D Peter and Watts. J. Michael. Live under Contract: Contract Farming and Agrarian Transformation in Sub - Saharan Africa. The University of Wisconsin Press, 1994.

[170] Moskowitz M. Choosing Socially Responsible Stocks. Businessand Society Review, Vol. 1, 1972.

[171] Musser, Wesley N. Patrick, George F. and Eckman, David F. Risk and Grain Marketing Behavior of Large-scale Farmers. Journal of Agricultural Economics, Vol. 18, 1996.

[172] Neil E. Harl. The Age of Contract Agriculture: Consequences of Concentration in Input Supply. Journal of Agribusiness, 18 (1). march 2000.

[173] PBS English News. Unfair Contract Farming Prompts Farmers to Seek Government help [N/OL] (2015 -09 -25).

[174] Segal, I. Complexity and Renegotiation: A Foundation for Incomplete Contracts. Review of Economic Studies, 1999, 66.

[175] Stecen Wolf, BrentHueth, EthanLigon. Policing Mechanisms in Agricultural Countries. Rural sociology, Vol. 66, No. 3, 2001.

[176] Stuart D. Frank, Dennis R. Henderson. Transaction Cost as Determinants of Vertical Coordination in the U. S. Food Industries. Amer. J. Agr. Econ. Novermber, 1992.

[177] Sukhpal Singh. Role of the State in Contract Farming in Thailand Experience and Lessions. ASESN Economics Bulletin, Vol. 22, No. 2, 2005.

[178] S. R. Asokan and Gurdev Singh. Role and Constraints of Contract Farming in Agro-processing Industry. Indian Journal of Agricultural Economics, Jul – Sep 2003.

[179] Wang H, Wang Y, Delgado M. The Transition to Modern Agriculture: Contract Farming in Developing Economies. American Journal of Agricultural Economics, Vol. 5, 2014.

[180] Wang Y, Wang J, Shou B. Pricing and Effort Investment for a Newsvendortype product. European Journal of Operational Research, Vol. 229, No. 22, 2013.

[181] Zylbersztajn, Decio. Tomatoes and Courts: Strategy of the Agro-industry Facing Weak Contract Enforcement, School of Economic and Business. University of SaoPaulo, Brazil, Worker Paper, August, 2003.

后　　记

呈现在读者面前的这本《农业产业化经营风险问题研究》是作者多年来从事农业产业经营问题研究的成果汇集，注入了作者对农业产业经营风险问题的新思考，也是主持的国家社会科学基金一般项目（项目编号：17BJY089）和重庆市社会科学规划项目（项目编号：2015YBSH042）的前期研究基础和成果之一。

课题的研究过程中，得到了各方面的大力支持，特别是在实地调研中许多政府部门和个人提供了大量的资料，他们为课题的顺利完成做出了突出的贡献。感谢长江师范学院财经学院陈婷婷同学对本书中的图表、注释、参考文献以及相关资料文献的梳理和矫正。特别要感谢本书的责任编辑王娟女士，为本书的出版付出了辛勤的劳动。

写作过程中引用了作者在相关期刊发表的论文和作者在经济科学出版社、西南交通大学出版社出版的相关著作，并参考了大量文献资料，借鉴了相关专家学者的研究成果，这些资料和成果给予了作者无限的启迪，限于篇幅，未能一一列出，在此向所有为本书出版提供帮助的人表示最真挚的感谢！

李　彬

2019 年 6 月 16 日